# PARTNERSHIP PARENTING

# 育子对弈

## 从父母到伙伴

〔美〕凯尔·普鲁特

玛莎·克莱恩·普鲁特 著

徐怀静 左伦 刘新玲 译

华夏出版社

HUAXIA PUBLISHING HOUSE

图书在版编目(CIP)数据

育子对弈：从父母到伙伴 /（美）普鲁特，（美）普鲁特著；徐怀静，左伦，刘新玲译.
—北京：华夏出版社，2010.7
书名原文：Partnership Parenting
ISBN 978-7-5080-5755-2

Ⅰ.①育… Ⅱ.①普… ②徐… ③左… ④刘… Ⅲ.①家庭教育 Ⅳ.①G78

中国版本图书馆 CIP 数据核字（2010）第 080981 号

PARTNERSHIP PARENTING by Kyle Pruett, M.D. and Marsha Pruett, Ph.D
Copyright©2009 by Kyle Pruett, M.D. and Marsha Pruett, Ph.D
Simplified Chinese translation copyright©(2010)
by Huaxia Publishing House
Published by arrangement with Basic Book, a Member of Perseus Books Group
Through Bardon-Chinese Media Agency
博达著作权代理有限公司
北京市版权局著作权合同登记号：图字 01-2009-7959

**出版发行**：华夏出版社
（北京市东直门外香河园北里 4 号　邮编：100028）
**经　　销**：新华书店
**印　　刷**：北京中科印刷有限公司
**装　　订**：三河市万龙印装有限公司
**版　　次**：2010 年 7 月北京第 1 版
　　　　　　2010 年 7 月北京第 1 次印刷
**开　　本**：787×1092　1/16 开
**字　　数**：234 千字
**印　　张**：18.5
**定　　价**：38.00 元

本版图书凡印刷、装订错误，可及时向我社发行部调换

献给莉莎和艾米丽

和她们俩一起，我们开始了我们共同育子的课程

献给利沃和J. D.

他们带来了圆满的句号，而且继续填补着沟壑

# 目录

前 言 ……………………………………………………… 1

致 谢 ……………………………………………………… 1

绪 论 ……………………………………………………… 1

我们的旅程 …………………………………………… 2

一个共同的视野 …………………………………… 4

凯尔的研究 …………………………………………… 5

玛莎的研究 …………………………………………… 6

从父母到伙伴:与潮流抗争 …………………… 7

## 第一部

### 1.初为人父　初为人母

第 1 部

B.C生活(孩子诞生之前)和A.C生活(孩子诞生之后) … 3

XX vs.XY ……………………………………………… 6

这都是小事 …………………………………………… 9

协作育子:新方式 ………………………………… 9

建立协作育子关系 ………………………………… 11

你们的合作关系牢固程度如何? ……………… 14

### 2.搂抱VS. 侧抱

为什么父母育子方式的差异并非缺陷 …………… 17

性别差异 ……………………………………………… 19

学会如何应对 ……………………………………… 21

差异并非不足 ……………………………………… 33

父亲不是母亲的替代品 ………………………………… 34

不仅仅全都关乎性别差异 ……………………………… 36

差异万岁！ ……………………………………………… 37

## 3.建立有效的共同育子关系

"关系"是答案而非问题 ………………………………… 43

组建"孩子的团队" ……………………………………… 47

共同育子不是工作的平摊 ……………………………… 49

共同育养，不要孤单 …………………………………… 51

保持亲密关系 …………………………………………… 53

平衡工作与家庭的关系 ………………………………… 56

## 4.管理冲突　公平抗争

健康争执动力学 ………………………………………… 61

不同种类的冲突 ………………………………………… 65

性别战争 ………………………………………………… 66

四个消极的反应 ………………………………………… 67

超越性别 ………………………………………………… 72

总　　结 ………………………………………………… 74

## 5.珍视伴侣的贡献

嫁对郎　娶对妻 ………………………………………… 79

确定的事情 ……………………………………………… 80

给母亲的建议：顺其自然 ……………………………… 84

什么是守门？ …………………………………………… 85

给父亲的建议：开始行动 ……………………………… 92

# 6.设想与行动

**育子:成年人的知与未知** ……………………………… 95

　调查结果 ………………………………………………… 100

　优势合作 ………………………………………………… 106

　数字解读 ………………………………………………… 108

　成长的痛苦 ……………………………………………… 109

# 第二部

# 7.管　教

**"等爸爸回家再说!"** …………………………………… 119

　母亲VS.父亲:有权威地行动 ………………………… 120

　育子风格 ………………………………………………… 122

　当孩子们捣蛋时 ………………………………………… 124

　羞耻感:健全孩子人性的因素 ………………………… 128

　管教和学习 ……………………………………………… 129

　共同育子和管教的步骤 ………………………………… 138

# 8.照顾和喂养

**让孩子身心健康** ………………………………………… 143

　基础事项 ………………………………………………… 144

　轻柔的抚摸 ……………………………………………… 148

　镇静和安慰 ……………………………………………… 150

　饮食和营养 ……………………………………………… 152

　"情商"发育 ……………………………………………… 160

　"社交"发育 ……………………………………………… 163

第 2 部

# 9.共同育子与儿童睡眠

**学会独立** ···················· 167

转变的睡眠：他们的和你们的 ···· 169

睡在一起的家庭……同睡吗？ ····· 175

# 10.安　全

**内外兼顾** ···················· 191

常规的安全措施 ················ 194

枪　支 ······················· 197

火 ·························· 198

水 ·························· 199

骑自行车 ····················· 201

滑雪橇 ······················· 202

日常运动和团队运动 ············ 203

危险的陌生人以及其他骇人的事物 ··· 207

媒　体 ······················· 209

霸　凌 ······················· 211

# 11.教　育

**如切如磋　如琢如磨** ·········· 217

学习的机会 ··················· 219

一幅画表达千言万语 ············ 222

第一次正式的教育经历 ·········· 224

孩子和家务事 ················· 231

大园：幼儿园 ················· 236

输赢并不重要 ················· 240

课外扩展 ····················· 242

## 12.结语:预防离婚

**父慈母爱　历久弥新** ················· 245

到夫妻双方都准备好时再生第二个孩子 ············ 246

找到共同育子联盟中的持续力量 ············· 247

从离婚中学到的知识 ················· 251

**附录A:育子思想** ················· 255

**附录B:育子能力测验图答案** ········· 259

"成年人对儿童成长的理解" ·········· 259

**注　释** ················· 261

第一章 ················· 261

第二章 ················· 261

第三章 ················· 263

第四章 ················· 263

第五章 ················· 264

第六章 ················· 264

第七章 ················· 265

第八章 ················· 266

第九章 ················· 267

第十章 ················· 267

第十一章 ················· 268

第十二章 ················· 269

**译后记** ················· 271

# 前 言

作为一名儿科医师，能够在职业生涯中目睹儿童的健康幸福发生巨变，我感到非常荣幸。我曾经抱着新生的婴儿，也看到过父母抱着新生的婴儿，但有一个超越一切的变化：如今，父亲从婴儿刚出生就更加积极地参与到育子过程中。正如凯尔（Kyle）和玛莎·普鲁特（Marsha Pruett）在其著作《育子对弈》中陈述的那样美好，父亲的积极参与对所有人来说都不失为一个好消息。看着母亲、父亲和婴儿从婴儿降生的那刻起就喜欢上了彼此，就如同看到一个奇迹在眼前展现。当我把婴儿抱到胸前与其交谈，听到我的声音，他们通常就会扭头转向我。如果孩子的父亲也在旁边，80%的婴儿会扭头追随父亲的声音。如果孩子们没有这样做，我就会斜抱着他们朝向父亲。然后，父亲往往从我手中接过孩子，兴奋地高呼："你已经知道我是谁了！"

在我一生中，我见证了世人对为人父者如何与孩子相处的期待发生了变化。20世纪60年代之前，世人对父亲的期许就是白天在外工作，晚上才回到家。对于多数孩子来说，能在睡觉前听父亲讲一个故事就非常幸运了。我父亲过去常常带我去游泳，而在其他时间我难得见他一面。

所有关心孩子的人都应对普鲁特夫妇开创性的著作心怀感激之情。在过去几十年间，他们的贡献提高了世人对于孩子、母亲及父亲的理解。在本书中，玛莎和凯尔把临床研究（包括他们自己的和别人的）与高超技艺相结合，为当今的年轻家庭综合及阐释了育子科学。父亲和母亲在相互照料及共同养家方面，迈出了相当大的一步。但是随着妇女解放运动以及两性平等差距缩小，始料未及的挑战出现了，普鲁特夫妇用奇妙的实用方式为我们做

了重点讲解。

正如凯尔在这本书中描述的那样，我还记得第一个孩子的降生。当妻子临产时，我却让产科医生送我回家。在同样的保育室，我曾为许多新生儿做过检查，而我却不被允许抱抱我自己的孩子。那一刻我有所醒悟：我们的偏见把父亲与新生婴儿隔开，这对任何人来说都不是一件好事——尤其对婴儿来说。

我们需要改变这种态度和惯例，并且我们已经改变（大部分归因于妇女解放运动）。如今，71%的妈妈在外工作，而爸爸更可能来喂养孩子，给孩子换尿布或用婴儿小推车推着孩子。但需要我们做的仍然很多。因为自身的经历和记忆，以及社会对"好"母亲和"好"父亲不断发展的期望，母亲通常对"共同养育"怀着矛盾心理。

凯尔和玛莎是两位有天赋的临床医生和研究员，同时也是四个可爱孩子的父母亲。无论你是一位母亲、父亲，准母亲、准父亲，还是仅仅对如何养育孩子感兴趣，都可以从本书中获得洞悉、建议以及策略。我很高兴指出，你的孩子和我的孙子孙女将最终受益。

T.贝利·布拉泽顿（T.Berry Brazelton），医学博士

哈佛医学院儿科教授，荣誉教授

布拉热尔登触摸点中心（Brazelton Touchpoints Center）创始人

# 致　谢

共同育子的真实世界很少在书中被认可，但是大量文献及研究机构确实存在，从而促进了我们的临床认识和经验理解，并为我们自己的想法奠定了基础。许多杰出的思想家影响了我们，但是我们在此希望感谢这样一些人——他们的著作多次在此书中被引用，他们的影响贯穿于书中许多章节。

我们尤其想感谢亲爱的朋友和同事的贡献，菲尔（Phil）和卡罗林·考恩（Carolyn Cowan），他们几年之前就怀揣着这样的愿景，希望看到"这对夫妇"促进儿童及家庭的发展，自此就不知疲倦地参与到这个领域并作研究。他们的友谊和智慧支持着我们、滋润着我们。同时，我们也借用了先驱干涉主义者夫妇朱莉（Julie）和约翰·戈特曼（John Gottman）的工作，詹姆斯·麦克海尔（James McHale）的有启迪意义的研究，以及斯蒂芬妮·孔茨（Stephanie Coontz）具有说服力的著作《婚姻的历史》。在本书许多地方都能看到这些具有创造性的思想家的贡献。在此就不一一列出，但是我们对他们在这个日益形成的领域的领导地位表示由衷的谢意和敬意。

感谢明迪·沃纳（Mindy Werner）的精心编校，我们的经纪人帕姆·亚波拉姆斯（Pam Abrams）和佩休斯（Perseus），编辑凯蒂·麦克休（Katie Mchugh），感谢他们让我们的愿景成为现实。像本书中所提及的一些父母亲一样，我们在书写过程中渐渐意识到，只要我们持有同一种信仰，我们将能在"小事情"上保持意见一致。从个人方面来说，特别感谢马仁斯基（Maerike Muszynski）机智的研究，凯伦·亚斯科（Karen Yatsko）辛苦地帮忙整理参考书目，雷切尔·辛普森（Rachel Simpson）的经验丰富、卓有天赋的读物和建议以及她的深厚友谊。最后，我们由衷地感谢我们双方的父母——他们用同样爱的方式，创立了别样的共同育子角色模式——感谢那些在书中出现的家庭，他们的声音在整本书中都能听到，与我们分享了他们在育子过程中的奋斗、胜利、痛苦和快乐。

# 绪　论

　　我们的家庭包括年龄差距跨越近三十年的四个孩子（从7岁到大约30岁）、两个女婿、四个外孙，还有我们：凯尔、玛莎——两个从事大龄父母心理健康的专家。这些年来，我们共享了很多喜悦和挑战，来自我们的写作、研究、与孩子们及其家长的合作、培训大量关于家庭幸福的机构。我们的工作重点是那些初为父母并共同生活的夫妻，他们中有的刚成为为父母就已分居或离婚，结束了原来的家庭生活而创建新的生活。

　　一段时间前，我们已显然认识到：目前大多数育子的书籍尽管给父母们提供了建议和智慧——主要是给母亲——却大大忽略了在育子过程中，父亲那积极、稳定、活跃的角色所暗含的意义。在过去的几十年中，家庭生活已经有了很多变化——特别是在劳动大军中女人数量显著的增加，其中包括75%有着年幼孩子的母亲。尽管有了这些变化，育子建议者们总的说来忽视了这个问题：鉴于其不同的性别、性格、性情和孩童时期的经历，夫妻双方作为一个团队共同教育孩子该是何种情形？很多夫妻经常和我们谈论这些问题，因为孤独、挫折和困惑而向我们求助：你们怎么把你的孩子们教育得这样好，而你们的婚姻同时还如此牢固和幸福？

　　当我们意识到在关于离婚的文献中，有着更多、更普遍的共同育子的建议时，我们关于《育子对弈：从父母到伙伴》这本书的想法就明确了。离婚的父母在分开后需要协调，但很多父母，包括那些婚姻很幸福的父母，在较早之时就需要帮助了（也能更有建设意义地使用这些帮助）。总之，伴侣们大都是在婚姻或同居的情况下进行共同育子。

当一对恋人不知不觉中面临生育的问题时，关于育子的诸多具体而又难解的问题就开始出现了。这常常是在他们拜访了有着一两个孩子的家庭或朋友之后，便有了以下问题：

- 我们是称职的父母吗？是否在工作出色事业有成的同时，依然拥有美满的婚姻？
- 我们双方都能感到养育孩子苦有所值的兴奋吗？
- 我们双方都同意成为父母对我们是件好事吗？
- 我们双方是否同意要孩子使我们的婚姻更加坚如磐石？
- 有了孩子后，我们能和没有孩子时一样快乐吗？
- 我们是否都愿意为了婚姻的幸福而做出一切努力？
- 在关与婚姻与教养孩子的问题上，所做的决定是否对我们双方都是公平的？有没有强人所难？

总之，你如何创建一个对我们双方都感觉像家的婚姻？

## 我们的旅程

当凯尔第一次成为父亲时，从第一天起，他就清楚地知道对那些想成为孩子们生活的一部分的男人来说，生活已经不一样了。他来到他的大女儿伊丽莎白即将出生的医院进行了"产前"拜访。他被告知，如果他想在产房看孩子出生，他需要产科和妇科主任签字的许可证。（一年前，作为同一家医院的实习生，他在同一个房间，和同样的护士一起，为六个婴儿接生。）几年后，当凯尔的二女儿爱米莉出生时，耶鲁儿童研究中心的住院医师仍然不能因为当父亲而请假，但接生室的规则不是那么严了，凯尔即使没有签名许可证，他也受到欢迎可进入接生室。

约三十年之间，婚姻世界和如何教育孩子的问题已经大大改变。二十年前我们在家里举行了婚礼，屋里挤满了朋友和家人。年长的孩子们（玛莎丈夫前妻的女儿们）将玛莎交给了她们的爸爸。十年后，当我们共同成为父母，已经有了一些巨大的变化。不仅凯尔被期望在整个生产过程中都在产房，而且因为生产过程漫长艰辛，玛莎的父母也来到了产房，同时在玛莎的吩咐下，我们的女儿爱米莉同样来到了产房。玛莎的父亲更是见证了他外孙子的出生而不是他自己孩子的出生，为此他深受感动。当我们的儿子出生时，凯尔自己负责了大部分接生工作。

三十年前，当凯尔开始查阅关于参与孩子成才的父亲的科学文献和父亲的参与对家庭和孩子的影响时，他意识到这一题目不仅未被认真研究过，而且似乎被回避着。他对他的导师，一位著名的儿童分析家评论到："比起父亲在育子过程中的参与对孩子们的影响，我们为什么对果蝇的基因组知道得更多呢？"他得到了如下回答："凯尔，我想你显然知道，很小的孩子们不能同时有两个单独的亲密关系。所以，当父亲在感情上很投入时，很可能会导致孩子们失去母爱。你要是聪明的话，最好研究这些家庭的病理学，而不是哲理。"凯尔于是明白他已经发现了他想做的研究：感情上对孩子的教育很投入的父亲对孩子的成长有何作用（因为他已经非常肯定其作用不是对母爱的剥夺）？从那时开始，研究就已经表明：男人在育子问题上的参与对培养健康的孩子很重要，能让孩子们一生中在情感、社会、认知、学术等方面都更好、更强。

在这段期间，不是只有亲子关系经历了巨大的变化；面临"现代"育子，婚姻自身也变得不是那么适应。早在二十世纪，社会学家勒马斯特斯

（E.E.LeMasters）已经发现，在他所调查的夫妻里，80%以上的夫妻在从夫妻的两人世界过渡到父母身份时经历了"从温和到严重的危机"。关于过渡到父母身份的书籍会质疑这是否是一场危机，但即使今天，专家们仍认为这种过渡让夫妻们卷入了价值改变、角色改变、期望值改变的漩涡，更不用提情感的漩涡，有的夫妻能适应这个变化，更多的却不能。

勒马斯特斯第一次强调了婴儿时期真实的、不具同情色彩的、不具浪漫色彩的真相：父母独自和一个总是哭泣、总是需要关照的婴儿待在家里是多么的艰难，特别是在夜里。之所以特别难，是因为连父母都不知道该怎么办。有时，婴儿会有所"反应"而且很简单地就停止哭闹了。有的时候，却怎么着也不行。从一开始，睡眠的缺乏就已经不可避免。因为永远不会有充足的休息和恢复，紧张和压力开始越积越多。当然，也有很多令人难以置信、无比快乐和亲密无比的时候。夫妻的任务是度过为人父母这段这困难的、令人疲惫的阶段，而同时紧紧握住他们的快乐和梦想。

# 一个共同的视野

《育子对弈：从父母到伙伴》要传递的信息是：当两个成人（任意两个成人）分担为人父母的责任时，这两个成人之间关系的本性和特质将对孩子的发展有重大影响，要么是好的，要么是坏的。尽管这看上去像是常识，但就在不久前，心理健康的专家还只是专注于孩子本身的健康，而很少考虑他父母之间的关系。

这一概念在我们俩事业的早期就已经如此显而易见——作为一位儿童精神病医生（凯尔）和一位心理学家（玛莎）——所以，除去我们正式的临床培训外，我们还寻找婚姻和家庭理疗方面的额外培训。在后来继续的培训课程中，我们学到：作为整体的家庭比其中所有一对一关系（母亲——孩子，父亲——孩子，或夫妻）的总和更大。原子核家庭中两人之间的关系或和三人之间的关系组成了动态关系，很大程度上决定了每一位成员会如何一天天调节自己以适应家庭生活。

## 凯尔的研究

　　为了获得指导，凯尔不得不深入钻研。从临床培训开始，他已经反复遇到了明显的婚姻障碍对婴儿、学步的孩子以及他在理疗和咨询时碰到的孩子等的严重效果。那些悲伤、焦虑、或者经常愤怒的孩子的父母，通常对彼此也有着这些相同的情绪。在70年代和80年代的大多数儿童心理健康和指导诊所，社会工作者帮助母亲们育子时，讨论的问题常常是母亲的育子方式，自我尊严，以及母亲从自己的孩童时代带过来的挫折感等问题。与此同时，孩子们与另一个临床医生进入了一个独立的，一对一的治疗关系。父亲们未被鼓励或期望参与，当时占主导地位的观点认为母亲是唯一需要参与孩子教育的家长。为什么？也许因为只有她才理解孩子的难题，并且因此能够在他人的帮助下发现或者提供解决问题的办法。她情感的局限可能就是孩子的麻烦，她的提高是解决孩子问题的一个必要部分。父亲经常坐在客厅，或是负责账单和交通等事务，即使无法证明，人们一般仍总是认为父亲是在育子过程中的助手。

　　凯尔在另一个理疗室和很多孩子一起工作，他发现如果从他们的视角来看待这个问题时，情况就大不一样。典型的情况是，这些孩子们觉得他们是被父母亲共同养育的，他们同时爱着父母亲，而且觉得应该对得起他们。父亲和母亲对他们都很重要，他们与父母都有着美好而又不一样的感情关系。在多数情况下，即使父亲或母亲对孩子的教育没有"参与太多"（经常是父亲），这两种关系也是彼此补充，相互平衡的，至少是在从事孩子指导的临床医生看来是如此。这是一个密码，其含义为"我们不想费劲让他参与这一理疗工作"或"我们不能确定该如何对待他"。但是，父母的关系如何是绝大多数孩子非常关心的问题，因为这个问题是每一天他们的家庭幸福、整个家庭安全的基础。这种差异让凯尔开始了他对父亲在育子过程中的参与（缺位）对孩子的发展和对整个家庭的影响的好奇与关注，长达几十年。

## 玛莎的研究

相反，玛莎从教育学和心理学的领域研究了这个问题，而且她很早就被告知，父母双方对孩子的生活都很重要。玛莎接受家庭理疗训练的所在地是费城儿童指导临床中心，那是当时著名的家庭临床专家和研究者汇集的地方，她研究了母子关系非常紧密的家庭，没有父亲或者父亲没有参与孩子的成长的家庭，以及孩子在青春期前就已经凌驾于父母之上的家庭。这些家庭都有着种种病症，其孩子（或青少年）从攻击性，哮喘，到饮食混乱，甚至父母滥用某些物质等等。她学会了考察父母的关系如何形成了家庭中所有关系的基础。当父母的联盟变弱或是失去平衡时，家庭里别的各种关系就会变得凶险而混乱，最后让孩子陷入痛苦和烦恼。

玛莎接着对离婚家庭和孩子的监护问题产生了兴趣，而且发现家庭问题方面的律师和法官都紧抱着一种观念，认为母亲是年幼孩子的主要照顾人，父亲的位置排在第二。在双方育子的问题上出现严重分歧时，共同育子这一理念往往几乎不被理解，更未被强调。对那些在生命的早期就碰到这一问题的孩子们来说，与父亲的关系常常充满了父母离异的创伤。一夜之间滋生了很多问题：母亲的位置有了变化、该如何让父亲持续参与育子过程、在涉及法律的家庭冲突中孩子们对父亲的抵触和拒绝。主题经常都一样：父亲该如何在孩子们的生命中找到一个持久的位置，同时将他的位置和母亲的位置相协调。因此玛莎和凯尔的世界相遇了。让我们俩在研究上走到一起的，是我们如此热切分享的共同兴趣：父母共同参与育子能让孩子们更安全、更顺利地成长。婚姻、母爱、父爱与孩子幸福的紧密关系是我们一直以来的密切关注，而且最后发展成了我们的研究重点"育子过程的共同参与"。

# 从父母到伙伴：与潮流抗争

究竟何为育子过程的共同参与？对我们而言，它包括了父母之间既为了他们自己，也为了孩子们而建立的联盟和合作。它要求具有源于夫妻恩爱的协调、尊重、支持——一切的目的都是为了最后能培养出幸福、快乐的孩子。我们个人生活的旅程对我们的事业旅程深有启迪，因为我们自己也挣扎着、努力学习着如何当继父继母、如何共同养育孩子。最后我们共同研究如何帮助那些有着年幼孩子的脆弱家庭。《育子对弈：从父母到伙伴》一书的基础是我们临床工作和研究的收获，以及我们对大量不同类型的家庭的调查采访。

这是一本关于丈夫和妻子如何当父亲和母亲的书。尽管本书的重点是婚姻以及不同的性别在育子过程中的参与，此书所谈论的内容适合于任何情况下的二人共同养育幼子：祖父祖母和他们的成年孩子，同性恋夫妻，尚未同

居的伴侣，以及其他彼此被联系在了一起的、有着共同责任的成年人。处于这些关系中的搭档们将要艰难地经历我们本书将讨论的问题，如果你所处的不是男性—女性的协作关系，我们仍然希望并相信你会在以下各章中找到有用的智慧。我们邀请所有的父母加入我们，一同探讨充满爱心的、持久的、快乐的共同育子和合作关系的基石。

第 一 部

　　我的妻子和我一直都很幸福，很亲近。她是世界上最有爱心的人之一。这也就是为什么当她让我感到她如此不爱我时，我有些惊慌。这并不是她的本意，但她让我觉得自己很无能、像一个平庸的父亲…她总是能对我的言行进行纠正；有时候很微妙，纠正事情的时候她总装作是在支持我…我能感到我自己在疏远她，这让我很害怕。

　　　　　　　　　　——一个七个月大的女儿的父亲

　　我认为我丈夫是世界上最好的丈夫，而且他也是个了不起的父亲。但我很吃惊的是，当他教育我们的小女儿时，我经常感到很生气。他好像不明白她是谁，所以我努力帮助他搞清楚方向，拉近他们之间的距离，让她更信任他。但他脸上马上出现这种木然的神情，大脑似乎停止思考。我知道那些时刻他非常愤怒，但他并没有意识到我如何经常地协调他们之间的关系。

　　　　　　　　　　——同一个七个月大的女儿的母亲

在好莱坞，"从此就幸福地生活"常常意味着胶片上的男女在婚誓后，在激情的亲吻中拥抱。我们不大知道在这些夫妻有了孩子后会发生什么。实际上，关于家庭生活的电影通常是关于没有经验的父母的轻喜剧，突出的是善意的、但不善交流的父亲，以及能干、但不知如何是好、忍辱负重的母亲。但在现实生活中，如果目标是"从今以后永远幸福"，那么把美好的画面定格在孩子出生之前是很有根据的。美国及其他西方国家的长期研究表明：从第一个孩子出生起，夫妻间的幸福就开始溜走，并会持续下滑直到孩子十四岁。尽管幸福指数持续下滑，但父母们仍旧认为养育孩子是他们所做过的最有意义的事，是生命中最值得的体验之一，对很多夫妻来说，应付婚姻和家庭的各种要求也能让他们对彼此感到气愤、仇恨、恼怒和不快。平均八年就结束的婚姻与育子早期在时间上的巧合难道不让人好奇吗？

南佛罗里达大学的詹姆斯·麦克海尔（James McHale）做出了很具有启迪意义的研究，他的研究关注婚姻中有了孩子后的状况。麦克海尔的项目——"时间里的婚姻"启动于1997年，在这个项目中，麦克海尔和他的同事们采访了等待着当父母的夫妻们，并在婴孩3个月大时再次采访他们，一年以后和两年半以后均又再次采访他们[1]。他们原来的假设是：那些拥有他们称为"超级婚姻"的幸运儿们会成为最幸福的父母。但研究表明，他们错了。

有些做了"最好准备"的夫妻发现自己"惊讶于初为父母的头几个月，事实上如此具有挑战性"[2]。尽管有着来自于家庭、朋友和偶尔来自于健康专家的温和的警告，很多夫妻发现这种辛劳比他们"所能想象到的"更耗人。在婴儿遭遇腹部绞痛或睡眠问题时，情况更是如此。母亲们的产后忧郁十分明显，而且父亲们也是如此。夫妻间因为缺乏独立和亲密而出现的失望情绪也很多。对因为荣升父母而不得不暂时离开的心爱的工作，父亲和母亲都有着很矛盾的态度。母亲们想念社会生活和一份积极的事业带来的尊严，当然还有那份工资，但她们不太确定自己是否已经做好准备，每天离开孩子数小时。同样，父亲们希望母亲们能为了她们自己的幸福和家庭的收入而回去工作，但他们也喜欢让母亲们和孩子们呆在家里的主意，因为这是他们在要孩子前就达成的一致意见。

麦克海尔的研究着重表明：原来很稳固的婚姻并不能保证在孩子出生后仍然如此。与麦克海尔的发现相似，约翰·戈特曼（John Gottman）和朱莉·舒瓦茨·戈特曼（Julie Schwartz Gottman）所写的《加上宝贝三个人》一书提供了十二份追踪研究，研究对象是婴儿出生前后的夫妻。尽管新生活中有着令人难以置信的美丽时刻，但也有着痛苦的真相和不可言说的期望。他们采访了父亲们，父亲们希望"既然妈妈有了'她的'孩子而且'她的'家庭已经开始了，她从现在起就应很快乐"，妻子应该尤其满意他的表现，因为他和她一起孕育了新生命。或许她愿意更多地向他倾诉自己的感觉。我们也采访了这些女人，既然她们的丈夫已经同她们一起经历了情感激烈、痛苦又快乐的分娩过程，她们希望"他能更有爱心、更敏感、更开朗，在情感上给她和新生婴儿以更多支持"。[3]

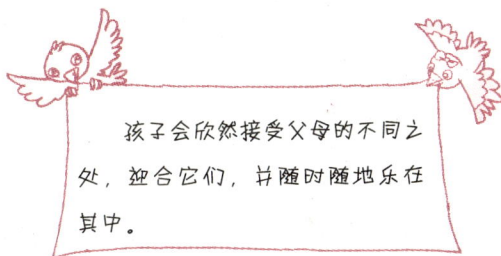

孩子会欣然接受父母的不同之处，迎合它们，并随时随地乐在其中。

当刚做母亲的妻子在分娩后性欲下降时，这些冲突就加剧了。这种下降不是短期的，特别是当她每天要用好几个小时来照顾孩子时。性行为急剧地改变了，这丝毫也不让人惊讶，直到第一年结束时，大多女性才能恢复她们的利比多。尽管多数男性都听过这些笑话，但当这些笑话发生在自己身上时就不那么有趣了。此外，还有一项曾经有、现在却缺少的活动——睡眠。当性行为和睡眠的原有规律都被打破时，夫妻间的隔阂加大，冲突即将爆发——或仍然潜伏。

无论男女双方何时结婚，为人父母都是他们生命中崭新篇章的开端。这篇章究竟有多新，也就让年轻的父母们有多吃惊。而如今的准父母通常期待，就孩子的需求问题和其他与孩子相关的决策定期进行交流并不难，所有决定都应与父母日常养育子女的行为相一致。听起来简单极了。但事实是，没有比这更繁重的家庭重任：创建每个家庭成员都满意的行为模式，尽管孩子的年龄、父母的个人经历或婚姻的状态在变化。

# XX vs.XY

夫妻双方为人父母之后，他们的性别差异在家庭生活中强烈地显现出来，犹如回归到小学时代，第一次意识到异性的思维和行为与自己的是如此不同。父母双方很自然地倾向于用不同的方法教养孩子，而这样做的部分原因便是这些不同之处。不出意料，孩子出生的第一年，双方的冲突越来越多、越来越严重。尽管这些不同常常是挫败、失望以及冲突的核心，但是它们不仅仅给予喜剧演员喜剧表演的材料，同时也为父母双方提供了一个机会，共同创建行为方式的平衡。

孩子会欣然接受父母的不同之处，迎合它们，并随时随地乐在其中："当我受伤的时候，妈妈很会安慰我，而爸爸则指导我的游戏活动。"一个孩子，如果有父母双方互补的支持，他会从中受益，培养出一个全能的、弹性的认知、社交以及情感行为模式。这样培养出来的孩子最后就会更健康，更快乐。

本书的主要内容是学习鉴别为人父和为人母教子的不同之处，理清问题之所在，以及父母协调行为的象征意义。我们希望能帮助大家意识到：问题之所在正是解决办法的出处，差异正是引向真正的伴侣们永远幸福生活和共同养育子女的通路。

通常，父母在开始育子时会有许多想法：应该怎样育子？为什么在不同的家庭中养育不同的孩子要用不同的方式？孩子是否应该睡在父母床上？孩子晚上可以哭吗？可以哭多长时间？我们应该请一个毫无亲缘关系的人做保姆吗？育子观念一般建立在个人童年经历的基础上，随着个人后来在这方面的经历和经验而有所改变。没有人会以完全相同的方式长大，因此在如何养育孩子这个问题上就必然会有许多的差异。

对于育子，父母两人天生就存在差异，同时两人又都具有强烈的愿望，想去做些什么来最大限度挖掘孩子的潜力。这必然会引起在育子的大小决定上父母某种程度的纷争。母亲希望自己的女儿能够更自信、更精于社交，因为她认为害羞是她成长过程中的阻碍；父亲希望自己的儿子能够更灵活、更任劳任怨，因为他自己的刻板刚直让他失去了事业中许多重要的机遇。影响育子的不仅仅是父母各自的过去，他们的婚姻经历同样也会对育子产生影响。父亲希望自己的女儿能够学会表达自己，说出自己想要的，因为他已经厌倦了不断猜测妻子的内心想法；母亲希望自己的儿子在情感上能更敞开、更丰富，因为她的丈夫有时非常沉默。

父母对孩子情感上的期望并不一定会达成一致。人们把想要改变自身或伴侣的期望寄托在孩子身上，但往往有些想法你自己都没有认识清楚，更不用说你的伴侣了。意识不到差异而一味地期望伴侣会以你的方式办事，这将时常带来交流的障碍、错误的理解、不能实现的愿望、不断增加的紧张感以及不满和挫败。

詹尼弗和弗兰克是一对35岁左右的夫妻，他们认为自己热爱生活，也深爱对方。两人刚认识时，彼此都正忙于自己的工作：弗兰克是一位管理顾问，而詹尼弗是一位高中数学老师，十分擅长教育有天赋的孩子。詹尼弗来自一个充满孩子欢声笑语的大家庭，她的梦想是有自己的孩子，而且是很多孩子。詹尼弗从前的计划是在第一个孩子出生后就停止在外工作，但她告诉我们，她在家待几年后会重新回到自己喜爱的工作岗位，可能是兼职工作，也可能是全职工作，细节部分她还没想清楚。

弗兰克在一个虽小却其乐融融的家庭里长大。除了父母，弗兰克只有一个比他小几岁的弟弟，他们俩从小一起运动一起学音乐。弗兰克承认，在遇到詹尼弗以前自己没怎么想过做父亲这回事，只是理所当然地认为自己总有一天会成为父亲。弗兰克认为自己对育子问题探讨不足的原因是：他成长的家庭中有三个男人却只有一个女人（寡不敌众）——他的母亲。詹尼弗怀孕期间他们都过得很开心。但现在回想起来，弗兰克着实让詹尼弗有些惊讶：他的独立，以及他在詹尼弗孕期不顾詹尼弗对他、对家庭未来的担忧而乐意去冒险，比如跳伞。但詹尼弗同样也承认，在他们的儿子本杰明出生之前，她一直都爱着弗兰克这样肆无忌惮的性格。

第一次和他们对话时，本才两岁半。哪些事情是弗兰克会允许本做的呢？詹尼弗对此感到非常不安：在本坐秋千时推得太用力，又或者是在弗兰克没有站在攀爬架下保护的情况下让本一个人爬到上面。同时，弗兰克也因为孩子仍睡在父母床上而感到担忧，詹尼弗虽然同意他的看法，但生活中的具体状况（搬进新公寓不久，本持续咳嗽和感冒）让他们不得不推迟让本独自睡觉的计划。弗兰克觉得在本出生后，詹尼弗变得容易激动，而詹尼弗则认为弗兰克变得超出想象的冷淡和刻板。

# 这都是小事……

这种在育子方式上的分歧经常出现在年轻的家庭里，甚至不被察觉。当夫妻双方开始计较谁为孩子付出更多心血时，更明显的争执就会发生。在麦克海尔的研究中，让母亲们最为惊讶的是：父亲们居然认为自己为家庭作出了如此大的贡献；而让父亲们感到同样惊讶的是：母亲们认为，除去工作，他们对家庭生活及生活琐事所作的贡献很少。这让父亲们尤为苦恼，他们放弃了原本想做的事情，例如运动，与朋友聚会，或者是看本书，但他们的付出似乎很少得到伴侣的一点点感激。

然而，我们尤其感兴趣的不是这些怨言本身的特性，而是这样一个事实：大多数烦恼着的母亲都"很少向丈夫倾诉她们遭遇的挫折"，"丈夫也很少向妻子透露自己的担忧"。夫妻们称自己没有时间、精力或机会来谈论这样的事情。工作、家庭负担、睡眠缺乏和对孩子倾尽所有的关注，让他们的交流时间不经意地溜走，他们关系的基础也被微小的争执一点点破坏。夫妻们想要保持家庭和睦，不斤斤计较，因此他们通常都选择忽略这些细小的伤害和误会，但这样善良的本意可能会产生事与愿违的后果，当细小的伤害不断累积，不满和愤怒便会随之到来。

# 协作育子：新方式

大量时间和精力都用来养育孩子时，如何才能保证夫妻间的和谐？任何高难度新任务都一样，一人很难完成，最好组建团队。在此借用一个商业比喻：形成长期的团队或完全合作关系，共同致力于公司的业务增长，产出优质产品，才是实现和谐的途径。沿途充满机遇和挑战。这也是本书的内容。

目光远大——更关注大局而不是日常琐碎的烦心事——憧憬成功的共同育子画面。当两个人决定合作创建公司时，其行动前提是共同的目标：同心协力成功创办企业。这并不意味着他们都扮演有钱人的角色，来提供资金、处理财务；这也不意味着两人都提供技术支持，知道如何研发新产品。每位合伙人都具备独一无二的才能和资源，没有这些才能和资源，公司无法维持下去。公司运营的动力来自于互补的差异。

共同育子亦如此。步入婚姻殿堂时，他们就应该料到对方将以独特的方式对未来生活做出巨大的贡献，共同生活，支撑和供养其最重要的产品——孩子。成功的协作育子伴侣需要：

▼ 一起做决定。

▼ 共同承担育子责任。

▼ 就孩子特征、需求、渴求及你们如何满足孩子这些问题上达成一致意见。

▼ 重视对方的不同之处，视之为家庭生活趣味来源的一部分。

▼ 承认并感激你们之间的性别差异，正是它们使你们彼此以独特的方式思考、感知，对待孩子抚养问题，并表达爱、生气、惧怕及伤心。

▼ 产生异议时，把孩子的幸福放到第一位。

▼ 寻找互相倾诉冲突的方式，以便双方都能感到自己被倾听、被理解。

▼ 即便遇到困难也要相互扶持；把健康关系放到绝对优先的位置。

▼ 随着家庭发展阶段的不断变化，致力寻找单独而又共同成长的方式。

# 建立协作育子关系

虽然夫妻双方作为父母和伴侣要面对巨大挑战，但是我们多年的临床及研究经验反复表明：可以预先采取许多有利的方法做好准备。

### 1.对方优先

作为伴侣，夫妻需要花费时间为其共享的集体电池充电，谈论共同育子之外的伴侣关系。许多父母狭隘地对培养孩子过分投入导致其目光短浅；他们过分关注孩子。为了共同茁壮成长、发展和进步，父母作为伴侣需要花费时间单独相处。共处时间应该有一定的参照标准：

▼ 选择两个人都喜欢的活动或者冒险。

▼ 花些时间单独相处或者不带孩子与朋友和家人共处。

▼ 指定一个晚上禁止谈论任何家务事。

▼ 向你的伴侣表达你对他/她怀有的尚未表达的情愫，但不要在娱乐时间做，而是在一天结束，孩子自己玩耍时，找个安静的时间品着香茶、啜着咖啡时交流。

通常会是妻子首先提出交流的需求以求改善婚姻关系。已有研究证明：夫妻双方能否幸福生活下去的最有效指标之一，是丈夫在面对妻子的上述需求时，是否有能力做出改变。所以，对于男性来说，重要的不是他们是否从刚开始就做对了，而是他们是否愿意响应女性的要求。

### 2.训练适应能力

维持家庭稳定的另一个重要因素就是适应。适应使我们面对生命中始料不及的减速突障不易受伤，例如疾病（自己或者家人的）、失业、丧亲。当然，我们将会遇到这些打击中的一个或更多，而我们能够不陷入痛苦的沼泽或免遭重创而及时恢复，正是适应的功效。这与育子有什么关系？研究[6]表明重压之下男女解决问题和集中精力的能力有所不同。詹姆斯·麦克海尔发现适应能力强的爸爸，在孩子出生后前三个月的艰难时期，更能够协作妻子共同育子。对于他们来说，婚姻中的苦恼总是可以解决的，不会在孩子出生一年后对夫妻的共同育子产生消极影响。因此，父亲的适应能力，对增强共同育子的关系尤其重要。

如果母亲也有较强的适应能力，重压之下，她常常会试着为了每一位家庭成员而做得更好，但是对母亲来说，共同育子的本质通常不会受到任何强烈影响，也不会有极大改进。但是麦克海尔的研究表明，父亲的适应能力，在保护整个家庭方面尤为重要，因为父亲的这种适应能力本身就能强固父母关系的根基。虽然并不容易做到，大家可以学习如何保持镇定；这可不单单是遗传特征。[7]

### 3.意识到牢固的共同育子将诞生强大的家庭

在牢固的共同育子关系中，夫妻双方互相扶持，就如何养育孩子达成一致意见并能遵守共识，避免彼此拆台、伤害彼此。另外，在良好的共同育子关系中，父母与孩子关系更和谐；父母双方——尤其是母亲——会有更强烈的幸福感。[8]因此契合了那句格言：一人好，大家都好。

如果说共同育子的关系是一个方程式，父亲则是方程式中的最关键的一部分。牢固的育子团队会让每个人都受益，上到父母，下到孩子。如果父母联盟很牢固，父母将会感觉到与孩子的关系更融洽，苦恼更少，从而使得人人受益。有趣的是，这种改善对于不确定如何与伴侣亲密的父亲来说，

> 幸福的家庭在于理解和欣赏父母的异与同，利用这些因素共同培养健康、有趣的孩子。差异是家庭幸福的关键所在。

尤为正确。这些事实强调了本书的基本前提：牢固的共同育子关系将会加强夫妻间的亲密感，而没有这种亲密关系，长期良好地共同育子将会几乎不可能。育子双方紧密相连，一方面出问题就会连累另一方。

## 4.承认好父亲是成功协作育子的一部分

积极的父亲、反应迅速的丈夫引导家庭走向健康之路。男人主动承担自己的育子角色，能够积极地影响彼此，有助于加固婚姻关系。例如，已为人父的男性，其健康和风险也会发生变化。他们的寿命增长，事故减少，自杀率迅速下降（为什么为人父之后，男人的寿险费率却没有下降）。同事和老板认为为人父的员工更可靠，更富有成效。[9]为人父之后，男人攻击性减少，冲动减少。当育养需求刺激男性的育子潜力时，男人那许多看似没有关联的性格特征开始变得柔和、开放。

当然，为人母之后的女性也发生了巨大变化。青春期之后，女性的情感、社会、身体以及经济的软弱性开始显露出来。正因为男女双方变化如此之大，因此人们很容易想当然地认为：共同育子仅仅是他们的种种强项与弱点的结合。但是，共同育子的强大远远大于简单的加法总和。有时，父母中一方的

强项恰能解决孩子当时的迫切需求；而在别的时候，另一方则需要发挥自己的优点。

### 5.不要斤斤计较及平均分担任务

为了建立健康和谐的家庭，你们要考虑彼此需要做的每件事，而不是斤斤计较伴侣没有做的事情。暂时地，即便不能永久地，放弃斤斤计较或者坚持"共担家务"。共担家务通常意味着对平均（可验证的）分担家务的期望。例如，如果这周是妈妈为孩子准备午餐便当，下周就轮到爸爸做了。毕竟，共同育子的重任是双方的，对吧？这种观点似乎合乎逻辑，但忽视了现实的生活。如果爸爸上下班交通不便，路途遥远，仅有宝贵的几个小时在家，而恰恰孩子还没有入睡；或是妈妈工作也很辛苦，但是她上下班交通方便，清楚知道孩子喜爱的果冻种类，能够为孩子们准备午餐便当，这时怎么办？关键不是父母应该轮流为孩子做三明治，而是整体来说，作为父母，他们是否尽力支持彼此？

你或许会问，公平么？难道平均分配就公平么？

如果你们很幸运，彼此将相伴生活多年，总会有个时期你们需要互换角色，让伴侣挑起重任。重要的不是在成型期也就是现在你们是否平均承担家务，而是当你要求改变时，伴侣是否积极响应；现在以及未来需要之时，伴侣是否能够也将担起重任？

# 你们的合作关系牢固程度如何？

你了解你们的合作关系牢固程度如何吗？问问自己你（或伴侣）是否已

经陷入以下困境：

▼认为伴侣只是副手，因此在育子或者婚姻中不如你重要。

▼记录伴侣做的家务或为孩子做的事情以及他或她应该补偿你的事情——这样就太斤斤计较了。

▼对待伴侣就像对待员工，认为他对家庭不够投入，不是拥有股份的股东。这就意味着你要监控伴侣与孩子之间的关系。

▼与伴侣就需要解决的问题互动时，表现出挫败或蔑视。你的语调、面部表情、肢体语言传递出来的是消极、不尊敬的态度，而不是对两人能够共同成功地解决问题的信任吗？你所选择的谈论问题的时间是否合适（例如孩子看足球赛的时候而不是在孩子入睡后的安静夜晚）？是否传递出这样的信息：你并没有把对这个问题的彻底讨论当做需要优先考虑的问题？

▼在别人面前，无论在孩子、其他家庭成员或朋友面前，表达夫妻间的不幸福。

▼利用工作或者其他成年人的责任作为借口，在家不尽职尽责，特别是不愿做那些缺乏或没有成就感的任务（刷碗，叠衣服）。

▼当两人面对艰难的抉择时，架构一面隐形的墙壁或者从交谈中退出，无论是选择幼儿园还是考虑是否应该雇佣一个保姆的问题。

▼故意不提醒为了看看伴侣是否能够自己想出来，例如不提醒伴侣孩子那天上幼儿园应带泳衣。

▼以伴侣的权威或创造性为代价保护孩子。例如，给伴侣详细的指示，告诉他（或她）蹒跚走路的孩子掌握了哪种娱乐器材，应该避免哪个攀爬器材，因为你认为对孩子来说太危险。虽然你保护了孩子，但你限制了孩子培

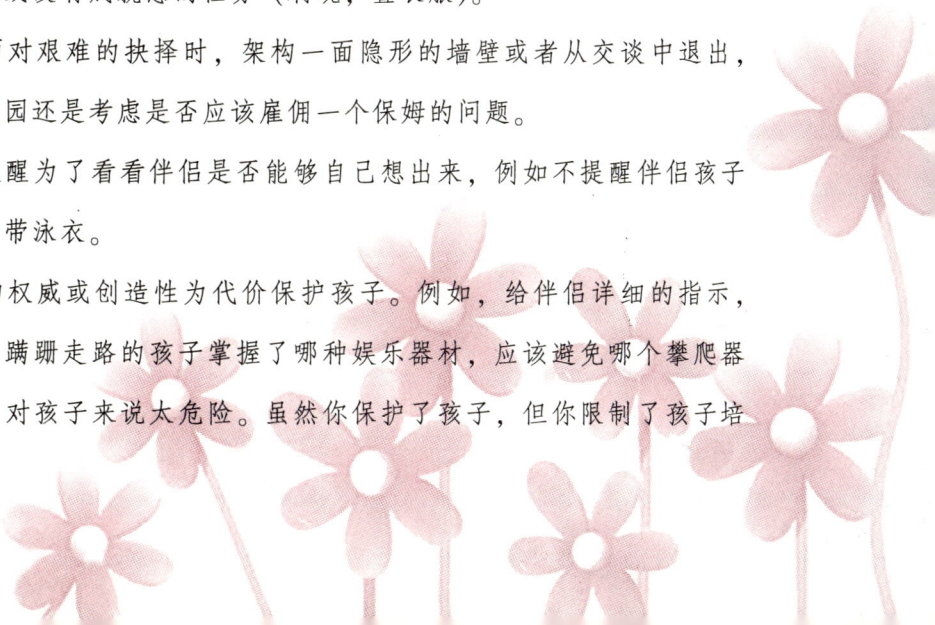

养新技能和建立自信的机会，同时也妨碍了伴侣有效地育子。

　　读到以上问题，你若有所退避，那么不要害怕。这本书包含了大量的信息，这些信息帮助你从新视角正确认识伴侣，增进你与伴侣的合作，理解不同的观点以及更有效地交流。然后我们将一一展示协作育子的要点——夫妻双方如何能够更好地处理彼此间的冲突以及尊重彼此的贡献。本书的前半部分着重于审视我们对有效育子实践的理解。

　　第二部分深入地解读性别差异起重要作用的五个重要领域：管教、育子、睡眠、安全、教育。另外，我们也提供了关于如何处理每个领域中常见问题的建议。最后，我们提供了关于如何建立持久协作育子伴侣关系的最终思考。

　　幸福的家庭在于理解和欣赏父母的异与同，利用这些因素共同培养健康、有趣的孩子。差异是家庭幸福的关键所在。让我们进一步了解如何才能建立成功的伴侣关系。

## 搂抱 VS. 侧抱　为什么父母育子方式的差异并非缺陷

未降生的孩子能够意识到父母声音的差异，并且在降生之后会继续注意这些差异。

母亲或父亲对孩子需求的敏感度最为重要，远甚于他们花在孩子身上的时间、承担的工作或陪孩子玩耍的时间多少的重要性。孩子重视的是父亲与自己玩耍或关心自己的方式，以及他们能够学到的东西，而不是父亲与他们待在一起的时间长短。实践证实那种算计并不能说明父母在孩子发育过程中任何最终的影响。与孩子共处时，父母实际上"做了什么、如何做的"比他们与孩子相处的次数和时间重要得多；但最为重要的是：他们如何与孩子相处。

对于父母来说，造就其为人伴侣和为人父母之特性的并不仅仅是性格，还有性别；除去对生殖繁衍至关重要以外，我们的性别还决定了我们在为人伴侣和为人父母时具备自己的特性。除去个性、秉性、教养的不同，科学研究表明性别强烈地影响着人的嗜好、习性以及社会角色。因此可以这样说，母育和父育都是养育过程，都是受本能影响的行为，但完全不同。母亲不会父育，父亲也不会母育。

刚出生不久的新生儿被放在妈妈的腹部。虽然脐带被剪掉，婴儿靠在母亲的胸口，听着母亲的声音，似乎能够辨认出她。九个月里，他一直倾听、感受着母亲的谈话、笑声以及哭泣；通过感知妈妈的心跳，婴儿感知时间；习惯着母亲的行为，婴儿慢慢长大。母亲和婴儿共享体液、快乐、痛苦、疾病、食物以及机体组织——甚至情感。对于母亲和婴儿来说，婴儿的降生与其说是新的开始不如说是关系的延续。

这种身体的联系，几十年来引导心理学家和不同学科的研究人员几乎把所有焦点都放在母子关系上，这种关系是如此迷人，看起来如此重要，从而几乎屏蔽了大家对父亲的注意。直到我们开始质问为什么父亲在孩子的生命中扮演着次要的角色——更有甚者，退出角色——我们才开始想对他们之间的关系的本质属性了解更多。父亲如何才能融进母亲和婴儿的小圈子？

近来，父亲对孩子生活的参与缓慢稳定地上升，特别是在孩子幼小的阶段。在过去十年，托儿所及小学的职员、医疗接待师、图书管理员、操场监管人员、生日宴会的供应商以及收银员都见证了越来越多的父亲送孩子到学校，参加家长会议，参加校外考察旅行，围绕在孩子身边。广告商开始迎合男性。15年前，在谷类、尿布、儿童用药或者玩具和游戏的商业广告中都没有男性出现，而如今则很常见。当麦迪逊大街 (Madison Avenue——纽约广告业一中心) 开始关注这一现象，重大变革已经发生。朝着平等、关注父母亲发展的转变强调了这样的事实：我们正处在协作育子的革命中，巨大的影响悄然发生，家庭结构的动态变化也随之而来。

# 性别差异

　　男人给育子带来了不同的价值观、行为和态度，虽然这是角色和性别共同使然。孩子出生后，考虑到先前母亲与婴儿数月来生存在同一个身体之内，父亲有许多需要填补的地方。怀孕期间，女性的荷尔蒙发生巨变：持续的高水平孕酮为孕妇提供支持，泌乳激素对于养育孩子极为重要，催产素在为建立母婴新情感关系做准备的过程中起到至关重要的作用。大脑本身也发生变化，促使母亲更容易理解婴儿的哭泣和会说话前的一些暗示，[1]所以她比以往更关心孩子的健康和幸福。

父母之间的差异不是在孩子三岁时突然出现的。孩子出生前，这种差异就存在。

　　但是父亲身体变化也不甘落后，即使在孩子出生前。女性怀孕期后几个月是男性为当父亲做准备的时期，在这一时期男性的荷尔蒙体系中，雌性激素水平上升；高水平的雌激素维持到孩子出生后三个月。孩子出生后，父亲的睾丸激素下降三分之一，并在之后的一个月内保持低水平。孩子出生时，父亲的泌乳激素上升20%，并在孩子出生后的三周内持续保持。

　　最近我们才在准父亲身上发现这些现象，因此对其意义的理解还处于初级阶段。为人父者睾丸激素下降——可能导致其竞争性和进攻性下降——使父亲更易融入新家庭的筑巢期。雌性激素的增加很可能有助于父亲把兴趣投入到家庭。

泌乳激素的上升是初为人父者整个生理变化中最有趣的变化之一。"关系荷尔蒙"（the relationship hormone），也就是现在研究人员所说的泌乳激素，在人生中的另一时期"初恋"时期，即把心思放到密切关系中的时期，也会保持很高的水平。荷尔蒙似乎能加固亲密关系中的情感力量，强化记忆、感觉和感官输入之间的联系。这是父子关系的敏感时期，所以任何分娩护理员或者看护人（接生员、助产士、护士）应该确保他们的帮助并没有使父亲在此时期被边缘化。不仅如此，应该鼓励更多男性请育婴假，以便最佳化荷尔蒙的功效，有助于父亲在孩子出生后三个月内能迅速而又密切地融入新家庭。

除了荷尔蒙的浮动，男性在伴侣怀孕期间平均增长体重与孩子出生时的体重相差无几。所有这些身体和化学变化似乎把男女以一种在婚姻关系中没有经历过的方式联系在一起，共同做好准备，期待、庆祝孩子的降生。

虽然荷尔蒙有所变化，但是父亲并不是真正意义上的母亲。孩子在很小的时候就能区别。孩子对父亲最初的印象更可能取决于新奇而不是熟悉。他不是一个完全陌生的人；他的声音有似曾相识的部分。新实验研究证实了父亲的信念：未降生的孩子能够意识到父母声音的差异，并且在降生之后会继续注意这些差异。

当孩子还在子宫时，凯尔通常会定期给孩子唱大约六首歌。这样做让他觉得与孩子更亲密了，虽然刚开始他怀疑这是否可以称之为一次谈话。但是玛莎，帮他挑选歌曲（因为她也必须听），并且确信放小夜曲时，孩子会安静下来，确实在"听"。孩子降生后，凯尔继续唱给他们听，并"发誓"通过他们听到后的反应可以确定他们能识别出旋律。

几周内，婴儿会让自己与父亲的声音、味道和特征更紧密地协调。哈佛大学的儿科医师迈克尔·约曼 （Michael Yogman）证明六周大的孩子，对父母有不同的反应。研究中，当妈妈走近孩子抱他时，孩子会双眼微闭，心跳速率减慢，肩膀放松，好像叹着气说："啊啊，妈妈。"当父亲走近时，孩子会合肩，心跳加速，睁大双眼，好像要说："是爸爸…聚会时间！"但是在先前的几周甚至几个月，在孩子眼中爸爸比妈妈要陌生得多，比起妈妈，爸爸是一个更亟待探究的未知领域，父母的区别不在于父亲本身，而仅仅在于他不是妈妈这一事实。

共同的新奇感以及探索彼此的渴望是父子相连的根基，因为这属于他们两人。他们共同上路，前进中把征途彻底变成他们两个人的。有时候，我们想当然地认为关系是值得信任，可靠的；新关系十分迷人。父子持久关系开始展开，母亲在场给予赞许和支持会更好。

# 学会如何应对

久而久之，父母的差异在特定领域转变成巨大的优势，尤其是在帮助孩子发展自律能力以及学会独立时。如果爸爸不是妈妈，他是谁？父母的育子方式如何的独一无二？为什么这些差异对孩子和家庭非常重要？差异之一就是他们使用不同的方式帮助孩子对自我感觉良好并应对挫折。

艾丽西娅两岁半，她坐在妈妈和凯尔之间的临床测试桌子上，凯尔正在给她做发育测试。她不开心，撅着小嘴，右手支着小脸。刚刚，她花了三分钟试图拼出非常具有挑战性的8块拼图。拼图没有框架，艾丽西娅必须特别

留意唯一的线索——不规则碎片上面残缺的画面。因为父母担心艾丽西娅说话太晚，因此她要接受发育评估测试，而拼图正是发育评估测试的一部分。虽然她处于正常范围之内，即使不在平均智商以上，但是在同龄人中，她说话较晚。这使她感到阵阵的挫败感，有时候还很生气。她被要求完成拼图，借此评估她解决问题的能力和挫折忍耐力。

现在，艾丽西娅备感受挫。她不能够完成拼图，因为拼图的最后一片在桌子的另一端，被她的右肘挡着因而看不见。几分钟过去了，艾丽西娅开始发慌，变得更加焦躁。然后，坐在她右边的妈妈，左手放在女儿的左肩，用肘将那块没找到的拼图轻轻推到桌子中间。坐在左边的凯尔，通过面向桌子的单向观察镜看到了妈妈的介入。艾丽西娅一看到这块儿拼图就结束了这个智力游戏。满怀着自豪感，艾丽西娅说："丽西娅做到了，丽西娅做到了！"而艾丽西娅的母亲十分自豪，并为女儿的成功感到开心。

同样两岁半的泰迪也存在挫折耐力的问题，爸爸陪着他一起来做同样的测试。当凯尔要求他完成艾丽西娅刚刚奋力完成的拼图时，他已经泄气了。但是，坐在泰迪旁边的爸爸背靠着椅子说："我看见你在家玩比这更难的拼图，你会做得很好…坚持…你会完成的。"听到这些言语，泰迪开始频频抱怨、发牢骚，但是爸爸很镇定。"我知道你能做到，儿子。"他边说边把双臂交叉放在胸前。就在愤怒马上就要全面爆发之时，泰迪捡起一块拼图——看似随意——突然知道应该拼哪儿了。然后他拿起另外一块拼图，用噙着泪水的眼睛看清需要放哪儿。很快，拼图完成了。泰迪说："我拼好了，我拼好了，爸爸！"爸爸自豪地说："看看，我知道你会拼好！"

这两种方式非常具有代表性。母亲在赛场中倾向于根据孩子的需要给予暗示，帮助孩子建立自信，积极地帮助孩子解决问题。母亲认为保持前瞻性是自己分内之事。与之相反，父亲的直接介入通常比较少，但仍会提供语言和非语言的支持。说到孩子，他们会这样说："我并不十分确定他们是否能够完成，但是我觉得尽最大努力去完成对他们来说非常重要。"

在询问父亲们对艾丽西娅的母亲处理相同问题的做法有何感想时，他们表示母亲们太渴望帮助孩子了。"我并不认为简化任务会给泰迪带来很大帮助，他应该尽力去做得最好。"泰迪的爸爸如此解释。父亲们担心如果他们像艾丽西娅的妈妈那样介入，孩子们将不会依靠自己提高解决问题的技能，特别是解决那些在外面世界中遇到的问题。他们希望孩子能够亲身经历并战胜逆境。另一方面，母亲们则嘲笑丈夫的评论。她们认为她们比男性更能适应孩子的需求。她们责怪爸爸们不用心，不愿提供帮助，太被动，太退缩或者仅仅是太懒了。

在我们社区，父母在孩子上学第一天都会送孩子上学。空气中充满激动的气氛。所有孩子先到体育馆等待，然后被分配到各个教室。凯尔和其他爸爸说："好了，完美的午餐。该走了。"而玛莎和朋友萨莉则还依依不舍，想到教室再看孩子一眼，看看谁坐在孩子旁边，他们如何应对这种转变。爸爸们慢吞吞地跟在后面，嘟囔道孩子做得很好。妈妈们会心地看着彼此。当然，孩子很好，但是在孩子需要之时就在他身旁是何等的荣耀自豪。

父亲看起来似乎更不愿意帮助孩子，而母亲们则被普遍认为更可靠地适应孩子的需求。父亲更有可能允许一些挫折在孩子努力解决问题时出现。而大多数的母亲更可能一看到孩子情绪不对就马上介入，保护孩子免于遭受更多的挫败。这让父亲开始抱怨，过早的介入会让孩子学不会如何应付或处理失败。父亲担心妻子过于溺爱孩子，而母亲则说丈夫忽略了孩子需要帮助或支持的请求，这样孩子会缺乏安全感，制造出更多母亲们不得不处理的挫折。从此舌战开始。

这些育子方法看似相差万里，但是我们想想他们的共同点吧。父母都希望孩子有成就感，有积极的自尊心；他们只是使用不同的策略。正如艾丽西娅和泰迪的案例，也许最重要的是孩子们最终说了相同的话："我做到了！"

当本将要三岁的时候，他的父母，詹尼弗和弗兰克，开始讨论把他送到新的幼儿园。弗兰克认为新的幼儿园非常适合他们的上下班往返和工作安排，他认为："本适应性很好。他很容易交到新朋友，很可爱，不会有什么问题。"詹尼弗觉得这些都对，但她想知道对孩子来说这是不是他结交新朋友和改换老师的最佳时机，新的作息安排是否会影响他的午休时间。"这是一个如此重大的决定。"她悲叹道。但弗兰克不同意，他试图宽慰妻子，说："这对他来说没什么，你会发现。"

毫无疑问，尽管母亲很忧虑，本还是会很好地适应新学校。在孩子的调整时期，她也会像艾丽西娅的妈妈一样把自己的忧虑转化为关心的行动。有趣的是，母亲在帮助艾丽西娅完成拼图后，就没有再次直接看凯尔一眼，似乎她并不为自己稍有不当的帮助感到自豪。或者她不想就此问题展开讨论，但是她认为作为给予支持的母亲她理应这样做，"采取任何行动，帮助孩子成功"。父亲是否也有关于"采取一切手段"的思想，我们还没遇见，至少涉及养育年幼孩子时如此。男人常常觉得他们需要采取一切手段为家庭提供足够的财务支持，以便全家人过得更安心，即便为此目的他们必须工作数小时，妻子还会因为他们不在而生气。又或者他们会通过一切手段完成一项家务，即使这几乎要花费周六一整天也在所不惜。

那么谁对？在我们看来，他们都对。对于孩子来说，重要的是父母双方都能够使他们了解现实世界，以及如何应对他们认为很难完成的事情。我们希望孩子们知道必须自己努力奋斗，但是可以期盼、依靠别人的帮助。换句话说，他们可以独自奋斗，但是他们并不孤单。我们认为这才是平衡的信息，它蕴涵典型男性和女性的反应以及处理事情的方式。

本章中剩下的部分，我们调查了父母亲育子的独特之处，并消除一些根深蒂固、比较普遍的传言，这些传言阻止男女之间的有效交流。之后，我们将在幸福婚姻的背景下谈论这些差异。

### 孩子出生前的态度

父母之间的差异不是在孩子三岁时突然出现的。孩子出生前，这种差异就存在。孕妇对孩子的名字着迷，半夜醒来还想着为孩子的小床买什么样的床垫，每次走过玩具商店都会忍不住地看看毛绒玩具。但是大多数男性没有这种反应。大多数情况下，男性更关注的是妻子而不是还未出生的孩子。一些女性很快得出结论：她们的丈夫还没有为爸爸一职做好准备，或者爸爸必须与孩子分享妻子时，婚姻就会出现问题。这些结论下得过于草率、并不恰当，但是了解男性为父亲一职做出了何种程度的准备，可以帮助预测孩子出生后生活会如何进行。

菲利普·考恩和卡罗林·考恩（Phil and Carolyn Cowan）是加州大学伯克利分校（University of California – Berkeley）的前沿研究员，他们研究孩子出生后夫妻关系的改变。孩子能否顺利过渡到幼儿园时期？这一问题的重要前兆是父亲对妻子怀孕的接受程度。父亲在孩子出生前在这方面的态度，将一直对他如何为父产生影响，直到孩子上学时为止。这项发现也给出了更微妙的暗示：如果男性非常渴望有个孩子并已为父亲一职做好准备，夫妻就更幸福。幸福的夫妇会提供更细致的养育以及更高质量的培养，孩子就会更好地过渡到入学期。孩子入学时，会觉得自己做好了准备，被大家爱护着、关注着——这一点与父亲对孩子出生的感觉以及父母对共同生活的感觉互相回应。

父亲与孩子和妻子的亲密关系即使在生产过程中也有影响：护理文献中这样的例子比比皆是，孩子出生时，如果父亲在场，产妇会要求更少的麻醉，并能更顺利地产下孩子。[4]另外，生产时，丈夫在一旁的支持会使妻子增加幸福感，从而支持着婴儿。

### 搂抱的姿势

一旦孩子降生，父母搂抱孩子的方式差异更加明显。例如，妈妈倾向于走到孩子身边，用预料之中的方式抱起孩子。十有九次，她都会把双手放到孩子的上背和肩膀，用手和胳膊抱起孩子至胸前，然后至脖子弯曲的部分，有时候这种姿势称之为"圣母玛丽亚的姿势"（Madonna position）（照文艺复兴时期的那张艺术画像），大多数孩子和妈妈都会喜欢这种姿势；这种方式让母子最大限度地接触，面对着面，心脏也几乎相对，甚至闻到彼此的味道。

爸爸抱孩子的方式不可预料。他们可能胳膊伸直将孩子抱起，注视孩子的眼睛或者使孩子在两臂间摇摆活动。男性（终于）真正抱起孩子时，他们很少能把孩子抱到脖子处，多数都是顶着胸部上方或胸膛上面，用展开的手掌支持着孩子的体重[5]。

有趣的是，父母都会把孩子抱在自己的左侧，这样孩子就会更靠近他们的心脏，即使左撇子的父母也会如此搂抱孩子。但是，妈妈会把孩子脸庞朝内抱起，孩子就更多地接触到妈妈的脸庞和身体而不是外面的世界。父亲搂抱孩子的姿势有时被称为"抱球式"、"侧抱"（Football position），他们手心朝上托着孩子臀部，让孩子的身体处在自己的上臂和胸部之间，提供给孩子看世界的不同视角——和父亲视角相同。他们共同注视着这个世界。一位初次做父亲的男性告诉我们，"我可以照顾好我的儿子，而且对他产生重大的影响，我不必变成女人就能照顾好孩子。"

### 对困境的反应

父母面对婴儿或学步儿童的窘迫所做出的反应有所不同。妈妈抱起孩子，安慰他。爸爸通常也会抱起孩子，但倾向于孩子的注意力。这是普遍的倾向，与男女解决问题的才能或能力相关，与性别或染色体的差异没有绝对的联系。

### 玩耍、嬉戏及探险

母亲通常会抱起孩子，喂养或照顾孩子，而父亲则会抱起孩子同他们做其他事情，这些事情涉及更多玩耍或探索而不仅仅是呵护。吸引住孩子的注意力之后，父亲通常主动做些新奇的活动，而不是仅仅跟着日常护理的节奏与孩子互动。父亲喜欢通过意料不到的鬼脸，言语的惊喜或者肢体动作——突然抱起孩子或者先与孩子眼神交流，给孩子惊喜。孩子——如果期待这些新奇之事——通常会积极回应，甚至是狂暴的回应。母亲可能会觉得很有趣，也可能觉得很受挫，是有趣还是受挫则取决于此刻她对孩子是否另有安排。

每天爸爸一到家，18个月大的佩帝总能马上知道。父子对视后便情不自禁地咯咯大笑，这引来妈妈的抱怨：他们甚至还没打招呼就开始兴奋了。"他们互动时，西蒙喜欢逗佩帝兴奋，甚至达到了无法控制的程度，"玛丽莲解释道。当被问及她对此事的看法，无论有多生气，玛丽莲依然表示："爸爸搂着他时，佩帝眼中闪烁着的光芒是我和他玩耍时所没有的。他们之间明显流动着某种特别的东西，某种心有灵犀一点通的东西。刚开始，我有点嫉妒。但是现在我意识到这只是他俩的事情，这让佩帝对周围的世界保持很高的兴趣。"

西蒙与孩子的玩耍方式让佩帝更多参与，该方式是父亲的典型行为模式。提高活动水平能够加强父子的交流：他们看到并感知彼此精力充沛地共同参与其中。并不是所有的父子都像西蒙和佩帝那样充满活力地互动；男性与孩子互动的方式，因人而异更不用说孩子交流的方式。

玛丽莲的反应——羡慕掺杂着嫉妒——是母亲的典型反应。其他的母亲会发怒，特别是由于其他原因丈夫让自己烦心的时候。詹尼弗评论道："我很高兴（这样）弗兰克如此喜欢和本杰明一起疯玩，因为本就是喜欢这样。但是我通常不满他选择的时机。当我说该睡觉了，或者要给孩子读书时，他还会逗孩子。突然，本就对我所做的事儿不感兴趣了。"但是詹尼弗有时也并不受到此类困扰。她与玛丽莲一样，摇着头想弄明白，最终却接受了事实。

"前几天快吃饭的时候，本要糖果，我没给他。但是他却不罢休，要得更凶，更吵闹，甚至试图打我。正当我准备好好教训他一下时，弗兰克来了，于是本的分贝更高了。弗兰克告诉本，如果他真想要什么东西，不仅仅应该抱怨，还应尖叫。于是他俩立刻大声尖叫，接着大笑，最后本忘记了糖果的事儿。我真被逗乐了，当我从稍许烦恼中恢复过来，我意识到这样也很好玩。"

当父母被要求说明与孩子互动的风格时，他们都给出了同样有力的基本原理。母亲的动机通常是让孩子做好人际联系和感情联系的准备，一切为了孩子的世界更安全，让孩子倾向于学习、易于感知受宠爱和安全感。例如，母亲会集中教孩子礼貌的行为、表达感激的重要性。通过这种方式，她们传递出了这样一个概念：礼貌促进社会互动，在生活中尽早养成好习惯将受益终生。另一方面，父亲倾向于认为：转移孩子注意力、冒险以及解决问题的行为旨在使孩子为未来必须融入的现实世界做准备。这类行为可以有多种形式。

玛丽莲说："西蒙爱打趣，即使在安慰佩帝的时候，例如佩帝在游戏场被撞倒的时候。"玛丽莲觉得佩帝真的受伤了，而她不认识撞倒佩帝的那个大孩子的父母，但是她确定这与大孩子父母的育子方式有关。当她想安慰佩帝并与大孩子的父母交谈时，西蒙仅仅拍了拍佩帝身上的尘土，告诉他继续玩耍，他说："有时候大孩子把你撞到了，你得站起来。"令玛丽莲有点困惑的是，此类小事尚未萌芽，西蒙就将其遏制了。她意识到佩帝可能更喜欢父亲的安慰方式，同时孩子在摔倒中也学到很多。

西蒙解释说这样可以帮助孩子强硬起来，因为现实世界不会像妈妈那样欣然适应孩子的情绪和小创伤。他想让佩帝明白有时你必须"振奋精神"并接受这个事实：世界并不是以自己为中心，或甚至不是一贯公平的。那一刻，西蒙对孩子是否理解这一信息并不在意，他在意的是他是否把如此宝贵的一课传授给孩子了。

在孩子刚刚学步之前，父亲常常意识到，关于此类问题他们和妻子意见不一。孩子刚刚学步之前，父亲已经花费比较多的时间和孩子一起玩耍了，尤其是和母亲相比，尽管近年来角色有所转变，母亲们依然更倾向于呵护孩子，带孩子到处走走。父亲愿意让孩子玩得刺激。

几十年来，行为科学家已经清楚，与母亲相比，父亲鼓励孩子更加充满活力地去探索世界，而不管孩子是男是女。与母亲相比，许多孩子更愿意与父亲一起进行体力和探索活动，例如骑自行车或抚摸友善的狗，因为父亲会给予更多自由。同时，相反的情况可能也存在。当妈妈陪孩子在游戏场玩耍时，看着其他孩子的活动，妈妈会拓宽自己对孩子活动范围的认识。而父亲很少观察周围孩子的活动，很少收集孩子各个年龄段活动信息，因此不太了解游戏场所的文化。

随着孩子成长，父母教育风格的差异仍然存在，尽管他们确实拉近了彼此的差距，以适应在孩子学步期的发育挑战。父亲继续鼓励并支持孩子寻求新奇，甚至是有点冒险的行为而不管孩子的性别。打闹争斗被公认为是父亲行为的特点。男性典型的大躯体、大肌群使其更倾向于采取不同方式支配孩子的身体。他们通常把刚刚学步的孩子放到自己的肩头。无论男孩还是女孩，父亲常常会把孩子倒置或者高高举起、来回摇晃。

父亲往往就像攀爬架一样，他常常令孩子们喜悦。从学步阶段至学前阶段，与母亲相比，孩子似乎更愿意把父亲的躯体视为游戏场所。母亲通常很少参加运动项目，这很大程度上是因为，她们认为怀孕、生产以及喂养孩子时，她们的身体与孩子已经很接近。扭斗对她们来说并不自然。男孩喜欢扭打——即便是大男孩。父亲则认为与孩子肌体亲密接触的感觉是一项新奇的、有待探索的活动。

### 语言和交流的艺术

父母教孩子学语言时，差异再次出现。较小的孩子通常要费力地解释自己的意思给父亲听——想要什么，需要什么，或者希望解决什么问题。该模式通常早在孩子借助肢体动作表达时便开始。孩子好像预料到母亲先于父亲了解到自己的需求，所以就花费更少的精力把需求解释给母亲听。

母亲通常认为自己更了解孩子最初想说话的尝试。她们知道孩子想要说什么，即便只有极小的暗示，有时孩子话还没说完，交流便展开了。这种直觉——感觉你比孩子自己、比任何人都了解孩子——对合格的母亲来说尤其

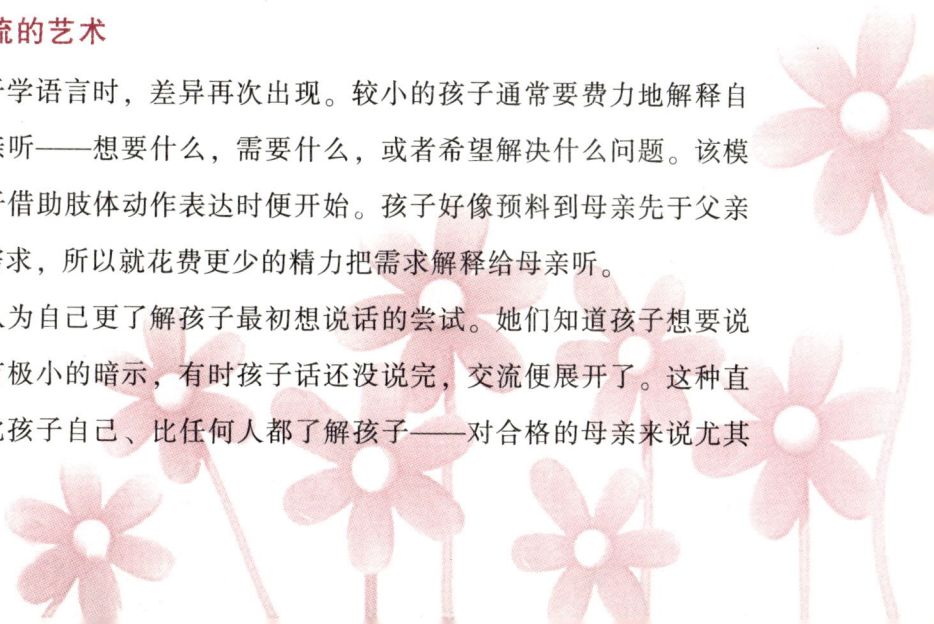

重要。

　　如果佩帝的妈妈玛丽莲和本杰明的妈妈詹尼弗相遇，她们会很快意识到彼此有许多共同之处。她们知道孩子需要什么，并在孩子开口要求之前，就能提供给孩子，为此她们感到极为自豪。玛丽莲知道佩帝什么时候会出现饥饿的"紧急状态"，通常她会拿芝士饼干（Ritz crackers）来阻止这种状况的出现。同样地，詹尼弗知道本什么时候开始觉得疲倦，尽管本还在着急要走，但他很快就要耍小孩脾气，意思是说："我已经玩够了。你不知道么？"她们对孩子稍加限制，以便阻止危机。孩子不需要用语言解释感情；母亲会替他们表达出来："我知道你饿了（累了），这才是真正令你不开心的。"有人如此了解自己，真是不可思议。此时此刻，孩子意识到母亲的爱并感激她们的理解（即使他们没有表现或表达出来）。

　　在一些婚姻关系中，这种交流方式可能成为冲突的来源。母亲抱怨说，虽然孩子更加努力地与父亲交流着，但却"期待妈妈能够看透他们的心思，期待妈妈甚至在他们自己感到饿之前就来喂他们食物"，玛丽莲如此说。 一些证据表明孩子学步过程中，他们积极地掌握语言，并与父亲使用更多的高级语言模式，而不是与母亲。再次证明，似乎是父亲不借助帮助就不能理解孩子，而母亲是要从一开始就了解孩子的心思。

　　午餐时间，我们一群人带着孩子野餐郊游。三岁的杰克在父亲面前开始发怒。父亲抱起他，把孩子的双臂摁住以防他来回晃动，然后把脸贴近孩子的脸，说："告诉我你想要什么。不要哭泣或扭打，告诉我，我才能帮助你。"杰克闷闷不乐了一小会儿，然后说："我饿了，爸爸，午餐我不想吃这些东西。"看到这个情景，玛莎随后问杰克的爸爸，他是否了解孩子想要什么， "当然，"他说，"但是我希望他告诉我。我一直给他说'用语言表达'，我的妻子也这么做，但是她的意思仅仅是'不要发牢骚'，而我的意思是‘解释给我听你想要什么。’"

# 差异并非不足

几十年来，儿童发育专家，特别是研究亲密关系形成和依附的专家，通常把焦点放到母子关系上。因此，我们通常倾向于认为父母行为模式的差异是不足之处。文化背景似乎历来如此，母亲是孩子的主要照料人，父亲只不过是助手，不管他有能力或没能力。事实上，父亲被依赖的时候有很多，远远不止只是在母亲需要休息或轮到他照料孩子的时候。但是，从文化的角度讲，孩子都主要被默认为是母亲的。

一些令人吃惊的研究发现证实了这种看法。父母行为差异的特点在离婚之后变得明显，并且与父母一方对孩子的监护有关。加利福尼亚州心理学家沃伦·法雷尔（Warren Farrell）分析父母一方监护中的养育计划时，发现如果父亲是孩子的主要监护人——无论出于何种原因——父亲支持对方参与到孩子生活中的可能性是母亲的九倍。[6] 与之相似，摩根斯·克里斯托夫森（Mogens Christofferson）1995年的研究表明：离婚后，如果孩子的监护权归父亲而非归母亲，冲突会相对减少。[7]

柏拉图认为母子比父子更亲近，因为她们更确定孩子属于她们。此观点在尤为激烈的监护权争论中得到验证，并导致父亲在孩子的生活中被边缘化或驱除出去。但事实在于：在对待育子过程中所承担的角色以及自己与孩子的关系这一问题时，父母的看法有所不同。孩子通常会重视父母双方所给的东西。

# 父亲不是母亲的替代品

父亲们也长期抱有这种看法，认为母亲是主要负责人，从而降低自己在养育孩子中的角色，这种角色可以缺位，可有可无。父亲可能会承认自己的辅助角色，并试图模仿母亲的行为或者默默地按照母亲的要求做，而不是努力找出自己与孩子的交流方式。毕竟，她最了解孩子，不是么？

但是这种育子方式几乎不能对孩子或者整个家庭产生很大作用，是否曾起过作用也值得怀疑。我们采访了选择该育子方式的男性，几乎毫无例外，他们最终都说，感觉这种方式"错了"，并不"合适"，他们"不得要领"，"和孩子互动时，觉得自己是孩子不合脚的袜子，穿上去太小"。凯尔在研究稳固家庭中由父亲在家照顾的婴儿或者学步儿童时，第一次经历了这种情况。许多父亲反映，在一两周尝试模仿母亲的行为模式后，他们决定按照自己的方式来做——换尿布、喂食、抚慰、洗澡、穿衣、谈话和唱歌、搂抱，甚至按照他们认为"更适合男性的方式"一起玩耍。有趣的是，他们通常不让妻子了解这种感觉，害怕妻子一旦知道他们没有按照指导的那样做，会焦虑不安。我们现在清楚这样的育子差异对孩子、母亲、父亲或婚姻关系都无害。一位瑞典研究团队系统地回顾了22项研究，最终发现父亲的参与意味着儿子的行为问题更少、女儿的心理更健康、认知结果更好、不良行为更少，低收入家庭生活标准则会更高[8]。

汉克，一位父亲，告诉我们："当我在妇产室把脐带剪断时，护士看着我问是否做好了抱抱山姆的准备。我筋疲力尽，十分困惑；看到妻儿都很好，我感到很宽心，可是仍然害怕，但最终还是答应了。护士用粉红色的小毯包住孩子——突如其来地——把孩子放到我的胳膊上，孩子的眼睛仍然闭着，头发油乎乎的，浸满羊水。我开始发抖，担心自己不小心把婴儿掉下来。突然我有股难以压抑的强烈感觉——我们共同造就的孩子顺利地从苏珊的母体中降生，现在就躺在我的胳膊上。我顿觉无能，毫无头绪，同时担心我抱的姿势是否正确。我应该抱多紧？我突然意识到自己身体的温暖，并想知道怎么才能让这温暖透过小毯子传递给我的孩子。此刻，不仅仅是我一人在颤抖、摇晃。

"一位护士走过来从我手中接过孩子给他洗澡。我的第一直觉就是把山姆给她——她肯定比我清楚自己在干什么。但是我犹豫了，山姆是我的儿子，一直都会是。我感到这股占有的大潮侵袭了我。要把孩子交给护士时，我畏缩了。接下来的数月中这种感觉一直伴随着我。我克服了这种畏缩心理，让苏珊照看他。她为能够照看孩子感到自豪。她已经等了这么久，我希望她能够享受每一刻快乐的时光。但这不是以牺牲我对儿子的了解为代价。这是一项新奇的策略。是他妈妈还是我应该去了解山姆和他的需求？我觉得山姆不会意识到我和他妈妈之间因此而关系紧张。"

汉克听起来和其他大多数男性一样，对孩子一见钟情了。许多男性没有声明自己对孩子的权利，这常常是出于对妻子的爱，以及他的良好愿望——不愿意侵犯她的特殊时刻。我们帮助汉克意识到这样做并没有给苏珊带来任何损失——不可能这样。许多证据表明，在许多文化背景下，母子关系都很紧密，但这不应该妨碍孩子与其他人建立重要关系。母亲不应过分干预父子关系，应给他们提供弄明白彼此关系的空间，孩子便能茁壮成长，母亲就能放心休息了。

更重要的是，父子关系的改善会强化——而非弱化——夫妻关系。父亲主动和孩子玩耍时，许多母亲反映，感觉好像丈夫在直接关怀她们似的。她们还反映，丈夫照顾孩子时，她们对丈夫的爱最为强烈。

即使在离异家庭中，最大的诚恳有助于改善父母以及父子关系。研究表明：当夫妻关系朝着积极的方向发展时（浪漫地或其他方式），父亲会对孩子投入更多的精力。[9]父母对孩子的关心有助于促进夫妻感情的发展，幸福的夫妻关系有助于养育孩子。这是循环的互动关系，相互影响，积极地或消极地。

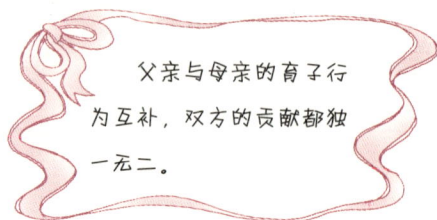

> 父亲与母亲的育子行为互补，双方的贡献都独一无二。

当离异的父母争吵时，基于性别差异的育子差异变得更机械、死板，并都被归因于前伴侣的过错。例如，离异的母亲抱怨，该睡觉的时候孩子的父亲非但没让孩子平静下来，反倒让孩子兴奋起来，这种行为通常被归因于父亲育子技能的缺陷。在离异后这种抱怨常常变成母亲要求父亲把孩子早早送回来的理由。生气的母亲抱怨丈夫亲身实践的游戏很幼稚，他的育子方式具有攻击性。这样的批评常常伤害了孩子，也伤害了孩子的父亲。毕竟，孩子继承的基因是父母双方的。

# 不仅仅全都关乎性别差异

虽然父母的育子差异很重要，但我们必须承认这些只是故事的一部分。我们是谁——我们独特的过去、秉性以及性格——影响了我们为人父母的第一件最重要的事情：选择伴侣。这进而影响我们间的合作（或非合作）以及生活陷入困境时我们所做的选择。与性别相比，作为个体的特定男人或女人以及他们的成长过程更为重要。我们的建议是首先做好自己，然后考虑性别差异。

我们要求夫妻如此思考，但这种思考理念还没有被广泛接受。所以大多数人更容易把我们作为父母或作为伴侣的某些糟糕的习惯，怪罪于X或Y染色体不同的结合，而不是自己有时疯狂、自私的行为。秉性、性格、品质的差异对许多重要的人类行为的影响远远大于性别的差异，育子也不例外。

育子是人类的重要本能，不仅仅是女性独有的。早在男女孩发育过程中，育子的冲动就已出现（与心爱的毛绒玩具分享宾肯汉堡），并持续增长直至成年，最后到为人祖父母的阶段。任何育子行为的根基——能够展示爱，并能持久不断，大无私，有耐心，可变通，充满期待，更重要的是，能自我牺牲，能分享自己的感情、精神、智慧财产以及孩子健康成长的梦想——会很快超越性别差异，成为育子过程中的主导因素。我们作为男人或者作为女人的个人历史、我们那反映出文化下的信仰和价值观的行为、我们的家庭，共同促使我们在人际关系中表现出上述能力。

所以我们会说男性与母亲的关系常常反映出他日后作为丈夫的行为。如果母子关系是互相尊重，关心，感情互动及暖心，他就更可能把这种品质带入婚姻关系中，寻找伴侣时也会注重此类品质。女性常会反思当年父母是如何养育自己的，而这种反思会影响她的育子行为。例如，假如她母亲强调她注意头脑、外貌或者某项特定才能，她就会努力确保自己的孩子不会面临类似的压力。

# 差异万岁！

无论是出于何种复杂的原因，父母采取不同的方式育子，在大多数情况下这对孩子是个巨大的优势。但是，在某一领域中，父母的能力似乎相差无几甚至没有差异。研究强调，和孩子互动的质量而非数量决定了你在孩子生命中参与的总价值。[10]

母亲或父亲对孩子需求的敏感度最为重要，远甚于他们花在孩子身上的时间、承担的工作或陪孩子玩耍的时间多少的重要性。孩子重视的是父亲与自己玩耍或关心自己的方式，以及他们能够学到的东西，而不是父亲与他们待在一起的时间长短。实践证实那种算计并不能说明父母在孩子发育过程中任何最终的影响。与孩子共处时，父母实际上"做了什么、如何做的"比他们与孩子相处的次数和时间重要得多；但最为重要的是：他们如何与孩子相处。

孩子知道这一点。如果父亲积极参与孩子的生活，那么大多数孩子（以及支持这种安排的母亲）并不会认为父亲是次要的家长。我们的侄子有位积极地和孩子互动的爸爸，他解释说："我的那些不与爸爸互动的朋友们来我家时，问我的第一个问题是为什么我会问爸爸什么事情能做，什么事情不能做。这很让我吃惊，因为我并不认为爸爸只是代替一下母亲的角色，就好像是暂时替妈妈维持现状，直到真正的家长回来。爸爸自己便能掌控一切。我认为这样做很酷，妈妈也这样认为。有时候，我的朋友甚至会嫉妒我。"

即使很小的孩子也明白父母要共同育子。如果父母十分和谐地共同育子，那么刚学步的孩子会表现出更强烈的自立能力，以及处理日常挫折的能力（这个年龄段的孩子要面对许多挫折）。[11]日间托儿所的工作人员也注意到这样的孩子比父母关系僵硬的孩子表现出更好的"预学术"（pre-academic）技能，注意力更集中，亢奋状态更少。不仅仅是刚刚学步的孩子，甚至是更幼小的孩子也会受影响。克里斯·斯卡利（Cris Scull）是北卡罗来纳大学（University of North Carolina）的心理学家，他认为如果父母不能共同育子，婴儿可能会更苦恼，学步之时就不能很好地自我调整。[12]

父母育子的典型差异——特别是在共同育子进展很好情况下——带给孩子许多好处。几十年来，关于婚姻和离异的研究表明，母子关系对孩子现实世界中自我意识、安全感的形成等等起决定作用；始终如一充满爱意的母亲是判断单亲及双亲家庭中是否有良好适应能力的成年人的最有力的指标之一。

但是对父亲的研究以及在协作育子中对父亲这一角色的思考一直被忽略，直到几十年前才开始展开研究。当今关于父母角色的研究表明，父母共同的育子参与更易于使各个年龄段的孩子生活更美好。如上所述，在让孩子在家庭之外的世界进行探索时，父亲会比母亲觉得更放松，无论是爬行、打滚、在公园与陌生孩子玩耍、骑自行车、或在朋友家留宿。他比母亲更会玩，更会与孩子一起玩。母亲更喜欢通过玩耍教育孩子，而父亲则更愿意玩得尽兴并有所新发现。父亲注意到与孩子嬉戏时，扭成一团的身体接触帮助孩子培养自控能力。[13]父亲促使形成的技能似乎尤其得到孩子的同龄人的赏识，因为这会使孩子在社会上会更具竞争力。

父亲参与到生活中也能惠及孩子的其他方面：青春期出现少年司法问题的可能性更小；对性的初体验更晚（这意味着更少的未成年怀孕现象）；更多地依靠言语辩论解决问题而少有攻击性；与异性互动时不会那么刻板地受到自己性别的拘束。[14]这些问题与父亲的育子参与之间的关系尚不完全清楚，虽然育子风格本身似乎就有助于孩子在生活中更快地适应现实世界的问题，与那些在生活中没有值得信赖、值得依靠的男性出现的孩子相比，这些孩子更容易弱化一些挑战的威胁性。

有父亲参与到生活中的孩子，教育结果更理想。这些孩子在学校呆得时间更长，在校表现更好，最终享有更多的收入。父亲的参与让男女孩的交流技能都能得到加强，这有些令人惊讶，因为男性的交流技能被普遍认为比较拙劣。父亲的参与让一些女孩的数学技能更强，虽然她们的父亲也不是有天赋的数学理论家。也许对孩子全身心的细致关注——大脑、身体、秉性——让这些发育过程中的成就得以增强。我们之所以提及这些内容，并不是因为我们相信父亲的参与是提高孩子认知能力的直接方式，而是想认可这种新认识：父亲可以为孩子做更多事情，而不仅仅是辅助母亲特有的优势。父亲也有其特有的优势。

孩子与父母关系亲密，感情就更成熟。半个世纪之前，罗伯特·西尔斯（Robert Sears）开始对五岁的孩子及其家庭进行研究。二十多年后，对这些孩子再次测评，特别在道德和同情心方面，以获悉他们成年时的表现。研究人员发现，这些孩子是否具有同情心的一个最有力的指标是儿童时期是否有父亲参与到生活中。十年前，研究对象刚迈入四十岁，研究人员再次评估他们在家庭及社区中的人际关系。小时候经历的暖心育养使他们在成年时期拥有更成功的人际关系，从而优于那些人际关系差劲的人。

但是这属于意外发现。尽管"与孩子在一起"非常重要，但是能互动进行感情交流，有所回应，温暖待人对孩子最终的幸福更为重要（这样的道理同样适用于母亲）。当今高质量育子的定义是强化育子。父母亲把育子当成一份工作甚至是职业。但是，育子不仅仅是项工作，而是份至关重要的关系。尽管你对这项工作投入的精力和强度也有促进作用，但这绝不是所有。最重要的是你对孩子的感受，以及对孩子每天每时需求的敏感度。这是男性被赋予的新期望，对于整个社会的健全也至关重要。玛格丽特·米德（Margaret Mead）对此做出总结："每个文明的人类社会都深深依赖于有经验的育子行为。"[15]

所以，父亲与母亲的育子行为互补，双方的贡献都独一无二并十分关键。父母结合他们的价值、激情和天赋时，孩子就会茁壮成长。反之，孩子就会痛苦挣扎。但是共同育子并不仅仅是关于什么对孩子有益，父母双方也必须对此感觉舒

适，同时共同育子也存在摩擦。孩子并不斤斤计较：看到爸爸工作回来时孩子兴高采烈的样子，你知道孩子一整天都在想念爸爸，而并没有像妈妈那样怪罪爸爸不得不在外工作更长时间。但是，夫妻双方确实或多或少都会在意这些的。当一方父母感觉自己做了大量的家务或照顾孩子，并且他或她对照料有着不同的理解和期望时，积怨便会产生。这些郁积的感情不应该影响婚姻或育子的正常运行。下一章，我们将详述关于如何避免郁积消极感情的知识。目前，我们完全可以说两个头脑比一个强——两颗心也比一颗强。

慈爱、能干、积极的父母会让孩子终身受益匪浅，不管父母是否生活在一起。如何发挥各自的能力使孩子及夫妻关系同时受益是关键所在，因为这是造就幸福家庭和不幸之家的根本原因。把育子差异转变为家庭优势是家庭生活健康的基石。

建立有效的共同育子关系

『关系』是答案而非问题

詹尼弗的丈夫弗兰克鼓励她申请升职。那正是她期盼已久的工作，尽管这意味着要在工作上花费大量的时间，不能陪在儿子本身边。升职申请通过时，弗兰克由衷地为妻子感到骄傲，为她能"在外工作"追求职业梦想感到高兴。但是很快，他便遇挫，他不能如预期的那样调整自己的日程安排，准时从托儿所接本回家。弗兰克在应付工作的同时，还要尽力考虑怎样去接本，有时还要考虑怎样在詹尼弗加班"很晚"回来之前与儿子度过下午时光，情况持续如此。

尽管詹尼弗同意，事情发展成这样并不是弗兰克的错误，但是他们不知要如何安排各自的日程，才能使詹尼弗不再因工作很晚回家而自责。当本问她为什么"现在要经常工作"、"不和我一起玩了"，詹尼弗禁不住痛哭起来，并开始对弗兰克十分生气。

詹尼弗和弗兰克与我们共同探讨这个问题时，詹尼弗因本的抱怨而怪罪弗兰克，说她因为感到 "没有得到支持"而很痛苦，即使她知道现在他俩都被困于"后勤的地狱"。弗兰克对自己受责备表示不屑，说他"在尽快地踩脚踏板"，使工作家庭两不误，他自己也本应得到更多"支持"。我们帮助他们互相倾听彼此的真正需求，第一次说出自己的感觉。他们共同对日程安排做出了适应弗兰克的修改；一天詹尼弗工作到很晚，她便安排朋友去接本，并在弗兰克没有赶到之前让本吃些零食，从而减轻了弗兰克的工作压力。弗兰克许诺，在本让詹尼弗为难时，他会更积极地给予詹尼弗支持。首先，他和本聊了聊，告诉他，爸爸感到很自豪，因为妈妈能够在外工作为家里挣钱，这也给了爸爸一个机会，一个有更多时间和本在一起的机会，而这是以前从未有过的。弗兰克也特别注意在本面前常常提及他们新的日程安排是如何伟大，并把这种安排变为家庭的骄傲而不是悲叹（因为本与詹尼弗相处的时间更少了）。小小的帮助就能使他们共同面对问题，以团队的形式解决问题，同时减缓已有的威胁婚姻交流的指责。

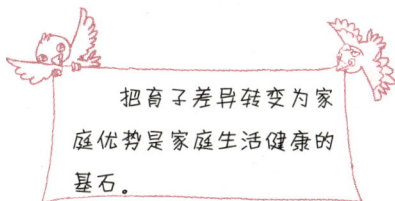

把育子差异转变为家庭优势是家庭生活健康的基石。

慈爱、能干、积极的父母会让孩子终身受益匪浅，不管父母是否生活在一起。如何发挥各自的能力使孩子及夫妻关系同时受益是关键所在，因为这是造就幸福家庭和不幸之家的根本原因。把育子差异转变为家庭优势是家庭生活健康的基石。

夫妻的育子联盟为家庭成员的高质量生活创造条件。画图表示的话，这种关系如下图所示。

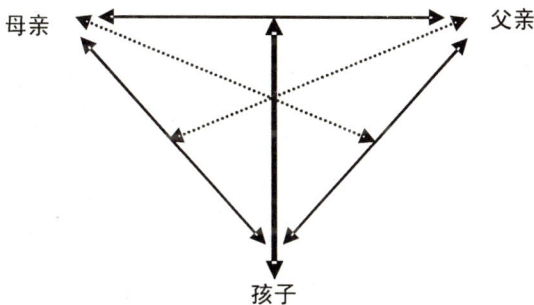

母亲　　　　　　　　父亲

孩子

图表中妈妈，爸爸以及孩子互相连接；但是在许多家庭中孩子不止一个。随着线条的增加，它们会呈现出不同的重要性和力量，而这取决于特定的孩子以及父母与孩子的关系。如果联盟关系刚开始就不稳固，孩子多了则会损害婚姻关系，因为这会对家庭的基础结构——夫妻关系产生许多压力。但是即使家庭中有两个或两个以上孩子，每个孩子与父母之间都会形成一个独特的三角形关系。简单起见，让我们把焦点放到一个三角关系上，以此为例来阐释，当每增加一个孩子时，哪些问题会再次出现并更加复杂。

三角形中最繁忙的干线是父母之间的单线，但这并不是唯一的一条双向要道。父母与孩子有着各自的联系。图中虚线表明，母亲影响着父子关系，同时父亲也影响着母子关系。父母双方都能支持或削弱孩子与另一方的关系。

图中的粗线通常是隐形的线条，在多数关于育子问题的讨论中，这个问题被考虑得最少。大多数育子书籍只是关注孩子或者父母一方（通常是母亲）如何培养孩子表现出令人满意的行为或态度。真希望事情如此简单。我们相信育子联盟对孩子的健康成长有着至关重要的影响。

女儿出生后，为了能全力照顾孩子，玛莎压缩了工作时间，只保留了部分时间继续学术研究。直到孩子学会走路，玛莎才重新把大量时间投入到工作中。她回忆说："女儿18个月大的时候，我同意了给许多律师和心理专家做专题演讲。当我在会议室的门口和她说再见时，我心里想我到底为什么会同意这样做呢。我觉得自己还没有准备好把注意力从对孩子的养育转移到眼前的演讲主题上来。孩子出生前我就没有再这样演讲过，我不确定我是否还能做到。

"我站在那儿，沉浸在自我怀疑和矛盾情绪中，变得越来越焦虑，越来越僵直时，凯尔抱起女儿说：'现在是妈妈的演讲时间，所以向妈妈挥挥手，吻别啦。你是如此幸运，因为你的妈妈能帮助许多人。他们来听妈妈演讲，因为妈妈在她所在的领域是如此出色。再见，妈妈；做你的重要工作吧。我们等着你完成。'我必须抑制住自己的眼泪。我是如此感动，但是又如此安心地转过身去，面对所有的陌生人，出色地干我的工作。"

关于共同育子的最佳定义包括图中所有的箭头。共同育子是示意图的核心，它所指的问题是父母之间的关系首先如何决定父母与孩子的关系，其次如何决定父母与周围世界的关系。强大的协作育子关系主要包括：

▼组建"孩子的团队"

▼共同育子不是工作的平摊

▼共同育养，不要孤单

▼保持亲密关系

▼平衡工作与家庭的关系

▼解决因孩子而起的冲突（第四章的主题）

　　父母关系融洽健康时，共同育子最有效。融洽关系下的联盟关系容易得到爱和关注的滋养。让我们更仔细地审视一下这些组成部分，对建立并维持稳固、持久的联盟关系，它们至关重要。

# 组建"孩子的团队"

　　组建"孩子的团队"是什么意思？就是就孩子健康成长这一目的，达成一致看法。举个例子，假如新年前夕，你们这个四口之家计划晚上参加音乐会，但是就要出发时，四岁的孩子突然情绪乖戾，又哭又闹。父母中的一方必须呆在家里陪他，而你们的大女儿和另一方将会度过一个愉快的晚上。你根本不想要这种事发生在你自己身上或家庭中，但是类似的事情时常出现，孩子累过头时，能让整个家庭都受其不良影响，美好的夜晚也遭到破坏。在这一成长阶段，为了让孩子保持正常状态，孩子必须有准时并足够的食物和充足的睡眠，否则他会变成"家中的小怪兽"，他的姐姐如是说。他并不是一直都这样，但是今晚，他就呆在家，另外某人也是如此。

可从竞争的角度看待这个问题：谁不得不与这个令人不快的孩子呆在一起而谁又会在外度过美好的夜晚。但这件事关系到如何满足两个人的需求：兴奋不已并理应受赏的姐姐和已经筋疲力尽自己却浑然不觉的小男孩。父母当然明白一切，他们没有因此斗嘴争吵，而是通过掷硬币的方式决定谁外出。

不幸的是，许多父母就如何应对孩子的情绪问题并不总能达成一致看法，即使他们就如何让孩子高兴起来能够达成一致意见。弗兰克认为本比詹尼弗更能适应长途旅行和日程变化。有时候，他按照她的感觉行事；有时候，她说服他接受她的观点。但是当他们之间出现差异时，他们能够区分应对，这便是有效育子团队的有力证明。他们与儿子分享故事——有趣的名人轶事，家庭故事中可爱却又令人尴尬的插曲——均能反映他们对彼此的理解以及把孩子的需求放在自己（大多数）之上的努力。

当现实与期望相差太远，而你却花费很少时间甚至没有花费时间去努力调和，共同育子就不那么容易了。詹姆斯·麦克海尔 (James McHale) 的"家庭历变" (Families Through Times) 研究显示，在孩子出生之前，父母很少花费时间思考并交谈共同育子的问题。惯例——除去例外情况——是"孩子降生前，不谈论双方的育子观点或意识形态，更不用说在孩子降生后如何共同育子、应对彼此的差异的问题了"。[1] 房间装饰 (Room décor)、母亲的日程安排也许能设立个大学基金会，父亲在喂养及换尿布工作中的积极角色，这些都是极其普遍的研究主题，而对夫妻双方实际上如何设想养育孩子的研究则少得可怜。当然，他们的共同目标是希望孩子幸福成长，但孩子幸福成长意味着什么，尤其是随着孩子的发育，幸福的定义也在快速改变。夫妻双方早期关于家的概念充满爱意和幻想，但是这并不意味着关于夫妻双方如何在孩子出生的那一刻就能共同参与的育子计划。

确保夫妻双方持有相同或相似的基本育子价值观和信仰非常重要；这比因循守旧地执行日常育子任务更为重要。为了帮助对话顺利进行，建议你从附录A中菲利普（Phil）和卡罗林（Carolyn）"育子思想"这一调查问卷中挑出几个句子，然后手捧一杯热乎乎的饮料，认真地彼此倾听。

我们发现以下这些说法特别适宜讨论：

▼一般来说，当今的父母和孩子讲道理讲得太多。

▼我有时会觉得对孩子的事儿管得太多。

▼与大多数认识的父母相比，我不那么在意孩子是否服从我。

▼当孩子被哄上床之后，又一而再、再而三地下床，他应该因不听话而受到惩罚。

▼我喜欢孩子有自己的观点，并把自己的观点表达出来，甚至说给成年人听。

▼父母应该直接监督孩子家庭作业的完成情况。

▼父亲养育孩子有自己的诀窍。

# 共同育子不是工作的平摊

在孩子刚出生的几个月里，母亲几乎承担起全部照料婴儿的任务，这时父亲会从外围的角度承担家务、管理家庭。在此期间，令夫妻双方感觉最好的不是彼此都做分内的事儿，而是彼此满意各自做家务的数量和种类。例如，妈妈喂奶时，爸爸做饭。她并不介意一会儿要收拾碗筷——正好放放松，不用一直照顾孩子——同时，爸爸又特别期盼着这个亲子环节。几个月之后，妈妈开始重返工作岗位，他们可以调整晚上的安排，轮流照顾孩子、做家务。共同育子更强调分享梦想及憧憬，而非时间管理问题，因此工作的彻底平摊并不能带给你们真正的满意。

雅各布是史蒂夫和朱迪四个月大的儿子，对他们来说，将雅各布在托儿所呆的时间压缩到最短十分重要，他们有着共同的信仰："孩子特别小时，最好是尽可能由家庭养育。"幸运的是，他们都能够临时更改工作安排。朱迪是一位医疗技术人员，她周一和周二在家，而史蒂夫是社会工作者，周五可以陪雅各布。周末，用他们的话说，就是"双亲照料日"。朱迪希望这种模式可以持续到雅各布五岁，但是史蒂夫则不大相信这是"可行以及必要的"。他们同意坚持这种安排至少到雅各布1岁，然后"在他会走路时再视情况而定"。

心理学家杰西卡·鲍尔（Jessica Ball）及其他心理学家研究表明，为持续维护幸福的婚姻，夫妻双方是否能够成功应对或者共同消除共担育子任务的问题并不重要，更为重要的是在争执中他们是否感觉到对方倾听并尊重自己。当夫妻双方把焦点放在共同目标上，他们会朝着"更美好"的方向前进，即使他们有时会迷失于日常苦差：有太多事情需要做但没有足够的时间来完成。[2]

大众媒体普遍认为，夫妻分配家务事的平等程度通常等同于夫妻合作的有效程度。但夫妻有许多分配任务的方法，研究人员也无法全部数清。更为重要的是，你和伴侣如何理解任务的分配是家庭幸福这个大目标的一部分。在此值得重提：你们对此事有何感觉比如何做这件事更重要。计算刷碗洗盘、洗尿布的次数是以父母为中心的、无力的共同育子模式，因为这个方程式完全没有考虑到孩子的幸福。关键是既然父母也非常热衷于和孩子呆在一起，那么父母就作为团体而非个人，尽可能增加与孩子相处的时间。作为已婚夫妻，你们是否为谁去买菜的问题而争吵？作为离异夫妻，你们是否为争取每月和孩子呆两个夜晚的问题而争吵？在诸如上述的情况中，此道理同样适用。

# 共同育养，不要孤单

共同育子的另一块基石是认为孩子是属于双方的，并且孩子的需要也应由双方共同承担。他们有时会迷失于对如何分配家务的讨论。感觉"互相关心"的对立面是时常感觉伴侣在逃避。夫妻交谈得很少，或所有的谈话都是关于孩子以及孩子的需求时，你或许会产生这种感觉。这让人觉得似乎伴侣在感情上给予的支持少了，对你的嘘寒问暖少了，表达的爱意少了，在白天给予的援助少了，而把孩子留给对方照看。最终，他或她完全不呆在家中，在办公室度过更多时间或者篮球周赛结束后还呆在体育馆。

许多伴侣有意逃避对方，首先是因为疲倦，然后是因为感到怨恨、孤独、泄气、无能或者被忽视。与夫妻打交道的亲身经历使我们相信：大多数父母通常都会经历一切类似的各类情感，因为，过渡到共同育子关系需要这些经历，而不是因为他们不再忠诚于婚姻。

许多夫妻期待更严格意义上的公平，现实却不然，因为平均分配不如让夫妻双方各司其职、互补有效分配。每天与孩子一同呆在家中的家庭主妇感觉失去了工作中的自我，经常表明她们日渐"变得无聊"。她们觉得朋友及熟人认为她们没有"工作的妈妈"重要。男性觉得在感情及性生活方面他们对女性的重要性有所下降，因为女性投入所有的精力来照顾无助的孩子，而孩子的需求非常多却又不会回报太多。

这种感情令人痛苦，引起惊慌，当然也不受欢迎。夫妻如何走过这些艰难的路途，主要取决于他们所选择的伴侣。耶鲁大学精神病学家斯蒂芬·富莱克(Stephen Fleck) 曾对凯尔说："选择伴侣，就意味着选择特定的一系列问题，如果你幸运的话，还会有一系列的解决方案随之而来。" 人类的天性如此，当我们精力透支、迷茫困惑时，我们会感到极度脆弱、虚弱。这正是初为人父人母的夫妻经常遇到的情形。但是力量蕴藏于表面之下，这种力量随时蕴藏着，在你脆弱的时候出现，支持你。半数情况会是如此。

共同育子不仅仅意味着组建孩子的团队，还意味着更加关心你与伴侣的共同经历，而不是个人的经历。也就是说，你们共同分享的观点比个人的观点更重要。每个父母必须有效交流以获得这种共同经历的感觉。

成功的共同育子夫妻：

### 将个人独自处理的事情减到最少，不要老是唠叨或归咎于关系本身

看着伴侣在床上熟睡，而自己必须半夜起来照顾新生婴儿，你会感到特别孤单。妻子没有过分在意丈夫原本能够搭个帮手递一下奶瓶。在该喂奶时，她会把摇篮拉到床边以便自己待在床上就能喂奶。不用坐在房间对面的摇椅中，她可以依偎着丈夫喂奶。实际上，她稳稳地依偎着丈夫，此时丈夫虽没全醒，却伸出胳膊抱住母子俩。

### 把关系看作解决办法而不是问题

妻子非常不喜欢丈夫把自己的父母和亲戚看得比她的重要。丈夫受家人胁迫而不去反抗的样子令她感到痛苦。但是她并不觉得丈夫是问题的一部分，也不觉得丈夫站在"他们那一边"。在这一困境中她把丈夫当成搭档，与丈夫共同努力去理解如何改变才能使孩子在两个家庭中同等重要。

### 努力放大关于家庭生活体验及发展的共同信仰

夫妻双方共同确定三个优先的事情作为家庭传统，并坚持贯彻下去。

### 迷失之际注意与伴侣保持身体及感情上的亲密

把与孩子无关，你想与伴侣一起做或想为伴侣做的事情列入待完成事项的前列。

该"处方"能够将沉默的空间最小化，防止日后的逃避，并遏制孤独感。

平衡的共同育子模式包含了如此复杂的元素，因此需要一些努力，因为当我们感到疲惫、不知下一步该做什么的时候，我们通常受感情的指引。通常新手父母会说："我们对正在做的事情一点都不了解，这让人感到精疲力竭，在正确地做好至关重要时尤为如此。我以前根本不知道这是如何的艰辛又美好！这事关生死，让人无比恐慌。"这种感觉很自然，几乎普遍存在。积极与伴侣分享你的想法和感觉有助于减少恐慌。所以，不要低估任何一个简单而坦率的行为，比如温柔地捧起伴侣的脸庞，对他/她说："你好，我记得你，你记得我么？我们正在一起努力，对么？我就在你身旁，你也是。"单单是这样的表达，便已是重要的第一步。

# 保持亲密关系

在工作中接触新手父母时，我们听到过无数次类似的话，"谁是与我共同孕育孩子的人？她现在完全变了"，"从把孩子带到家的那一刻起他就变了；我不再了解他了"。这些想法预示着共同育子的门槛已经被打破。这种关系先前让他们有了生儿育女的愿望，而现在却已南辕北辙；浪漫、激情、性爱开始如冰川般后退崩解，而且形成了巨大冰块，正漂流而去。爱人之间互相信任的友谊没有得到维护。一夜之间，长久以来珍视的对话和漫步都消失无踪。婴儿成为拥抱、爱抚、亲吻、轻抚以及深情注视的主要对象（或者唯一对象）。

对父母双方，尤其是对母亲来说，亲密关系包括倾诉感情，不管是积极地还是消极地。与行动相比，男性通过动情的谈话来表达亲密感情时会遭遇许多文化障碍。更多时候，男性被认为是养家糊口、维持生计的人，不善于饱含情感的交谈。女性倾向于认为：男性"先做，再说（甚至说都不说！）"的态度是感情冷漠的象征，并往往令人不快。

## 共同育子预防性维护测试

鉴定你与伴侣的亲密程度。在过去的几个月，实际上你有多少次：

次数

每月

——营造并保护夫妻共处的时光？

——设定一个时间和地点（当你们都不感到疲倦时）讨论你们育子差异中的一点。任何事情均可，例如你觉得似乎她抱孩子的时间太长，或者是他与孩子打闹的时间太长。

——查看你的日程安排，标明压力点，向家庭成员、朋友或姐妹寻求额外的帮助？如果你先打电话，你会得到额外的益处。

——主动看管孩子三个小时或更长时间，让伴侣可以放松一下，做其他事情——购物、读书、看场球赛、运动或与朋友外出？

——过去一周，你们为孩子做的事情或与孩子无关的事情一同大笑了几次？

——总和

分值意义：

0~5：你们如履薄冰。尽快改善否则你们的关系将出现危机。不要把 获取一些专业帮助排除在外。

6~20：你们已步入正轨。已意识到伴侣与孩子一样，需要受到关注。

21~31：你们为孩子做了件大好事。继续努力。

小女孩开始交际时，就把分享秘密与情感作为关系亲密度及最好朋友的"标志"。而小男孩的友谊更多地取决于共同相处，共同行事。所以，如果男性经常逃避冲突或使用挑剔或讽刺的语言发表评论，伴侣通常会视这样的行为为对亲密关系的威胁，从而导致交流失败。相反，女性倾向于直面冲突，直至误会消除或解决。与男性用逃避来放慢生理反应的风格相反，女性喜欢立刻交谈以证明她们的亲密关系。填补这个沟壑需要大量工作，因为这需要持续地关注孩子及伴侣的需求。有时候首先需要关注的是父母的育子联盟。

埃丝特是乔赛亚和莉娃五岁的女儿，她十分缠人。乔赛亚和莉娃晚上很少出去，只有当家人来照顾孩子时，他们会一起出去。他们通常为是满足孩子的需求还是两人单独维护夫妻关系这一问题发生争执。

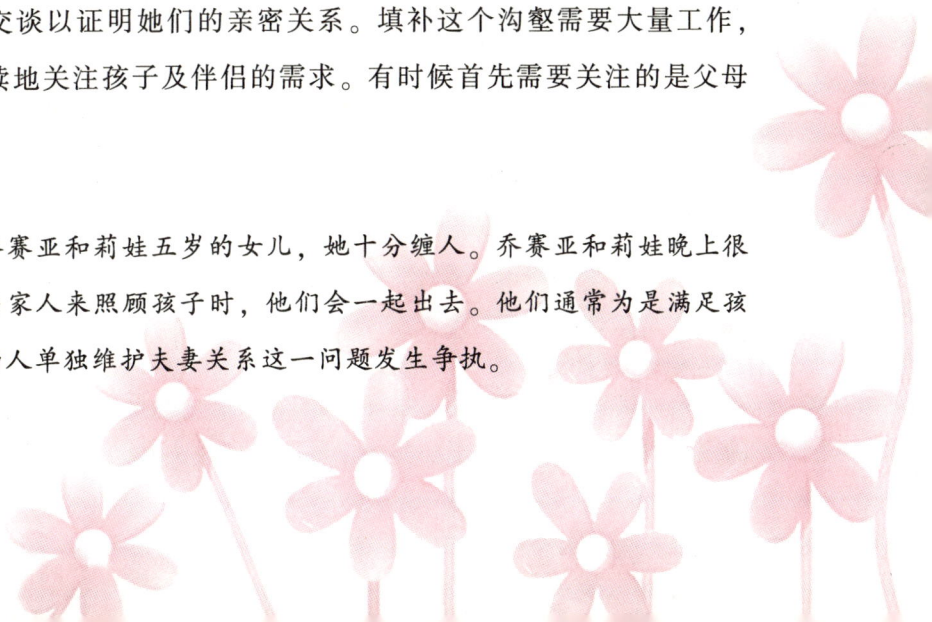

乔赛亚说，有次他们将要出去参加由公司赞助的豪华通宵游——对他整年努力的令人垂涎的奖赏，可埃丝特却开始哭闹。莉娃开始嚷嚷着她要和孩子呆在家，这样总不至于让每个人都去不了。她无法想像在接下来的24小时里，自己在知道埃丝特闷闷不乐的情况下还能玩得尽兴。乔赛亚回忆说："我站在那儿，深情地仅仅搂着她的肩膀，说'这对我和我们都很重要。我非常想念你。就算我们走了她也会好好的；但如果你不去，我会活不下去'"。莉娃去了，当然埃丝特也没事。后来，他们夫妻都说，以前没有意识到他们如此需要共度快乐时光，重新感受自我——不是作为父母——而是作为挚爱情深的夫妻。

## 平衡工作与家庭的关系

凯尔的祖母——温妮在俄克拉何马大学建立并经营了一幢"男生"宿舍楼。她警告三个女儿要推迟找工作的时间"直到孩子长大成人，独立生活，丈夫挣足了钱，这样日后你挣的钱也不至于吓着丈夫。"

第二次世界大战之前，有证据证实，与双收入家庭相比，母亲是家庭主妇而父亲养家糊口的家庭更为稳定。[3]但是当今，只要母亲工作愉快，父母双方支持彼此的工作，双职工家庭的婚姻稳定也会逐渐加强。

向来如此，孩子一旦降生，梦想照进现实，大量矛盾令父母感觉吃力。母亲对伴侣积极参与育子的态度比想像的更矛盾。尽管她们非常感激丈夫的支持，但她们深爱着孩子，一定程度上，她们不愿意与任何人共享孩子神圣的注意力——即使是孩子的父亲（我们会回过头来谈论这个话题）。此外，与

新生儿共度的蜜月结束，大多数父母都会返回到工作岗位，此后日常生活的繁琐便开始出现，那些精力充沛的母亲便会因为自己与事业渐行渐远而感到异常痛苦。这些感觉逐渐演变为对父亲"其他生活"的妒忌。

对父亲来讲，他会因为加班，与孩子相处的时间不够而愤愤不平。他感觉自己无法见证这些转瞬即逝的时刻：孩子第一次微笑，第一次爬行或者第一次走路。他怀念伴侣的收入。他或许会倍感压力，因为他要在妻子不再补贴家用的情况下维持生活水平不变。

满足父母双方意味着最小化对家庭及工作或职业（收入、家务事、照顾孩子等等）的投入，重新把焦点放到孩子出生前他们活跃的领域。要满足父母双方，就意味着了解彼此需要对家庭做出的最低的贡献是什么，包括在工作、事业（收入、家务、看管孩子等等）方面，如果自从孩子出生后，有一方父母已在某一方面有所懈怠或处于空白，那一定要予以注意。

以贾斯廷和南希夫妇为例。贾斯廷的职业是律师，他主要负责家养家糊口。南希也是法学院的研究生，她要在家与一岁和三岁的孩子们呆"一阵子"。她并不认为自己诉讼律师的身份有利于实现母亲一职的梦想。但是辞职仅三个月之后，南希开始怀念深夜的繁忙，出庭前的大量背诵以及与同事的亲密共事。她希望贾斯廷时常回家，做更多的家务——洗碗、洗衣以及其他家务。

贾斯廷在研究家庭的经济状况之后，建议每周请保姆来工作两天。尽管南希深深地喜欢母亲一职，但她仍然觉得自己正在失去一些东西，她总与朋友及贾斯廷讨论——无论何时他都愿意倾听——自己不如期盼的那样满意的原因。

当他们最终坐下来，用贾斯廷的话来说"仔细推敲直到有所进展"时，他们同意南希应该找个与法律相关的工作（除了出庭工作），但是时间限制为每周15个小时。贾斯廷认同自己需要更多地参与到家庭中去，并同意重新安排工作时间，一周中选一天晚一个小时去上班，从而能够有一些时间与南希一起料理家务。

正如贾斯廷和南希在初为父母的生活中发现的那样，平衡工作与家庭的关系意味着互相交流、审视，确保夫妻双方不会感觉自己重要的一部分受到压制。这意味着要关注整体以及每个部分如何镶嵌在一起而不是孤立地看待单个部分——养家糊口的工作、家庭时间等等。我们最终的目标是共享的，如果一条道路行不通，你该看看另一条道路是否可行。

### 审视的问题

▼你们是否对目前的工作都很满意，是否认为工作总的来说是项积极的经历？

▼你们工作挣的钱足够吗？不要让工作背上更沉重的家庭经济负担（例如，需要付孩子的照看费用）。

▼你对伴侣挣的钱满意吗，或者你对钱的数量是否有其他期望？

▼你们中是否有一位认为自己为了育子而在工作中做出了重大的牺牲，日后的工作生涯中也对此难以弥补？

▼在完成家务和生活琐事方面，你是否得到了足够而又恰当的帮助？而这些事情又都是你在关注工作时所顾不上的？

▼当孩子幼小，需要你陪在左右的时候，你们中是否有一方在短期内更灵活地安排工作？

▼你们两人中的一方或者双方是否该跳槽选择不同职业？

▼你们的雇主是否有灵活的工作时间或工作分担的政策能让你适用?

▼你们是否有清楚的、让彼此都大致感觉公平的短期和长期计划?

▼你们是否为了平衡工作和家庭的关系而改变生活方式?这种平衡让你付出了更大的代价(例如交通不便、时间长、或者居住在一个你并不特别喜欢的地方或者远离朋友及家人),而这是你没有期待和想像到的?

男性更不愿意利用这些政策,因为他们怀疑(几乎没根据)别人会认为他们的工作能力和效率低,不是一名有抱负的员工。[4]与职业母亲一样,当他们能够平衡家庭的需求和工作的责任时,他们会对家庭更满意,工作效率更高。

稳固的共同育子关系中最后的组成部分不可避免地令大多数夫妻感到烦恼,这个组成部分便是:冲突管理。为何父母双方安然相处如此困难?下一章中,我们将梳理出一些冲突的原因。

管理冲突　公平抗争

健康争执动力学

作为父母，

重要的是快速应对孩子的行为。

作为共同育子的伴侣，

要表达你的观点，

但是尽可能不损伤对方的尊严和权威。

夫妻双方就如何养育孩子的日常争吵似乎是场关于谁最了解孩子需求的言语斗争。以詹姆斯 和凯伦为例，他们有一个可爱又淘气的四岁儿子马蒂，养育孩子让他们精疲力竭。

詹姆斯抱怨说，每当孩子马蒂一开始"大哭行动"，凯伦总是轻易顺从孩子；而凯伦反驳道，至少她满足了孩子的需求而不是"忽视他！"为了争个输赢，他们之间的冲突常常白炽化到顶点。凯伦认为她才真正了解马蒂，用她的话来说，詹姆斯就是"站在边线以局外人的身份指挥"。詹姆斯认为自己遭遇排斥，而且自己的意见得不到重视，他证明和加强了关于家庭的那个迷思：丈夫不如妻子了解儿子。

这种情形永远不会有积极的结果，但是如果只要没有完全的恶意——也就是说，父母中有一方某些时候会获胜，但并不伤害另一方的自尊——结果就可以控制。但是如果父母双方正常交流，分享彼此的看法，共同探讨育子的最佳方式，而不是为了争个输赢，效果会更理想。如果冲突继续，一定要争个输赢，并且总是有一方常常赢，这对所有的关系（母子关系、父子关系、夫妻关系）都是非常有害的。其中被认为是傀儡、不称职的父母、或坏人（通常是父亲）的那一方，将开始真的认同这一身份，后者转向别处寻求肯定和接纳。

一个父亲曾悲哀地告诉玛莎："我们结婚前，妻子认为我幽默、聪明、有责任感。她曾说她喜欢我照顾她的方式。当然，我们会争吵。因为无法从工作中脱身时，我有时不能按时赴约晚餐。或者在晚会上我的言语令她感到尴尬。现在我们有了孩子，情形完全不同了。她认为无论何时孩子受伤了，都是因为我的疏忽，认为我不能替她做出好决定，认为我不称职。我甚至会买'错'玩具。"他为此感到极度痛苦，因为妻子爱着自己，却作出这样的评价。"无论我如何努力，都无法改变她对我的看法。我开始觉得自己就像她认为的那样，是个不称职的蠢材。于是，难怪我喜欢呆在办公室了，因为同事觉得我依然出色，依然是昔日的有能力的那个我。"

> 一些冲突并不总是关于一个人如何行事，而是事关孩子一生的决定，很少有理想的选择。

什么是错误管理中冲突的警示标志？

▼在家时间减少

▼比平时更好辩（甚至挑衅）

▼消极斗争（看似合作，实际上让事情更难解决）

▼不爱交谈

▼无论夫妻之间发生什么事情，都采取冷漠而又不明朗的方式。

错误管理中的冲突势必会导致各种关系中的关系中孤立感。当父亲的在逃避时，可能转向工作、伙伴、酗酒或者情人。当母亲的也可能逃避，转向工作、朋友、情人或完全沉浸在日常照顾孩子的琐事中。不支持伴侣的育子方式，可能相对不明显，但对于育子来说同样有害。这个问题，一旦出现，极难扭转，特别是在没有专业人士指点帮助的情况下。

公开的冲突不是育子联盟不牢固的唯一表现。不同意伴侣的决定和生活风格选择，却保持沉默，是同样致命的错误。沉默可以暂时消气，但是却带来了对需要解决的问题的冷漠态度，更不易于找出问题、谈论问题的根源所在。幸运的是，凯伦和詹姆斯意识到了詹姆斯正逃避凯伦和整个家庭，并共同努力改变他们的育子情况。相似的是，如果詹尼弗对丈夫弗兰克支持她工作升迁的方式不满，却没有与丈夫弗兰克应对这件事，他们的婚姻会遇到更严重的问题（见第三章）。

不善管理中的冲突需要父母双方充满爱意、开诚布公、斩钉截铁地交流。该书的内容都是关于如何交流。以下是些简要的建议，从可作之事与不可做之事的清单开始。

## 好好交流

**可做之事**

▼以第一人称"我"陈述事实，把焦点放到你自己身上而不是伴侣身上。

例如："我很生气，当你工作到很晚才回家。"而不是"你总是回家很晚。"

▼用"感性"词语，陈述你的感受。

例如："你工作到很晚才回家，我很生气，因为我需要休息一下。"

▼提问问题弄清伴侣在说什么。

例如："你的意思是我迟到20分钟，还是你想说我很晚回来却没有给你打电话给你？"

▼解释你对伴侣刚才谈话的理解，确保你们在谈论共同的话题，并且你理解了信息的重要部分。

例如："你的意思是说你觉得我回来晚了，是在欺负你，你很生气也很受挫。"

▼使用肢体语言帮助你们好好交流。

例如：眼神交流，姿态开放，双手放松


**不可做之事**

▼打断他或她的讲话。

▼忽视伴侣的发言。

▼谈论中责备伴侣。

例如："胡安今天晚上不开心，都是你的错！如果你能准时出现！"

▼侮辱伴侣或者对其横加指责。

例如："你从没有按时出现。你毫不负责！"

▼说得太绝对或太概括。

例如："你从没有按时出现。我总是按时。"

▼你们都很累或生气时讨论问题，一开始就意味着不会有好结果。

# 不同种类的冲突

"孩子出生前"和"孩子出生后"的争吵是不同的，对此做过研究的研究人员及有此经历的人都这样认为。孩子出生前的争吵似乎更多关于"卸下包袱"，包括感情受伤、自私及交流障碍。产生争吵的原因是晚宴上你是否得到足够的注意或者当他母亲暗示你太任性时，他是否站在你这边支持你。孩子出生后的争吵似乎更多关于"卸下责备"，缺乏尊重或关爱，或者暗示谁知道如何对家庭最有利。你们的争吵大都是关于是否给孩子玉米片而不是麦片粥（Apple Jacks）；你刚刚学步的孩子是否被允许半夜爬到你们床上；或者你是否耐烦过问伴侣是否想让这个高能量、高消费的家庭周日晚上去外面吃大餐。

无论何时，孩子出生后的争吵开始越演越烈，问题在于如何争吵而非为了什么争吵。争吵中谁的嗓门更大或是谁摔门而出？讽刺，反攻以及"你总是……你从来没有"的短语会让彼此受伤，反而不是引发争吵的问题本身会让人受伤。这种差别至关重要——特别是孩子出生后——因为争吵中又多了一位潜在的受害者，间接受害的确存在了。当争吵开始针对个人、变得肮脏时，就连小孩也能感觉到生命中重要的人正在伤害另一位重要的人。因此他们身心痛苦。年龄越小，身心之间的差异越少。身心都会受到伤害，并且难以忘记或淡化。

共同育子的黄金法则：不要当着孩子的面争吵；这种方式至少坚持到孩子四岁，有许多语言及争吵技巧。即使这样，也不要口吐脏话。

更好地处理冲突对育子的父母双方之间的关系真的如此重要？答案是肯定的。在一项有趣的国际电话调查中，调查对象是28 000位20至75岁的男性，他们对生命中最重要的因素排序：身体健康，家庭和谐，和伴侣关系密切。只有2%的调查对象认为满意的性生活最重要。[1]

# 性别战争

当婚姻冲突强化时，男性和女性倾向于使用不同的交流风格。婚姻研究人员约翰·戈特曼（John Gottman）和鲍勃·利文森（Bob Levenson）发现在情绪激动的争论中，尤其是在争吵中感觉自己受指责或批评时，男性比女性更容易产生强烈、消极、情感"溢流"的生理反应（心跳加速，呼吸加速，脸色变红）[2]他们的惯常反应是逃避争论，掌控自己的郁闷心理。还有一种情况，郁闷时，争吵促使大声讲话，看上去比平常更具威胁性。男性需要意识到他们体质的敏感性，有意识的控制反应行为：学会放慢呼吸、深呼吸，从一到十数数，有意识地放松肌肉群，想像安静的地方。

另一方面，女性倾向于积极地表达自己的感情，借助生气或发牢骚。她们也更可能控制自己的爱意。一些女性说，虽然这些反应是消极的，还是比没有任何反应强。男性则不同意这一点。但是正是他们的共同点更具破坏性：研究表明，失败婚姻的一个指数是，争吵时双方都不愿意负起缓解紧张气氛或激烈争吵的责任。[3]

# 四个消极的反应

戈特曼如此描述在冲突中双方常见的四类消极反应：鄙视、批评、防卫和拒绝合作。[4]此类消极反应即便是最好的情况，也令伴侣感到不敬；最坏的情形则是狂怒。让我们进一步一一审查。

### 鄙视

"真是时候。上床前给孩子一块糖！"

我们首先讨论这个问题，因为它很可能大胆而又明显地指示出了严重的问题。弗兰克不屑时，他会冷淡地问詹尼弗儿子本杰明是真的需要她的娇养呢，还是詹尼弗需要这种娇养来证明她比自己的妈妈更称职。充满讽刺和不

敬，鄙视能够以难以置信的速度和效率侵蚀自尊及夫妻间的关系。翻白眼的侮辱加上毫无掩饰的愤怒几乎使你的伴侣无法自卫。

即使在彼此相爱的伴侣之间，在黑暗而又毫无防备的时刻，也会有对伴侣的鄙视。最好尽早经常表达你的羡慕和感激，方能抵消鄙视的负面影响。意识到自己一番话的恶意，弗兰克很快又补充说他只是嫉妒儿子，因为詹尼弗不再以同样的方式宠爱身为丈夫的他。实际上，他继续说，她是位出色的母亲，他很感激詹尼弗让本感到爱意及安全感。他只是也想参与其中。

一旦气消之后，一起找出鄙视的根源非常重要。弗兰克意识到他和儿子在争夺妻子的宠爱。孩子出生前，詹尼弗非常善解人意，周到体贴和热情奔放；他非常想念那些时光。如果弗兰克更加直接表达这些感情，很可能，她会更加同情，并以同样的方式回应。

如果弗兰克没有意识到自己生气及鄙视妻子的原因，詹尼弗可能也会找到这些原因，但是他也会感到刺痛。这种时刻，道歉有用但并不是唯一起安慰作用的方式。如果在弗兰克身上你发现了自己的影子，你或许会问：我如此生气到底为了什么？我的伴侣真的活该遭受漠视么？我明明不喜欢这样做，为什么还会做？如果你对生命中最重要的人尚且如此，你也很可能如此对待他人。略带挑衅的孩子可能就是下一位受害者。然而你并不想让事情发展到如此地步。

## 批评

"为什么总是我来确保包里是否有多余的尿布？"

批评总是始于鸡毛蒜皮的小事儿，例如，"给孩子洗完澡后，**你为什么**总是把湿毛巾放在地板上？"，"把孩子放到床上睡觉前，你为什么不**再轻轻**

拍拍孩子的后背？这会让孩子胃中有气不舒服的。"这些"你总是/你从不"的标枪投掷在伴侣脆弱的身心上。像"笨蛋"、"骗人"、"自私"及"懒猪"的言语或想法都会让被批评的人受伤。

你可以通过使用经典的以"我"为主语的陈述，避免批评所产生的伤害，把批评转换成为由于你的需求而非对方的过失所产生的抱怨。你可以冷静地说，"我很心烦，因为你给女儿洗完澡后，我总得清洗地板"，或者"谢谢你让孩子喝奶，他很喜欢，但是我担心如果你不轻轻拍拍他的后背，他会不舒服的"。这些言语带有更少的挑衅及防卫，但是依然能传达信息。假如除去失望之外，你还表达了更积极的感情例如感激、尊敬以及喜爱，那么你仍然是在积极参与着"共同育子"。实践告诉我们每天对伴侣做三件积极的事情，那些你通常会嫌麻烦而不去说的事情——即使你想到了——观察这些事情如何能促进你们的关系。

### 防卫

*"好吧，父母中必须有个人在孩子身旁。"*

防卫是对批评的下意识反应。你告诉幼小的孩子，"不要摸"，她缩回手，还会说："我就要!"你告诉伴侣，孩子小睡时间，睡在她怀里会很麻烦，她不会说："嗯，你也许是对的。"相反，她感觉自己遭受指责，有点受伤，于是开始解释她的行为。抵抗你自己的防卫的最好办法是尽快承认："这样无助于孩子学会自己睡觉，不是么？我也很难把她放下来。也许你能帮我一下。" 解除伴侣的防卫的最好办法是对伴侣表示稍许的理解，例如："他太可爱了；很舍不得放下他，是吧？"通常矛盾很快就结束了，紧张的气氛也消散了。

通常，女人一开始抱怨，防卫便出现，因为女人倾向于展开有难度的谈话。她说："你昨晚下班回来，让孩子过于兴奋，我花费了不少心思才让她平静下来!"当爸爸的立即感到自己遭遇指责，于是也开始自我防卫，指责对方："我们一谈到我所做的事情，你都不喜欢。前几天我想告诉你，我真的很生气你当着朋友的面纠正我的错误。"当妈妈最终提出一个问题时，她会感到很受挫，因为那正是爸爸和她之间的难题。所以无论她要不要提出那个问题，她都会感觉很糟。

在任何一个让你很有自卫防范意识的对话中，你最好从一开始就聆听，然后回应伴侣的抱怨并努力承认自己刚才让伴侣受挫的行为，"好吧，我觉得在睡觉前我确实让他太兴奋，你花费了一番心思他才入睡。我没有考虑到你的需求，是吧"？你的理解让她立刻放松下来，并原谅你的行为。想出解决办法之后，你或许可以告诉她你也有问题，希望能现在或晚些时候提出来。然后共同决定你们是否有足够的精力进行第二轮谈判。

### 公平斗争的原则

1.无论谁有问题，应该尽快提出。在提出问题之前，自己先思考一下。

2.清楚并具体地把问题向伴侣陈述。（"我感到「生气」因为「你在你父母家中让我感到羞辱」。"）

3.双方都能将问题理解清楚是非常重要的。倾听的伴侣应该对另一方所言有所反馈。"我听到你说，你对我「这个月的旅行安排」感到「愤怒」。"对所听到的言语稍加思考之后，然后提出自己的问题，澄清事实，最终你能理解伴侣的真正意思。例如，"说说看"、"告诉我"、"什么事儿让你烦心?"

4.当双方就所谈论的问题达成一致意见时，该由先提出问题的伴侣继续话题。

5.最先提出问题的伴侣应首先负责提出解决方案，这一方案可能要求双方都作出改变。（我保证以后肯定让你知道我的想法。我建议「这周末我带着孩子去父母家，你可以自己一人静静呆一晚上」。）

6.双方可以共同讨论解决方案，然后可由伴侣提出建议。解决方案应包括双方都能做出的改变。

7.对几个解决方案进行讨论直到找出你们一致认为最可行的方案。不在乎对与错，而在乎可行。

8.一旦双方达成一致，然后谈论你们如何实行。这意味着明确回答：谁将做什么事儿，什么时候做？如何做？

9.一旦以上事情都理顺，考虑可能会有预想不到的事情破坏你们的一致计划，以及你们协议是否现实。

10.解决冲突能搅动很多情感，因为这意味着你必须放弃一些事情。为双方都愿意做出的祝贺而彼此祝贺。

11.经过特定的一段时间，同意再次返回到同一问题上，来评估协议的实行。你们或许需要改变或调整部分协议。

### 拒绝合作

"我再也不会和你谈论此事。"

她努力深入对话；他说，"我现在不想谈论这些事情"，然后走出房间。她跟着他来到厨房，他的眼光越过咖啡杯或啤酒杯静静地注视着她。

男性比女性更偏爱这种对冲突的反应，如此应对冲突可能让人受挫、抓狂，但也可能是有效的。他们不说"你总是/你从不"或者翻白眼，他们面对痛苦仅仅保持静默。这有助于男性逃避紧张时所经历的高涨情绪，但男人的这种做法会激怒伴侣，让她们觉得伴侣对自己视而不见，觉得自己被忽视了。与其爆发，夫妻双方还不如坐下来，深呼吸，然后尽最大努力去倾听对方，这会更容易些。为澄清对方所言，提提问问；听的时候伸手握着对方的手，直接注视着对方，即使那时你不准备说什么。不要转移目光，至少不要长时间左顾右盼。

如果你是位女性，握着伴侣的手，沉默不言。如果他要脱身，跟着他但是静静地坐在沙发的另一端。说些诸如此类的话："我知道你刚刚没有准备好讲话，但是我不会对此放弃。我就在你身边。"然后，看到他的身体稍微放松时，轻轻地对他说，如果他愿意的话，你想交谈并倾听。试图穿插些幽默，大多数情况下男性会积极地对此做出反应。

如果你是位男性，如果你必须的话，你可以往旁边看甚至走开，但是告诉妻子，"我几分钟后就来。我需要冷静一下"，让她知道你只是想暂时休息下而不是要结束谈话，可以起到有效的安心作用。

## 超越性别

当然，并不是所有容易导致冲突的差异都与性别有关。部分原因是因为性格和爱好。例如，你们当中是否有人喜欢列清单？

玛莎做事有条理，喜欢列清单然后一一完成并删除。对她非常有效。她也为凯尔列清单，不记在本上，也会印在脑子上。她把为他列的清单读给他听，就像把自己的清单读给自己听，为能够帮助彼此有条理地行事感到自豪。

凯尔默默地叹气，因为这些清单似乎仅仅是又一个影响他专注于已经着手事情的障碍。现在他想知道玛莎是否仅仅要求他挤出时间又在清单上多加一件事。"这是谁的清单呢？"他沉思到。最终凯尔觉得他似乎不需要再有一个母亲了，玛莎感到困惑的是自己怎么会像凯尔的母亲呢？效率最终变成怨恨。

听起来是否熟悉？几乎每对夫妇都有交流风格及处理冲突的差异，并且在有了孩子以后，夫妻双方对彼此的满意度有所下降。所以很必要尽快与伴侣讨论彼此的育子期待和计划。在第三章，我们介绍了研究员卡罗林·考恩（Carolyn Cowan）和菲利普·考恩（Philip Cowan）"育子思想"（Ideas about Parenting）的调查（见附录A），整理了初为父母者面临的许多问题。关于父母个人信仰的整套调查问卷旨在引发有效、开明的讨论——为了让夫妻的争执得到"公平"的调解——关于父母认为什么对孩子有利。它引发了那些宝贵的讨论，关于溺爱、训诫、惩罚、娇养、惯养、亲子共眠、保姆年龄应该多大、妈妈的宝贝儿子以及爸爸的宝贝女儿、过多久去回应哭泣的孩子等等一系列的话题。在另一项研究中，考恩夫妇要求夫妻双方完成"育子思想"表格然后预测他们的伴侣会对此有何反应。大多数父母认为此项任务极具挑战性，对伴侣预测的错误率至少与正确率一样（或错误率更高）。为什么不翻到附录A，你自己也做做调查问卷呢？

不能正确预测伴侣育子想法的原因，是我们并不总是按理论上的重要性来行事。知道我们所看重的事情非常重要，因为相同价值观更有利于夫妻之间理想的关系。我们可能和自己的伴侣拥有一些共同的育子观念与思想，但这并不意味着很多在潜意识中存在的观念不会影响我们的关系。

# 总 结

冲突爆发时，夫妻如何处理不同的价值观？让我们看看：

吉尔和保罗正在去观看孩子体育比赛的路上，两个孩子，一个5岁，一个7岁，突然开始在后座上争吵。事情很快升温，他们开始互打耳光，还夹杂着脚踢，想要互相骚扰而非彼此伤害，但是他们都很快失控。

开车的是保罗，他把车停到路边，连着打开了汽车的两个后门，用头紧顶两个孩子，然后坚定并大声地说："这个家庭不允许也不接受任何形式的打耳光或击打。你们是在互相谩骂，战争正是这么开始的。再也不要发生这种事。"接着，保罗返回到座位上。孩子们出现一阵惊人的沉默，保罗继续开车。吉尔转向孩子，生气地说："什么大不了的事儿让你们两个会像刚才那样？"孩子又开始了，犹如保罗没有管制他俩之前那样嚣张地大声争论，每个人分别给出自己的理由，并试图盖过另一方的声音。

保罗镇静转向吉尔说："亲爱的，谁做的并不重要。拳打脚踢就是不对，没有理由再对此大加谈论。你所做的只是让他们再次争吵起来，并对自己的行为逃避责任。"吉尔感觉自己遭受指责，不想让保罗苛刻的语言作为这件事的了结，她说："我就是想知道是什么让他俩争吵起来，然后我就能向他们解释，他们的所谓理由并不是拳打脚踢的理由。"

随后，夫妻沉默了一会，然后谈论刚才发生的事情。保罗认为吉尔常常鼓励孩子谈论从而导致孩子互相指责、为自己的行为辩解或与父母争辩，刚才发生的事情便又是一个例证。这样导致孩子言语对抗，犹如法庭上的一幕，他们仿佛站在法庭上为自己申诉。保罗认为在解释时，"少即是多"。并且，他觉得妻子通过再次引起孩子们的争辩而削弱了自己的权威，而他基本已摆平了孩子们的冲突，他几分钟前教训了孩子们，但妻子却给他拆台。

经过讨论，他们都理解了对方。吉尔承认她引发讨论的方式并不奏效，但强调她总的来说更喜欢自己的这种方式。保罗的反应，和大多数男性一样——少说、多做——与吉尔的习惯倾向于把事情说开的做法相反。另外，吉尔的家庭经历使她认为大声吼叫特别恐怖，因为她的父母常常会提高声音，大声吼叫。用大声吼叫回应大声吼叫似乎是不当的选择。而在保罗的家里，母亲通常没有威严感，而父亲又总是不在，所以保罗认为，在各种家庭冲突和争执中，快速、有力的了结至高无上。如果没有更进一步的讨论，吉尔会感到"这次又是这样，他又告诉我做错了什么"，并且这种感情将会激起怨愤。通过对性别和经历差异展开的讨论，他们会受益于了解对方的视角。在这次具体的情况下何为最佳方法，他们能够取得一致意见，但是吉尔可以在其他育子时刻选择自己偏爱的方式。

这个情形和大多数情况一样，最终的解决办法不是决出胜负，而是有效地谈论"永久性的问题"，[5] 那些在你的婚姻中一而再、再而三出现的问题。这些"永久性的问题"可能涉及你们差异最大的价值观，或者涉及你们的行为差异（例如他守时，而她习惯迟到；他喜欢更有组织性的活动，而她喜欢没有计划的时间）。作为父母，重要的是快速应对孩子的行为。作为共同育子的伴侣，要表达你的观点，但是尽可能不损伤对方的尊严和权威。事后，双方可以再次讨论当时的情景，讨论动机、结果以及下次可能采取的不同处理方式。或者仅仅承认对方的观点（承认，不是每次都这么容易做到），然后从对方身上学习到知识。

试着从伴侣的角度看待问题。父亲们，特别是那些妻子做大量育子工作的父亲们，应该努力从妻子身上获得大量启示。母亲们对伴侣提及自己的忧虑时，应该更轻描淡写点。这有助于减缓伴侣的紧张反应——即会激化冲突的情感"决堤"。

杰基和哈尔刚从另一个州搬到这个大学区。他们努力在这个区找所房子，因为这里有最好的公立学校，他们希望自己快上幼儿园的孩子能够去那儿读书。他们又看了看拐角处的私立学校。这里的班级更小；孩子们参与着非常具有创造力的活动。杰基立即决定这正是五岁儿子乔希要上的学校。一场长长的讨论于是开始了。

哈尔希望乔希先上一年公立学校试试，看看情况如何。"毕竟，"哈尔争论，"这不是我们一直讨论要做的事儿么？怎么会如此迅速地放弃我们的价值观呢？仅仅是幼儿园。在私立学校上几年学非常昂贵。"杰基想到自己的早期教育，激烈地反对。她告诉哈尔："幼儿园是你整个教育生涯的开端——好的，坏的。当然我们相信公立学校，但这是乔希的生活，并不是政治和解。"

他们谈论幼儿园的选择时，杰基越来越生哈尔的气。无论何时她谈及此事，哈尔立马变得刻薄，指出她所花的钱都是他挣的，她似乎不关心他将会承受额外的经济压力。面对哈尔的挖苦，她最后总是对他大吼大叫。接下来，哈尔开始逃避，拒绝进一步谈论此事，把注意力放到电脑或电视播放的球赛上，这会让杰基更加生气。必须有人打破这种模式，杰基认为这个人最好是她自己。

周日早上吃过饭，乔希在隔壁装有训练用具的房间，杰基这次使用不同的方式。"哈尔，"她开始说，"我需要和你就乔希上学的事说清楚，我不想像上次那样无果而终。过去我没有耐心倾听你的言语，我真的特别想了解你的感受，除了我们以前所谈论的内容。你方便么？"哈尔谨慎地点了点头，续满咖啡杯，然后走到厨房餐桌旁杰基身旁。杰基耐心地倾听，哈尔开始谈论经济担忧（再次谈论），并且害怕他们开始变得势利眼，这与以前支持当地公立学校的看法相违背。他谈及父母的价值观以及把他送到一个公立学校的重要性。然后，他最终承认杰基更了解这个话题，因为她接受过教育家的培训，她更了解乔希在家正做的哪些活动和孩子的学前准备有关。

杰基在感到自己得到更多的支持和尊敬后，便诚恳地谈到自己担心《不要一个孩子落后法案》（No Child Left Behind Act）使公立学校变得更糟糕，导致老师布置许多家庭作业并且降低了老师的引导性指点。她担心其他邻居正在做的选择，以及他们的选择长期以来会对乔交友产生的影响。杰基也谈了他关于她兼职工作的想法，她可以出外做些兼职给家庭带来额外收入，但兼职的前提是乔希放学回来时她还会在孩子身边。

深入谈话后，他们同意共同让孩子在每个学校各试读一天然后做出决定。他们也同意搞个与邻居的小型聚会，和其他父母讨论他们正在考虑的选择。那样的话，男性也可以参与到对话中，但目前为止主要是女性参与。哈尔意识到他其实并不十分相信杰基处理问题的方式，因为她如此在意结果。随着双方坦诚相对彼此的观点，他们同意无论最终的决定是什么，两人都会支持最终的选择。他们也谈论了他们的决定可能只在今年有效，而并不是适用于未来的八年。谈话结束了，杰基坐在哈尔的膝盖上，紧紧搂着他的脖子。哈尔轻声笑着说："这里的空气更纯净了，我可以再次呼吸了。"

正如杰基和哈尔的故事所说明的那样，一些冲突并不总是关于一个人如何行事，而是事关孩子一生的决定，很少有理想的选择。孩子六岁之前，这种冲突会发生几百次，即使幸福的家庭也会发现，如果大家不变得情绪激动，就很难做出决定，因为风险如此之大。冲突常常不是事关彼此，而是在价值观相互争斗的情况下，如何做出决定。尝试使用以下交流技巧，记住你的目标是强大的共同育子联盟：

1.详细阐述冲突是两人共同的担忧。

2.谈论共同的目标。

3.找到有创意的一致意见，双发都能接受并做出妥协。

4.理解自己的所需并能直率地表达出来。

5.确保父母站在同一立场，能够得到相同的信息并有均等的机会。

6.坦诚、诚实、精确地表达自己的所需、目标及立场。

7.表达出生气、受伤的感受以便消除误会，能够协作向前。

8.探索你们立场的异同，以便发现共同点，为的是解决冲突及态度或意见的差异。

为了保持强大的共同育子关系，不要顾此失彼，只注重其中的一项交流技能。不经意间表达的感激、喜爱以及幽默，有助于保持亲密的夫妻关系。有些时候，家务和/或孩子失去控制，我们几乎不能提及这类话题，更别说呆在同一房间完成对话交流了。但是，一个傻傻的双关语，出乎意料地爱抚对方的大腿或者一声低语"你是最好的"，就能获得对方的原谅，而且对方会很快忘记大多数失败或糟糕的事情。孩子们似乎也会注意到大人的这些颇具姿态和风度的时刻，及早停止自己的荒诞做法。有时候我们察觉孩子冲着我们微笑，甚至会尝试做些体贴温馨的事情。因为三角关系中的情感交流是双向的。如果你努力培养、提高共同育子关系，你们的蜜月能够并将长久持续下去。

力度及视角的差异——什么被视为有趣，什么让你害怕，什么是你确定的，什么看似自然，什么是你可以从婴儿的哭泣声中听到而伴侣却听不出的——实际上这些差异可能会让你们获救。

你和伴侣都是登山运动员，为了彼此的安全，你们被拴系在了一起。然后你们轮流领头，让另一方休息，以便尽可能地保存对方的力量和耐力。只有当对方向上爬时，你才向上爬。如果一人跌倒，另一方的前进就会受阻，反之也一样。登山时不存在竞争。你们作为团队共同登山，要么一起到达山顶，要么都半途而废。

　　最终，共同育子的投入力度取决于你和伴侣作为孩子的父母对彼此的感觉。日常生活中，你们之间是否存在着互相尊重、怀疑、竞争、羡慕，或是自豪、失望、嫉妒、焦虑、相悦？为了让孩子有一个良好的开端，你们会做出一些工作和家庭上的选择，对于这些已经做出的或正在做的选择，你们彼此都认可吗？你期盼孩子能够为你们的关系注入活力么？

　　力度及视角的差异——什么被视为有趣，什么让你害怕，什么是你确定的，什么看似自然，什么是你可以从婴儿的哭泣声中听到而伴侣却听不出的——实际上这些差异可能会让你们获救。因为正是因为各自独特的性格和人格，你们对孩子、形势、或者夫妻关系作出截然不同的反应。也许伴侣很害羞，但是却在孩子入睡前给孩子讲故事时逗乐孩子。玛莎往往挑起事端，而凯尔更多的是起调和作用。你们都了解自己的品性；这些品性不会随时间的流逝发生巨变。无论你称之为习惯、怪癖、特性、或者持久的问题，它们都是夫妻世界的一部分，会在你们承担父母角色时制造麻烦。但是，幸好你们是共同照料孩子，不会在同一时刻产生完全一样的感受。本章将审视应如何感激甚至庆幸彼此间的差异。

# 确定的事情

　　或许你非常熟悉自己性格中不会改变的属性，但有时却不被你的伴侣所欣赏、理解。审核并记下这些属性会极具启发性和趣味性。它们制造了许多问题，也产生了许多解决方案。下列是些最常见的品性：

　　▼有组织性vs.顺其自然

▼需要更多夫妻共处时间vs.希望自己独处

▼想要更多家庭时间vs.夫妻独处

▼喜欢礼节性vs.喜欢自发性

▼花费vs.节约

▼追求宗教或精神性vs.不可知论者或无神论者

▼雄心勃勃vs.稳健老到

▼守时vs.没有时间观念

▼管教的执行者vs.解释者

▼整洁vs.邋遢

▼喜欢与家人相处vs.喜欢和朋友相处

▼嬉戏vs.沉思或严肃

▼为了表达亲密关系追求性生活vs.为寻求安慰选择性生活

▼理智回应vs.直觉回应

如何感激甚至庆幸彼此间的差异，这些差异可能会让你们获救。

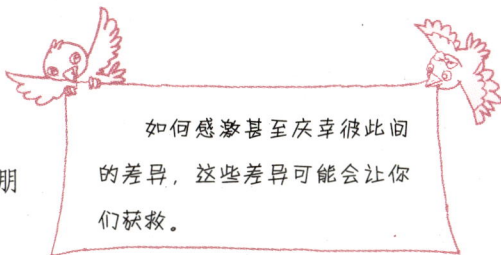

这些差异可以有成千上万种表现方式。孩子会注意并且偏爱父母中的一人，无论这种差异对他们来说意味着什么。例如，玛莎小的时候，会周期性的尿床。她必须站着等妈妈为她换床单，给她整整齐齐地铺床，即使是在半夜也是如此。如果轮到爸爸来帮忙，他会把毛巾折叠三次，固定在她身后，然后把她放回到床上。玛莎仍然记得母亲责备父亲没有让孩子更舒适。但是玛莎更喜欢父亲的解决办法——快速并且简单，她很快就能回到床上。

从孩子的视角思考一些他们共同的偏爱：

▼乔伊更喜欢爸爸的膝盖，因为爸爸的膝盖更大、更舒适。

▼亚伯拉罕睡觉选择妈妈陪伴，因为妈妈感觉更舒适温暖，闻起来"更甜美"。

▼伯纳多更喜欢和爸爸谈论科技知识，因为爸爸知道的更准确。

▼艾米丽和妈妈谈论游戏场上发生的事情，因为妈妈"关心孩子之间发生的事情。"

▼安娜担心妈妈是否高兴，而对父亲是否高兴并不太担心；因为"他总是看起来不错。"

▼威利喜欢爸爸给自己洗澡，因为他可以更随意地把水溅出来。

▼詹娜喜欢和爸爸去食品杂货店，因为他们会买更多的"有趣食品"，但是阿尔伯特更喜欢和妈妈去，因为妈妈对他喜欢的品牌了解更多。

▼罗伯说和爸爸做饭更有趣，因为妈妈希望中规中矩，而爸爸喜欢疯狂点，让他提供更多帮助。

▼艾伦喜欢爸爸下班回家，因为爸爸会把自己掷到空中，同时他喜欢妈妈拥抱自己。

如何在这个世界中与两个深爱自己却完全不同的人生活？这些差异给孩子提供了两个视角。但是这些差异是否会把育子转变成特定性别的一系列活动，从而将孩子与父母的关系按性别而两极化？并不会如此。孩子喜欢这些差异，对孩子来说这些差异更多的是家庭学问，而非女性母亲与男性父亲育子行为的对与错。看看你是否能够想起自己孩童时代的偏爱。

但是当孩子依据自己父母不同风格的认识做出选择时，情感会不安。例如在乔伊和亚伯拉罕的案例中，父母认为孩子对依偎在自己身旁的偏爱很有趣，因为这些偏爱是基于他们的身体差异。但是安娜的父母担心为什么女儿更关注妈妈的开心；这只是孩子感觉到的东西吗，或仅仅是妈妈的负担？是安娜心理状态的反映么？他们需要寻求专业指导么？安娜的父亲认为是妻子让女儿受自己情绪的牵引。他常常因为这件事对妻子生气。

父母的视角呢？即使孩子有时不太喜欢自己，父母也会觉得没什么；如果你不擅长滑冰，你会很感激伴侣乐意穿上很多层衣服，和兴趣浓厚的六岁孩子去溜冰。当伴侣与孩子合伙使坏时，你可能会很心烦，例如他允许孩子溅出更多的水，而你认为这样对浴室地板不好，或者你努力纠正淘气的四岁孩子的坏习惯，却被他俩都忽视了。无论什么情况下，日常生活中双方如果不能享受这些差异，那也得共同理解这些差异。

伯纳多喜欢和爸爸谈论科学知识。瓦莱丽——他的妈妈并不在乎。她喜欢他们俩就该话题密切交谈的方式，但是她担心伯纳多社交方面的发展。她认为孩子需要和同龄孩子互动，而她的丈夫乔纳森还没有意识到这一点。她担心孩子是否被特定的社会情境所抛弃（是否已经不能适应某些社会情境）。父母都多次目睹伯纳多不和同龄孩子一起玩，而是自己在一旁玩耍，或是在生日晚会上，伯纳多不得不抢着找个坐的地方。

乔纳森并没有注意，也不在乎孩子的社会生活中这些转瞬即逝的时刻，他对那些"动态"持有不同的价值观。他认为伯纳多最终会找到自己的方式，所以何必要现在花费太多时间和精力担心此事？对瓦莱丽来说，每一刻都是构建孩子的自尊、竞争力或受欢迎程度的砖瓦。最终，多亏了爸爸的温和观点，伯纳多的妈妈虽留意他的社会性发展，但是不再担忧。当然，在伯纳多需要额外刺激以增加自信时，妈妈会就在身旁倾听。瓦莱丽和乔纳森已经学会如何平衡彼此，深入谈论儿子生活中发生的事情；这对他们三人都有效。

孩子的感知能点燃冲突，特别当他们知道了父母对彼此先入为主的看法时。如我们先前了解的那样，长期以来，詹尼弗一直怀有这样一种感觉：弗兰克没有尽职育子。本（Ben）意识到这些父母的分歧后，一切仍然于事无补：

▼本知道妈妈准备了汽车旅行的零食。但爸爸却通常忘记带，所以他们最终要把车停在便利店门口。非常酷！

▼爸爸并不在意本是否穿了不相配甚至是没有洗过的衣服去上学，只要衣服上没有明显的污点就可以。而詹尼弗对此却感到尴尬。

▼爸爸并不十分在意本是否一天吃了三次冷谷物食品，只要里面有牛奶和水果，并且糖分不（十分）多就可以。

不出意料，冲突继而发生。有时，詹尼弗会感到妒忌，在本看来爸爸弗兰克比妈妈更随和。她曾尝试着随和一点，但最终因为本令她无法接受的行为开始对本生气。如果她干涉并试图引导本的行为，本会生气。于是詹尼弗转而生丈夫的气，怪他站在那儿，却不支持她。长期以来，弗兰克了解到妻子的某些指导性的眼神就意味着在这个问题上最好支持她，否则！他接受了挑战，确保本了解在大多数情况下爸爸同意妈妈的意见。

这些差异其实是夫妇的财富。当然，差异也可能造成惊惶，与压力结合时还可能导致夫妻关系出现问题。最好以什么方式应对伴侣令人烦忧的特征？接下来，我们将给父母们分别提供不同的建议。

# 给母亲的建议：顺其自然

通常妈妈和孩子在一起的时间更长，因此当要承担共同育子的大量责任时，妈妈通常掌控更多关于孩子的信息和权威。这使她趋于"守门"，即使是在父母公平地参与育子时，与父亲相比母亲对孩子有种拥有感。这源自生理角色的组合(母亲孕育孩子，因而拥有胎儿)，以及许多父母沿用的社会角色(社会期待强化了这种角色)，无论家庭具体人力、物力情况怎么样，这些社会角色都认可母亲是孩子的主要照管人。

## 什么是守门？

守门人负责监督而且维护人的界限或者地的界限。"母亲守门"是指母亲对父亲参与孩子生活中的防护性信念，这种行为或推动或阻碍父母的协作育子。

"守门"本身不是件坏事，但是当母亲以控制的方式行使"守门"职责时，"守门"便会危害婚姻关系及父子关系。心理学家迈克尔·拉姆（Michael Lamb）在保育室对初为父母者做了些研究调查，他分配给父亲一项照顾新生婴儿的任务。母亲在场时，父亲会在开始任务之前看看伴侣，似乎在确认："我这样做行么？我这样做对么？" 根据研究人员的评定，伴侣不在时，父亲会更高效、更有能力地完成任务，这表明母亲以守门人的身份出现会妨碍父亲能力的发挥，其信心也受损[1]。

通常母亲是幼儿的守门人，但父亲也可能是，尤其当孩子主要由父亲照顾时。但是由于负责照看孩子的通常是母亲，因此我们在此讨论母亲作为守门人的情况。无论父母已经结婚，还是已经离婚，或是从未结婚，无论父母对夫妻关系满意与否，守门的情形都可能发生。

作为守门人时，母亲对父亲参与的程度有着清晰的观点，对伴侣作为父亲是否称职也有着鲜明的看法。这些会在母亲的行为中表现出来：孩子在场时谈及伴侣的方式；就孩子的健康、上学及社会生活问题与孩子父亲交流的程度；一定程度上暗示自己了解对孩子最有利的东西和孩子最正确的行为方式，始终暗示父亲没有参与育子，或认为没有什么特别的理由让父亲参与育子。

负责"守门"的母亲可能说：

▼ "亲爱的，你能为孩子穿衣么，确保……"

▼ "你能注意在孩子面前的用语么？他可能会学。"

▼ "对不起，我忘记告诉你昨天学校的通知了，说他昨天在学校不高兴。"

▼ "你让他刷牙刷整整两分钟了么？"

母亲的守门动机各种各样，视情况而定。母亲很难放弃她们的权威以及主要负责照顾孩子的欲望，即使暂时放弃也不行。她们可能强烈地将自己认作是，或感到自己必须是完美的母亲，并享受自己作为母亲及女性作出的家庭贡献而得到的认可和奖赏。她们可能觉得自己拥有孩子；毕竟她们最了解孩子，对吧？最坏的情形下，一位母亲或许会公正或有失公正地认为孩子的父亲无能、有问题，甚至会危害孩子。更甚者，她们会保护孩子，完全承担保护幼小孩子的职责。如果孩子年幼无法用语言表达自己的需要和欲望，妈妈会觉得自己有资格为孩子做决定、做判断，成为孩子的监管人、指导人，给孩子行为的许可，同时掌控其他人对孩子生活的所有参与，包括（甚至尤其是）父亲的。

研究表明，当母亲认为伴侣理应承担、并且有能力承担照顾孩子的责任时，父亲就会更多参与育子过程中[2]。因此，父子关系是建立在三角关系（第三章有介绍）基础上的，这种三角关系包括了父亲、孩子、母亲三个方面。

母亲对父亲育子能力的看法强烈地影响着父子关系。对离异父母的研究表明，非常重要的是母亲应该相信父亲的参与，并且她有责任帮助和促进父亲的参与，这与积极的"守门"（即支持共同育子）息息相关。父亲承认母子关系是正当、重要的关系，这与其积极的守门反应也十分相关[3]。当父亲发现伴侣的守门持续妨碍或阻止他们与孩子的互动时，孩子从共同育子模式中受益的能力以及父母双方独特的品性都会受到损害。守门行为会破坏父子关系，损害父母合作及尽量避免冲突的能力。第二章已经讨论过，如果父亲较少参与到孩子的生活中，孩子会在短期和长期之内经历学业、行为及交际困难。因此，母亲固执的守门方式对父子关系及孩子的身心健康都会产生威胁。

如何知道家中存在这种行为？如果你是位母亲，问问自己：

1.我是否曾经：

▼外人告诉我有关孩子的信息，我却忘记或没有告诉丈夫？

▼坚持（默默地或其他方式）共同使用我的育子方式？

▼给丈夫提供替代与孩子共度时光的其他选择，但是这些选择更多是我的希望而不是孩子的真正需要？

▼批评他的做事方式，即便这并不那么重要？

2.我做以上事情的频率是多少？

3.当我生气或感到要保护孩子时，这些事情我是否做得更多，或仅仅是惯常习惯？这样做的时候，我是否意识到了？

4.当我对孩子过度保护时，丈夫是否有所发觉？在他看来，这样的行为成问题吗？

5.如果事情刚好相反，我将有何种感受？

如果你是位父亲，大多数情况下你没有承担守门的角色，那么问问自己：

1.我们与孩子在一起做点什么时，妻子控制一切或就如何照顾孩子给予指导的频率各是多少？

2.这让我感觉如何？

3.她是否有时候确是事出有因？我是否对正在做的事情给予的关注太少，或者我是否坚持认为我知道一些和孩子有关的事情，而这些事情我其实并不了解？当孩子因为一些我做的或是没做的事情而感到难过时，我是否没有注意到？

你是否正视着自己？以下是针对守门母亲的突击测验。

### 守门母亲测试[4]

圈出你认为最适合你的描述。

1.作为母亲我有责任积极影响孩子与父亲的关系。

  错误  部分错误  中立  部分正确  对

2.我有责任帮助伴侣成为最好的父亲。

  错误  部分错误  中立  部分正确  对

3.伴侣努力成为好父亲但是他并不知道怎么做才合乎孩子的需要。

  错误  部分错误  中立  部分正确  对

4.为了最好地照顾孩子，我去积极影响父子关系很重要。

  错误  部分错误  中立  部分正确  对

5.伴侣很好地参与到孩子生活中，但是他并不十分了解孩子是怎样一个人，以及孩子的需要。

| 错误 | 部分错误 | 中立 | 部分正确 | 对 |
|---|---|---|---|---|

6.孩子从与父亲共度的时光中受益。

| 错误 | 部分错误 | 中立 | 部分正确 | 对 |
|---|---|---|---|---|

7.良好的父子关系有助于孩子的自尊。

| 错误 | 部分错误 | 中立 | 部分正确 | 对 |
|---|---|---|---|---|

8.如果减少与父亲相处的时间，而与另一位父亲形象相处，孩子的
处境将更好。

| 错误 | 部分错误 | 中立 | 部分正确 | 对 |
|---|---|---|---|---|

9.对孩子的自我感觉而言，我的培育比伴侣的培育重要。

| 错误 | 部分错误 | 中立 | 部分正确 | 对 |
|---|---|---|---|---|

10.伴侣爱意浓浓，但是经常需要我告诉他做什么或怎么做才能不
得罪或让孩子失望。

| 错误 | 部分错误 | 中立 | 部分正确 | 对 |
|---|---|---|---|---|

如果1、2、4、6和7你选了"部分错误"或"错"，3、5、8、9和10你选了"部分正确"或"对"，那么你的守门行为不利于共同育子；你没有用自己的行为或态度支持孩子的父亲。你应该和伴侣认真地谈论你们的共同育子关系。

对于初为父母者，思考一下你认为自己以合理方式行事的具体情景，以及你认为自己有失公正的情景。现在细想一下你认为有失公正的事例，考虑一下自己下次要怎么做才能有所改变。

英格里德（Ingrid）和埃迪（Eddie）有三个未满六岁的孩子，两个男孩一个女孩。生活当然很繁忙，英格里德养成一个习惯——给埃迪写详细指导书，向埃迪说明如何与孩子共度周二及周五下午。那些日子，埃迪回家

很早，英格里德直到孩子睡觉了才下班回家。最近，他们每周都会吵一架，至少看起来如此。上周，埃迪在孩子面前脱口而出："如果你想成为单亲母亲，那就试试吧。如果不想，就让开！"英格里德终于明白了埃迪的愤怒。

我们让英格里德写下她的看法：在她看来，怎样的行为算是在保护，怎样的行为算是不公正的行为。英格里德列了以下清单：

防护性：我确认埃迪带了足够的尿布和纸巾，这样孩子不会出现不舒服的情况。

不公平：如果他确实用完了，可以去商店买。如果孩子极其不舒服，他就不会再这样做了。

如果知道他走前带了一包尿布，我会感觉更舒服，以防万一嘛。他就是不考虑这些事情。我认为我可以问问他是否需要我帮忙整理手提包，或者问问他是否已经都做完了，而不用给他写个便条告诉他该做些什么。那样做表明他知道要做什么，但是可能需要提醒。

如果你有时像英格里德一样，那么选一个家人大多时间都呆在一起的日子，在心中默默地记录你发现自己对伴侣事事插手的例子。问问丈夫，他是否注意到任何关于你的"守门"行为。这种行为发生的频率是多少？这种行为在何时更为频繁，私下还是当众：这些时刻你有何种感想或感受？许多守门人并没有意识到自己的行为。伴侣所为或未为的特定事情是否引发了你的行为？你或许可以以此作为谈话的开始：

"我发现我们与孩子共处时，我似乎有点专横，没有征求你的意见就做出了决定，你也这么认为么？"

"今天我们在公园时，我认为你们该从洒水装置里出来，于是就把你们喊出来了，而那时你们玩得正开心。我没有先与你商量，或者给你与孩子商量的机会。在你看来，我是不是经常这样做？"

"你因为这样生过气么？"

"这让你有何感觉？与我或孩子间的隔阂更深了？是我在犯浑？"

"我这样做的时候你能告诉我么，这样我就能学习如何停止这种行为？"

现在，注意你和伴侣就某事展开讨论的次数，你们中有一位说："是的，但是……"下面这个有趣的小故事会告诉你：这样做会导致交流无法进行下去。

如何在这个世界中与两个深爱自己却完全不同的人生活？这些差异给孩子提供两个视角。

肖恩要和他们的小婴儿布兰迪出去活动。辛迪——他的妻子正要去健身房做较长时间的锻炼。在他们即将出发时，辛迪大喊："不要忘了1点之前带她回来午睡。你带奶瓶了么？我觉得你还没有加热。"

肖恩回答："我知道午睡时间，我估计我们会及时回来喝奶。"

辛迪回答道："是的，但是万一她提前饿了呢？"

"那么我们就早点回家，"肖恩吼道。

"那样是可以，但是孩子那时会哭闹的。"

"她不会有事的。"

"随你便。"

试着用"是的，那么……"来代替"是的，但是……"，看看对话的感觉有何不同："是的，那么有时候她会提前饿了，听她喊叫可不好玩。"

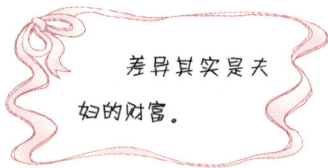

尽管在两个例子中，妈妈都提出了建议，但第二种回应感觉更有帮助，并且少了更多的暗讽及责备。

*差异其实是夫妇的财富。*

弗兰克和詹尼弗对此非常理解。弗兰克告诉我们，他曾经骄傲地告诉妻子，因为孩子吃饭后吐了，所以他把衣服都洗了。詹尼弗却回答说："你是用低敏肥皂洗的吗？"使用正确的肥皂固然重要，但是詹尼弗的反应却把积极的时刻变成了一种对抗。

依据这个例子，试着从新的角度审视你们的关系。你和伴侣都是登山运动员，为了彼此的安全，你们被拴系在了一起。然后你们轮流领头，让另一方休息，以便尽可能地保存对方的力量和耐力。只有当对方向上爬时，你才向上爬。如果一人跌倒，另一方的前进就会受阻，反之也一样。登山时不存在竞争。你们作为团队共同登山，要么一起到达山顶，要么都半途而废。[5]

# 给父亲的建议：开始行动

对于共同育子关系中的任何事情，母亲都不能（也不应该）一人完成。父亲需要开始行动。当母亲行使自己的决定大权来处理孩子的行踪和关系问题时，很可能包括监视父子关系时，父亲最好积极参与育子任务，成为育子团队中受尊重的成员。所以如果你是位父亲，问问自己：

1.我知道孩子所有的性格、偏爱、需求和习惯吗？他什么时候吃饭、睡觉，什么时候发脾气，什么时候想与人交往？

2.我是否知道孩子的东西放在哪里——尿布、毯子、干净的衣服以及备用的连指手套？

3.当告诉妻子我来处理这个局面时，我会顺利完成吗？

4.我对妻儿都一样敏感吗？当我知道我们的做法相差甚远时，我还会给予她信心和勇气吗？

5.我是否意识到并且口头承认了妻子为确保事情顺利进行所做的一切？我记得表扬她了吗？

6.同样重要，我是否清楚什么时候该接受妻子的建议和引导，并让自己不会因为没得到她的认可而深陷自怜？

7.我是否真正意识到，其实她在让所有事情都井井有条，而有时候我会因为自己的想法而让事情难以进展？

按照自己的方式行事与在共同育子关系范围内按照自己的方式行事大相径庭。前一种做法否定发生在你周围的其他事情，当然会导致伴侣更严格的守门行为。后一种做法考虑了你在团队的角色——你不会一直都是领跑的队员。这需要你公正地看待自己；毕竟，短暂的停滞与高昂前进都属于团队行为的一部分。你有责任承担起自己分内的事情，同时了解游戏规则。

你可以问问伴侣，例如"亲爱的，为了预防万一，你通常带些什么食物去公园？"或者你没考虑到食物："有没有一些你平时和她一起做什么事情是我应该知道？"当她开始告诉你和孩子呆在一起应该做什么时，你或许可以试着幽默地回答："我认为你需要一位丈夫，而不是保姆！"或者是"我还

能为你做些什么吗，亲爱的，为了让你在健身房时完全不会担心我们？"如果你确实被激怒，你还可以这样说："我肯定是个真正的笨蛋。你好像认为我根本不会做好！我保证签个合同。"如果幽默起了作用，你们便会再次回到共同育子的轨道。如果激起了愤怒或敌意，那么把它视为一个警示——你们两个需要做些什么了。

父母双方能够成功地在共同育子关系范围内掌控他们各自的权威，这非常关键，因为一旦有一方退出，孩子就将会付出更高的代价。如果父母能帮助彼此在混乱中控制他们的情感和行为，而不仅仅是遮遮掩掩时，孩子会在父母最需要的时候，感受到父母双方的养育之恩，并对父母充满感激之情。

　　真不敢相信我竟然说了这样的话："为什么你不能按照我第一次告诉你的那样做——像姐姐那样。"

　　童年的大部分时光，我听到妈妈问同一个问题。我非常不喜欢听到这句话的感觉，所以我发誓如果我有了，我永远不会问这样的问题。可是我刚才问了！我真的认为，在育子的过程中，如果我努力不像父母那样主观武断，一切自然就会更好。

珍

尽管育子建议和育子经验有着5 000多年的历史，但奇怪的是它并没有成为我们的第二天性，即使我们中有许多人对培育特定年龄阶段或发育阶段的孩子特别自信。父母如何思考——共同和独自的——育子工作是全国民意调查涉及的话题之一。最有影响力、涵盖范围最广的调查之一是2000年划时代的国家大调查，"成年人对孩子发育的理解，" 这是为"斯维塔斯，布里奥，0—3岁：婴儿、幼儿、家庭全国中心"所进行的采访。[1]该调查采访了3 000位美国成年男女，其中三分之一是六岁以下孩子的父母。几乎很少有这样的调查，如此详细地追踪父母对孩子发育阶段的了解。我们这本书之所以涉及这方面的知识，是为了帮助你更好地理解孩子的发育阶段，有助于你和伴侣更敏感、更有技巧地共同育子。

首先，你们应该花几分钟时间完成我们所改编的一部分调查问卷（答案见附录B）。然后在以下两个网站中，把你的答案与美国随机样本进行比较：www.civitas.org或www.zerotothree.org。我们也将查看这些信息如何影响你和伴侣应对正发育的孩子提出的挑战，从婴儿时期至学前时期。

## 你的育子能力测验图

**A部分：发育**

——1.你认为孩子多大的时候，父母开始对其大脑发育产生重要影响，例如，影响孩子的学习能力？

——2.你认为婴儿或儿童多大的时候开始真正感受周围的世界并与其互动？

——3.有些人说孩子第一年的生活经历会对其多年后的学习表现产生重要的影响。还有人说孩子12个月大或不足12个月时的经历并不会帮助或损害孩子日后的学习能力。你更同意哪一个？

——4.你认为孩子多大的时候开始能感觉到父母的沮丧或生气，并受父母情绪的影响？

——5.以下是两个关于孩子的陈述。你来决定哪个绝对正确或绝对错误或者可能正确或错误：

a.孩子的学习能力可能是天生的，父母与孩子的互动并不能巨幅提高或损坏这种能力。

b. 学习语言时，听电视里面的讲话与听同房间的人的交谈，孩子同等受益。

——6.这个问题涉及玩耍对不同年龄段的孩子的重要性。你认为玩耍对5岁孩子的健康发育多么重要？

用1到10的等级来衡量，1意味着玩耍对孩子的发育一点都不重要，10意味着玩耍对孩子的发育至关重要。使用1到10之间的任何数字。

——7.以下是玩耍的不同形式。

用1到10的等级来衡量以下玩耍活动，1意味着不能有效帮助孩子成为更好的学习者，10意味着玩耍活动能极其有效地帮助孩子成为更好的学习者。使用1到10之间的任何数字。

a.6个月大的孩子探索扔积木。

b.12个月大的孩子与父母来回滚球。

c.2岁的孩子玩电脑游戏。

d.2岁的孩子与母亲举行模拟茶会。

e.4岁的孩子用电脑艺术程序制作艺术品。

f.4岁的孩子背诵单词、数字抽认卡。

g.4岁的孩子把庭院的树叶收集起来并分类。

h.4岁的孩子用美术工具制作艺术品。

i.6岁的孩子和朋友一起玩模拟消防员。

j.6岁的孩子与父亲一起玩牌。

——8.假设12个月大的孩子走到电视机前开始重复地开关电视，而这时父母正在看电视。很难明确了解孩子这样做的理由；但是，以下是一些解释，你认为那个正确？

a.孩子想引起父母注意。

b.孩子喜欢了解按按钮之后会发生什么。

c.由于某种原因孩子生父母的气，所以她想报复他们。

——9.上例中孩子重复开关电视，你会认为孩子淘气么？

——10.假如三岁小孩在哭泣，父母和看孩子的人对孩子都不予理睬。这种情况下，以下哪种情况更可能发生：非常可能，有点可能或根本不可能：

a.孩子的自尊会受到消极影响。

b.孩子将学会独立。

c.孩子的大脑发育将受到消极影响。

d.孩子将掌握更好地处理问题的能力。

**B部分：期望**

——11.应该期望15个月大的孩子与其他孩子分享玩具吗，或孩子太小不能寄予这种期望？

——12.应该期望3岁大的孩子静静地坐一个小时左右吗，无论是在教堂或饭店，还是3岁的孩子太小不能静坐一个小时？

——13.假设6岁大的孩子拿枪指着同学并开枪。你认为6岁大的孩子可能完全理解他行为的结果和意义吗，能够理解同学可能会死去并且永远不会回来，或者你认为6岁大的孩子无法理解这些后果？

### C部分：溺爱

——14.有人说无论父母给他多少注意力，6个月的小孩不可能被溺爱，因为他太小。其他人说6个月大孩子能够被溺爱。你更同意哪个？

——15.为以下行为排序，假设你是父母或看孩子的人，排列顺序为：从合适的行为到逐渐宠坏孩子的行为：

a.3个月大的孩子，一哭泣，就把她抱起来。

b.每天晚上都摇晃着1岁大的孩子入睡，因为不这样做孩子将抗议。

c.当家庭成员还没有吃完饭时，就让两岁的孩子离开餐桌去玩耍。

d.每天让6岁大的孩子选择上学穿什么衣服。

### D部分：惩罚

——16.在孩子多大时，家长可将打孩子的屁股作为常用的惩罚形式，或者你认为无论何时都不宜打孩子的屁股？

——17.对或错：经常挨打屁股的孩子更可能用身体攻击来处理自己的愤怒。

——18.这是该问题的场景：孩子喜欢爬楼梯。假如父母一直阻止孩子爬楼梯，镇定但清楚地阻止，每次孩子想爬楼梯，父母就会抱孩子离开楼梯。我们期待孩子多大时才知道不去爬楼梯——没有父母的提醒也不去爬?

**E部分: 关系**

——19.对或错: 孩子与放弃工作在家的一方父母比与在外全职工作的一方父母关系更亲密。

——20.对或错: 有父亲积极参与到生活中的孩子比那些缺乏父亲积极参与到生活中的孩子更自信。

——21.对或错: 有父亲积极参与到生活中的孩子比那些缺乏父亲积极参与到生活中的孩子更会处理问题。

现在把自己的答案与育子专家的答案 (见附录B) 核对。你对哪个年龄阶段的孩子了解最多? 差距在哪里? 你与伴侣的答案相同吗?

# 调查结果

虽然许多调查对象非常了解孩子成长的知识, 但是他们的知识基础差距明显。家长们在育子知识方面的多少对孩子的成长至关重要。

### 意识和心情

调查参访的对象包括幼儿父母及其他成年人, 他们通常低估孩子对周围世界的意识。成年人不确定孩子是否能够互动或参与到家庭或更广阔世界中发生的重要事件中去。

初为父母者常常争相吸引孩子的注意，无论出于何种原因，此事都令孩子感到沮丧。例如，孩子非常年幼时，就表现出对不正常的逗乐玩耍的反应。例如，妈妈先陪孩子玩，然后是爸爸陪。他们争相指出自己吸引孩子注意力的努力，得到了多少回应。孩子首先大声咯咯笑，很快便哭起来，父母对此感到困惑。他们没有意识到自己对孩子过度的逗乐与突然的离开——父母善意地展示自己吸引孩子注意力的技巧更胜一筹——对孩子来说刺激过重，孩子对此无法吸收，更谈不上喜欢。

父亲或母亲看到孩子与另一方玩耍时，应该感到高兴，在轮流与孩子玩耍时，要确保给予孩子足够的时间与正在和他玩耍的大人分离。父母必

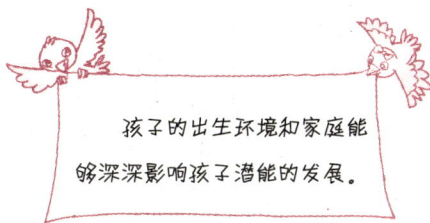

孩子的出生环境和家庭能够深深影响孩子潜能的发展。

须意识到自己以及自己和伴侣的关系对孩子产生的影响。两个人是强大力量的源泉，但偶尔会过于强势，例如，一方训斥孩子时，如果另一方在一旁为伴侣助威，最终，孩子会觉得父母在合伙欺负自己。

许多调查对象，如果不是大多数调查对象，很困惑孩子能意识到他人的情绪，包括父母的情绪。他们认为孩子产生这种意识的时间会更晚些，而实际上，婴儿在前三个月中就能意识到他人的情绪。

四岁之前，父母的意见明显不一致时，孩子会感到十分心烦。四岁之后见到父母的意见相左时，孩子的烦躁程度会轻微一些，并且立即便能看到父母在行为而非言语上的解决办法——例如，小口角之后，看到父母互相拥抱比仅仅听到互相道歉更能让孩子安心。这个年龄段的孩子，仍然很小，需要看到争吵后的父母有和好，5岁罗伯特（Robert）便是例子。

父母发生了口角之后，罗伯特看到父母拥抱及亲吻。然后他从童椅上跳下

来，跑到父母面前，将父母的脸庞捧到一起，"亲一个，亲一个。噢噢噢……从此就和好！"他需要亲眼看到共同育子联盟关系得到修复。

另外，大多数调查对象不理解六个月孩子会感到沮丧；许多调查对象反映孩子三岁时，才会有沮丧感。他们意识不到婴儿看到父母的冲突和暴力会深受影响。即使孩子不能忆起他所看到的事情，面对冲突和生气信号，孩子会产生生理反应，例如呼吸、心率加快，肌肉拉紧。

### 玩耍的重要性

相同的成年群体不理解玩耍在孩子生活中所起的作用；他们认为孩子在游戏中，更多是娱乐、消遣而不是学习。这是错误的。游戏对孩子来说是一天中探索、发育的一部分。学前教育的教具中过家家的教具（dress-up corner）比较流行的原因亦在此。在过家家的体验中，孩子学习角色分配、移情、轮流，也学习了男女孩的不同行为模式等等。

被调查采访的家长还认为抽认卡比游戏对孩子智力开发更有效（再次错了）。发育科学多次证明从孩子几个月大开始，游戏，特别是游戏性的学习，是孩子学习语言、解决问题以及思维技巧最好的认知基础。

将近一半的调查对象认为三岁以下包括三岁的孩子，受到的刺激越多越好。并非如此。过度刺激容易激怒、扰乱孩子。转移视线、双手捧脸、弓着后背、肌肉紧张都是孩子表达"够了"的方式。在先前的案例中，孩子因与父母接触强度过大，以及因为父母间的微妙社会涵义，而受到了过度刺激。

### 行为期盼

被采访的对象通常期待年幼的孩子表现出与年龄不相称的道德行为。成年人认为大多数一岁半的孩子频繁按家用电器遥控器是为了报复父母，事实上，这个年龄孩子这么做只是因为好奇心。孩子直到将近三岁的时候才会有报复性行为。关于问题13，他们相信六岁大的孩子，射死同学，会完全理解此事的后果，而实际上，对六岁孩子来说，死亡就如同睡觉，一段时间之后就会醒来。这类因果关系孩子一般到八九岁的时候才会理解。最后，三分之一的家长期盼十五个月大的孩子与其他孩子分享玩具。可以理解，许多父母热切地教育孩子学会分享，但是从发育的角度讲，孩子至少到两岁半的时候才有可能与人分享。

达琳与邻居妈妈们举办了一场游戏，而十五个月大的女儿乔茜拒绝与其他孩子分享自己的玩具，达琳为此感到尴尬。为了把其他孩子赶离自己心爱的毛绒玩具和会眨眼的机器人玩具，乔茜大叫，甚至试图打其他孩子。达琳害怕其他妈妈会认为她教子无方，女儿不懂礼貌，所以听到我们说乔茜的表现属正常情况，直到两岁以后孩子才会开始分享（但并不能保证），达琳感到惊奇同时也舒了口气。孩子进幼儿园之前，达琳应该准备面对许多"错误"，这取决于谁请求乔茜分享，她是否担心自己心爱的玩具会遭虐待或离开自己的时间可能太长。有趣的是，达琳把这小事告诉乔茜的爸爸，他大笑起来；他安慰妻子说他所知道的每个孩子在乔茜这样的年龄都会经历这种事情。

乔茜的行为与自己的年龄也许相符，但是调查结果清楚表明，许多父母是在对孩子的感情需求和能力没有正确的了解时，而对孩子采取惩罚。许多父母认为打屁股是惩罚方法的一部分，但是他们也知道这种行为鼓励了孩子在生气时使用身体的攻击——也就是说，尽管知道打屁股这种方式不好，也不会让孩子更好地自控，但是他们依然这么做。但是相当的一部分父母（三分之一）认为把打屁股作为对两岁以下孩子经常性的惩罚形式是合适的，这类父母比上一类父母稍少。但是这种惩罚会适得其反；刚刚学会走路的孩子很可能会对这种成人行为感到困惑。为什么成年人试图教你控制自己的种种冲动时，还会打你呢——告诉你"用话说"，"手放规矩点儿"。

谈及对自控的期盼，调查中四分之一的家长期盼三岁的孩子能够静坐一个小时。做梦吧！四岁的孩子或许可能会努力实现，但也仅仅偶尔这样，他们注意力集中时间太短而且喜欢动，喜欢大家都参与的活动。

### 发展潜力

三分之一的调查对象，无论是否已为人父母，都很惊讶孩子的潜能是天生的。但是，孩子的出生环境和家庭能够深深影响孩子潜能的发展。是否拥有好的父母对于孩子的健康成长至关重要，但如何培育孩子的天性更重要。（毕竟，你不想随便找个人养育孩子，对吧?）培育孩子的家庭环境至关重要，而且在成长中，孩子的一个成功会引向另一个成功。因此父母双方共同育子比单亲育子更容易。当然，这并不是唯一的方式，但是这样会更有效并为孩子做好有利的准备：你们有两个头脑，两个心灵和两套经历——知识、耐力、毅力以及理解力都加倍。

尽管知道经常为孩子读书、经常与孩子交流有利于开发孩子的智力，三分之二的父母及其他成年人把教育性电视节目和独自一人玩电脑游戏列为"非常有利于智力开发。"这些活动对孩子或许有点帮助，能给孩子一段时间的娱乐，但是远远谈不上有益智力。有很多关于这方面的研究，每个研究都会有稍许不同的发现，总体来说研究证明大多数电视节目不利孩子智力发展，教育性节目和非商业性节目也如此，尽管它们比大多数节目都要好。[2]

例如，婴儿爱因斯坦很可能比你蹒跚学步的孩子词汇量大，[3]而《芝麻街》（Sesame Street）、《狮子之间的故事》（Read Between the Lions）、《小红痘痘》（Pinky Dinky Doo）、《龙传奇》（Dragon Tales）等节目能激发想象力，并教给孩子重要技能，虽然这些只是荧屏观看而非动手游戏。

## 溺爱

对溺爱的期望尤其让人震惊：将近一半儿的幼儿父母认为，当三个月大的孩子一哭，我们就把这孩子抱起来是溺爱这孩子。但是加拿大多年的儿科研究结果与其相反：特别小的孩子一哭就抱起来会减少孩子的哭泣，以后也会有相同的效果。[4] 蒂芙尼·菲尔德（Tiffany Field），"抚摸与幼儿发育"领域的国际专家，在此领域做了一个非常可信的研究：她发现抚摸、搂抱沮丧的孩子比仅仅用语言安慰更有效，对孩子与其照看者之间信任的形成至关重要。[5]

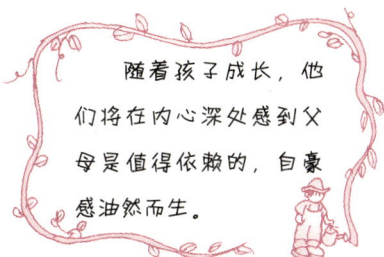

随着孩子成长，他们将在内心深处感到父母是值得依赖的，自豪感油然而生。

另外，三分之一幼儿父母认为（不正确地）让六岁孩子选择上学所穿的衣服会宠坏孩子。将近一半儿的幼儿父母认为家人没有吃完饭就让两岁的孩子离开餐桌也会宠坏孩子。事实是，从长远来看，该行为不会影响孩子的礼貌，并且能够制造宝贵的成人时间。

## 全职工作的影响

许多被采访的人都知道与充满爱意的抚养人形成亲密、敏感的关系是最重要的早期人生经历。但是大部分调查被采访的人认为全职父母与孩子之间的联系比工作的父母与孩子之间的联系更强、更持久。工作与家庭研究揭示了相反的结果。国家儿童健康和人类发展研究所（National Institute of Child

Health and Human Development) 提供的长期数据显示：母亲是否工作与母子关系没有联系；母亲的敏感度及反应性是关键所在，她们并不把所有心思都放在工作上。另外，孩子与经常在外或出差的父母不及朝九晚五工作的父母关系亲密，对吧？明尼苏达大学（University of Minnesota）的艾伦·索洛夫（Alan Sroufe）坚持认为，母亲边工作边照料孩子的积极因素是：孩子经历重复性的分离，但是他们知道父母总会回来。分离变得可以预测，不会太长。[6]

## 优势合作

如果你担心自己是否准备好承担父母这一角色，该调查也许会对你有帮助，类似的担忧和知识空白非常普遍。调查对象中未为人父母者认为，"绝大部分当今的父母要第一个孩子的时候，根本没有做好为人父母的准备"，这是一个"没有自信"的表决。而那些已经为人父母者，为父母这一角色做的准备通常因此而瓦解了：只有三分之一的父母做好了"充分"或"极其充分"的准备。另外三分之一的父母觉得"有点"准备好了，剩下的三分之一觉得"完全没有准备好"。有趣的是，父母的这种感觉与性别无关；与教育关系更大，教育程度越高，感觉准备得越充分。

两位年轻的母亲，一位社会工作者，一位小学老师，在儿童游戏场上谈论她们最喜欢的话题——为人母亲。她们两位与别人家的孩子都相处得非常棒，能够处理许多突发事件。凯蒂发表意见说："考虑到我所了解的与母亲和婴儿相处的知识，我不敢相信儿子第一次在傍晚大哭了约一个小时，我竟然感到如此无助。我尝试了各种办法哄他，很奇怪，他每天这个时间都会折腾。我知道孩子会这样，但是这件事第一次发生在我身上，我仍然感到诧异。"

明迪回应："我批评父母是如何宠坏自己五六岁的孩子，轮到我自己，我真不敢相信我通常竟然不但改变自己的想法，放弃一些事情，还会自我怀疑。我应该更了解。"

如这两位母亲评价阐释的那样，知识是一件事，而为父母的角色做好准备是另外一件事。有时，两件事同时发生，有时却不一定。这就是育子这件伟业如此复杂的原因，值得安慰的是，你们两位共同育子。

调查中尚未为人父母者——他们都还没有孩子，但计划在接下来的几年生孩子——表示非常不安，担心自己缺乏各方面的育子知识。当说到孩子所学或能够做的事情，他们比父母或祖父母感到更加困惑。他们倾向于认为自己准备好当父母，而其答案暗示的却是另外一回事。但是，这些未来父母者中的一部分非常热心接受教育。他们开始关注育子文献、与其他父母交谈并登录适合的网站。但是他们将通过亲身育子而学到最多的知识。

当父母被问及对孩子发育的哪些领域知识感到最自信，他们把生理发育和动作发展列为第一，智力发育第二，社交发育第三，而把感情发育排名最后。当他们评估自己对孩子成长所作的贡献时，通常，对孩子的情感健康总是排在第一——远远超过社交发展、个人安全以及智力发育。

在父母们的回馈中，最有趣的是，父母觉得自己最重要的工作是支持、促进孩子情感健康，但他们在育子能力方面最缺乏的就是理解孩子的感情和需求。所以难怪他们觉得"懂得如何处理困境"非常困难，一点也不足为奇了。底线是，如果父母不理解孩子的感受或需求，当然很难知道如何处理困境。

第八章为大家介绍深入了解孩子内心发育的有效方式。无论你的孩子处于什么年龄段，当你单独和孩子相处时，你应专注于孩子的感情需求，这样的单独相处将让你最了解孩子，了解他们的感受，以及他们需要从你那儿得到什么东西。

# 数字解读

谈及理解孩子发育的基本原理，所有的此类调查显示父母水平相当。将近一半的调查对象是父亲，他们比较不明确情景游戏对加强孩子认知能力所起的作用，他们缺乏对孩子行为转折点综合知识的了解。但是他们比母亲更理解自己对孩子发育所作的贡献。此类洞察力对育子双方大都同样有用，而且也进一步证明父母共同参与育子对孩子健康发育至关重要。

正确的期盼和估计对加强共同育子关系非常关键。那些担心他们是否有能力有效共同育子的父母（前提是他们不理解彼此以及孩子的需求）比那些父母不是共同育子的父母有更多的理由担心。詹姆斯·麦克海尔（James McHale）的共同育子发现：比其父母各自的成长情况，即父母的父母是否共同养育了他们，更重要的是父母在当下如何共同育子以及对共同育子的感受。再次，天性是一部分，但是养育的作用超越天性。他总结说，"（加强育子联盟）最重要的不是你来自哪里，而是你现在位于何处。"[7]

父亲确实与母亲知道的一样多，至少那些接受调查的男性如此。因为性别的差异，许多父母所掌握的关于孩子生长和发育的知识存在差距。把关者们，请注意：父母中没有一方会总比另一方正确。他们需要从彼此那里获得信息，判断如何把这些知识应用于自己的孩子，决定如何在与父母当年养育自己时大相径庭的环境中养育自己的孩子。但是，调查也显示母亲将继续从自己的母亲那里获得信息，而父亲则从自己的母亲及伴侣的母亲那里获取信息。

# 成长的痛苦

宏观了解美国育子理念之后，让我们进一步了解父母共同育子所要面对的最常见的挑战。现在，我们分析下细节问题。

### 婴儿时期

比尔和朱莉为新家做了准备。他们的儿子出生后，他们两位都从事兼职工作以便能依靠自己养育第一个孩子。他们从积极的交际生活中退出来，引用比尔的话说"心怀报复"。婴儿的养育、睡觉节奏似乎与他们的很相称。通常壁炉里旺盛的火苗噼噼啪啪，iPod播放器播发着甜美的催眠曲，茶壶套的三脚铁架上摆着类似草药的茶水。

比尔和朱莉有意培养孩子与父亲的亲密关系。但在采访中问及照料约翰的分工时，朱莉得知比尔指出自己"承担很大一部分育子工作"，感到诧异。而当听到朱莉对他所谓的"积极"参与育子工作而生气时，比尔也很惊诧。

我们对"公平承担育子工作"的斗争感兴趣，朱莉如此称呼这项工作，但是更奇怪的是，在接受采访之前，这对亲密互爱的夫妇从来没有彼此分享过这些特别的挫败感。为什么他们早先没有谈论这个话题？

比尔告诉我们："我本以为她会很感激我积极参与到约翰的生活中去，因为我的育子参与比过去她父亲参与她成长过程多得多。"朱莉说："履行他诺言，而且这诺言正是他想做的——与约翰亲密本身就是一个奖赏，我没想到他还需要我夸奖他。"

一旦开诚布公地谈论这个问题，别的棘手的问题自然就得到讨论。他们开始善意地谈论其他方面的担忧。

比尔毕竟不确定整天抱着六个月大的孩子是否是个好主意。从初为人父者的角度考虑，"你只关注约翰，另外，他迟早需要学会端坐。天天抱着他，这对你的后背也没好处，我想念妻子"。

让约翰自己"哭出来"是比尔持有的观点，而朱莉会更快地把儿子抱起来。她问："我们了解压力激素的知识。我们可以比孩子更快地解决问题，而我们偏要难为他，难道你不觉得过意不去吗？"比尔戏弄朱莉的"妈妈知道一切"的态度。一旦彼此充满温情，交流的优势便显现。比尔最后说，他喜欢和朱莉共同抚育约翰，但是他希望朱莉给予他更多的信任，他的育子方式与朱莉的有所不同。尽管比尔承认通过观看朱莉如何抚育约翰学到了不少知识，但比尔坚持认为，有时他会觉得好像朱莉在"操纵"他。"这让我想逃避整个父子的问题。这个问题太不好玩了"，他又补充说。

这些讨论是孩子一岁生活中父母的典型写照。对于孩子，母亲觉得"责任如此重大，因此经常负起责任"，这与父亲"只有被要求或是自己想要负责任时，才会负起责任"的方式迥异。一位母亲这么总结："他（她的丈夫）花费大量精力与孩子玩得很开心让我感到高兴，但是我更需要帮助而不是娱乐。"但是与孩子下一个发育阶段的挑战相比，这些问题都是小菜一碟。下一个是……

## 蹒跚学步时期

蹒跚学步时期的情形大不一样。满口"不"！在保护带的帮助下蹒跚行走，年幼的孩子还未准备好大踏步前进，却想操纵世界了。一些父母喜欢孩子挑逗性的虚张声势，而有些则感到不安或极度恼人。至于它对共同育子的影响，比婴儿时期来，我们在这个时期的共同育子有更多复杂的东西需要考虑。

听听布莱恩和阿曼达说些什么，作为父母，他们既感到自豪又觉得精疲力竭，儿子塞特二十三个月大。

**阿曼达**：他过去如此可爱——微笑，嗡嗡发出可爱的叮当声，立即就能入睡——但是现在他是个调皮鬼。从早上他想穿什么衣服到吃饭想吃什么，都是无法商量的辩论！我做噩梦，他变成一个有上犬齿的老虎——我想可能是他一直咬我和布莱恩的原因。事情不顺他心时，他常常尖叫出这三个词语："不"、"我的"、"走开"。不要误会我；其他时间，他聪明、令人想拥抱并且可爱，但从如此爱他到经常生他气，令人感到如此心碎。他婴儿时期，我简直不能想象会出现这些事情，虽然我姐姐曾跟我说过。

**布莱恩**：当塞特学会站着，扶着家具蹒跚走路时，会发出类似狂笑的声音，好像在说"我现在自己站起来了，我紧跟着你呢。"刚开始，我为他的活跃感到自豪，好景不长，他似乎下定决心扰乱任何人和物。他会咬宠物狗和妈妈。他挥动胳膊，清扫地板上任何他够得着的地面，——书桌、咖啡桌、早餐角落、我的工作台以及宠物狗的床。妈妈不备时——或她打塞特几天后，塞特会打妈妈，好像他计划要报仇似的。当然我仍然爱我的孩子。他十分有趣、如猴子般聪明，充满着难以置信的好奇心。我只是急着要他重新加入到文明之列。

布莱恩和阿曼达会如何共同应付"塞特这个小捣蛋"？可怕。他们觉得夫妇力量比一个人的大许多。

**布莱恩**：我从来没有见过阿曼达如此生气，我也好不到哪里去。她是独生女，但我有兄弟，年轻的时候就学会谦让和放弃。但是，说实话，就如何控制我们的脾气，我们都经历了一段困难时期。我发现我一周至少爆发一次；我确定他俩都感到害怕。可能怪罪塞特并不公平，但是他的行为让我失控。

**阿曼达**：我有时生塞特的气，但是更生布莱恩的气。他吼得极其恐怖像要杀人，通常把塞特扔到房间，没有解释就出去，当我刚与塞特有所进展，他又突然进来搞所谓的"解决问题"。

健康的蹒跚学步儿童，新的自主性以及自己动手的傲慢所带来的大震荡给健康正常的学步期带来了情感的大风暴，而父母的育子联盟很少为其做好充分准备。还记得被调查的父母吗，他们"不确定如何应付困境"因为他们也同样地"不确定是否理解孩子的感受和需要"？当这两股坚定的力量交汇时，情感的大风暴会极大地影响育儿、做饭、沐浴或是睡眠，育子联盟的结构必须有所改变以减轻联盟建立的压力。

我们建议布莱恩和阿曼达把易碎的东西放到孩子触摸不到的地方，在房屋中开发一片地方可供塞特搞砸搞乱。给他可以发声的真实玩具（例如炊具），以便他到安全的地方去引发海啸。然后布莱恩和阿曼达做出决定谁在什么时候负责照料他。因为照顾塞特是件十分耗费精力的事情，所以他们应该做更多一对一的护理，以便彼此可以规律地休息。最重要的是，当父母两人对塞特感到愤怒时，他们需要告诉彼此，而不是告诉塞特，正因如此，在当时父母中更为生气的一方逐渐平静息怒的同时，怒气较小的一方就能暂时控制整个局面。

通常在孩子的学步期，夫妻会感觉伴侣在处理孩子蛮横行为时缺少前后的一致性，这种感觉第一次变得强烈。父母对作息时间、大吼、忽视、羞耻感的利用，甚至是对抽打的看法，都立即受到挑战，他们彼此控诉对方对孩子反复无常的退让，或者开始大呼"你是在削弱我育子的效力"。团队合作的想法被抛到九霄云外。他们大动肝火，在合作关系面前退却，并开始心怀恐惧，害怕他们学步的孩子、他们的伴侣，甚至可能是他们的婚姻出现了问题，我们先前讨论过的情感冷漠也会随之出现。

该时期常出现的更棘手的育子问题是：父母价值观的差异。应该教育孩子惧怕陌生人或惧怕黑暗或万圣节么？允许不允许孩子看电视、玩电脑游戏或不穿衣服在房里跑？可以直接称呼成年人的名字，玩玩具手枪，芭比娃娃，提及上帝么？

许多诸如此类的价值观战争源自强大的家庭背景经历——积极的和消极的。父母视这些时机是正确教育孩子价值观的机会。例如，一个从小被教育"首先照顾好自己"的父亲或母亲可能会强烈地感觉到孩子必须学习一些更平等主义的知识，从而学会"为他人服务"，因此，当看到伴侣教育孩子完全相反的价值观时，你会感到怒不可遏。陷进这样的冲突会让孩子深感困扰，因为他最终归咎为自己的错误，例如"如果我不害怕黑暗，爸爸妈妈就不会为如何让我入睡争论了"。

差异如若经常出现，蹒跚学步的孩子会最终会觉得自己是父母差异的根源，是重创父母关系的源泉。在试图满足整个家庭需求的背景下，平衡这个时期孩子的鲁莽冲动，"我，我，我！"极具挑战性。如果父母能够从个人信仰的角度，解决这种价值观冲突，将会有所帮助；使用以"我"开头的陈述句而不是以"你"开头的责问句。例如，不要对伴侣说："你总是把孩子整理得干干净净，让他们如何才能学会照料自己呢？"而是这样表达："我相信孩子会从错误中吸取教训，所以他们应该有机会犯些错误，从后果中学到知识。你不同意这种观点么？"

你受伤或控诉自己确实有理由生气时，这些批评就会时常脱嘴而出。但通过与伴侣讨论在思考方式上的重要差异，以及差异出现的原因，你们可以慢慢建立育子联盟，而不是削弱你们的育子联盟。另一方面，如果你感到自己似乎永久性地陷入困境，寻求职业帮助是个好主意。如何知道自己处于困境？问问自己：即使当我们试图共同探讨孩子的需求时，也会通常引发激烈的争论么，从而彼此都受到伤害？

此时此刻你寻求的任何与家庭、孩子的发育以及共同育子相关的帮助，都应是适当、经验丰富并且有信息含量的。适时寻找帮助比推迟寻求帮助可能更有效、更不会耗费过多的感情和财务。多年临床指导的经验告诉我们：即使一个简单的问题也能引发麻烦时，你们仍然要及早解决问题，不得推迟，以便夫妻步入正轨，避免沿着错误的道路越行越远——通常进入死胡同。

但是对大多数共同育子联盟来说，在孩子情绪爆发时，耐心地支持伴侣，经常谈论价值观差异问题、尽可能互相理解、并积极管理挫败感是成功之路。比尔和朱莉在孩子的学步期情绪风暴来袭之前，他们需要做些工作，特别是孩子一岁时对彼此角色的感受。现在他们该表达对彼此的爱意和羡慕，刷新他们之间的友谊，无论何时因孩子产生摩擦时，都应转向彼此、作为有趣的成年夫妇共度更多的时光，而不单单是作为孩子的联合保姆（更多指导请参照本书《共同育子预防性维护测试》）。

## 学前时期

一旦蹒跚学步的孩子迈入学前时期，共同育子变得平静。孩子们更为实用、更具交流性的语言极大地帮助了父母，减少了父母对孩子日常所需的猜测。孩子原始感情开始成熟，随着孩子的成长，一些有用的新感情开始出现。羞耻感和自豪感成了帮助父母抑制孩子一时冲动的新方法。希望成为 "大"女孩或男孩的愿望成为阻止他们把调味番茄酱涂在小猫身上的新理由，该理由极具说服力。其他发育的新情绪也同样帮助父母脱离困境；移情、尴尬和慷慨[8]都将帮助孩子成为更文明的家庭成员，因此减少了对共同育子联盟的挑战性。当然，随着孩子发育，孩子——快速增长的词汇和日益完善的因果关系感觉——开始对父母表示不满。在此，我们引用一些我们最喜欢的、多年来经常听到的孩子语言，证实父母发展、维护和谐的共同育子关系对孩子的重要性。

"我希望父母不会感到如此疲倦、有压力，能够真正地倾听我的心声。他们两人一同与我相处时，做得更好。"

"我喜欢生病时，妈妈请半天假然后爸爸请下半天假。他们可以轮流照顾我。"

"有时，妈妈说可以，爸爸说不行。他们意见一致，我最开心，这样没人会生气。"

"我特别喜欢入睡前妈妈给我个拥抱，喜欢爸爸紧紧地抱住我。爸爸的拥抱就是不一样。"

"父母因为我而生彼此的气时，我会胃疼、心疼。非常惧怕他们会离婚。"

"爸爸在我身旁时，妈妈更快乐。她就是很开心，我也是。"

"妈妈在某些方面聪明，爸爸在另些方面机智。"（问题："你呢"）"我将像他们般聪明。"

"爸爸在晚上让我吃冰激凌时，妈妈发现了，她说：'啊，史蒂夫。'爸爸翻白眼，妈妈看起来很生气。但是我爱吃冰激凌，爸爸给我，我很高兴。（问题：'妈妈真生气了吗?'）孩子咯咯地笑了，'呵呵。我觉得有时候她只是觉得好玩'。"

"爸爸去看是否有怪物时，我更不会害怕。他比妈妈更高大、更强壮，他将驱赶怪兽。怪兽从爸爸面前逃走，特别是妈妈在爸爸身后时。"

"爸爸修理东西，例如椅子。妈妈修理我的玩具。他们一起整治弟弟的尖叫……我讨厌弟弟尖叫。"

父母互相尊重，态度积极，尽管有时会发怒但还会喜欢彼此——即使意见相左时，孩子能明白这些行为，并对父母心怀感激。这些行为让孩子们明白意见相左并不是问题。随着孩子成长，他们将在内心深处感到父母是值得依赖的，自豪感油然而生。

第 二 部

当我的丈夫生气时，他当面纠正儿子的错误并马上制止儿子的行为。而我不是，我站在儿子的角度和他谈话。有时候我的丈夫是正确的，因为他很快就制止了儿子的行为，有时候我是正确的，因为他在儿子面前表现得太严厉，让孩子十分不安。这让孩子的行为变得更糟糕。

——一个7岁女孩和5岁男孩的妈妈

我们现在并不经常听到"等爸爸回家再说"这句话，但这句话却能即刻触动我们。这句话是经久不衰的育子真言之一。事实上，对于管教和设定底线这一问题，父母的意见最为不一致。在这一章里，我们要探究这些差异的作用，解释为什么这些差异对共同育子的家庭十分有益。

## 母亲VS.父亲：有权威地行动

当孩子想要满足自己某些需求时，他们会对父母中的某一位表现出一些偏爱。一般来说，在疲惫、生病或只是不快，需要安慰时，孩子趋向母亲；而在需要身体上的保护，修理东西或寻求冒险、乐趣和游戏时，孩子则趋向父亲。

不管是男孩还是女孩都表现出同样的趋势。首席性别研究员埃莉诺·麦考比（Eleanor Maccoby）指出："男孩和女孩在对父母的感情上没有什么不同。和女孩相比，男孩没有对父亲表现出更多的兴趣，同样和男孩相比，女孩对母亲也没有比对父亲更亲密。"[1]但谈到是否服从管教，男孩女孩也会有同样的表现吗？麦考比认为可能并不会。"等爸爸回家再说"这一由来已久的规则已经不再适用了。

▼ 和母亲相比，父亲通常会花更少的时间来推理、解释或合理化为什么孩子需要管教这一问题。

▼ 和母亲相比，父亲通常会用更少的语句和时间来设定底线和要求服从，而不管孩子接受与否。

▼ 和母亲相比，父亲通常很少同犯错的孩子讨价还价，并且非常多地使用命令式的语句（"到你房间里去，现在"）。而母亲往往更多地依赖基于母子关系的社会化手段（"做，因为我让你这么做，而我是你的妈妈"）。

▼ 和母亲相比，父亲往往更愿意直接面对孩子，强行管教，从而给孩子留下父亲更具有权威的印象。

在管教孩子时，父亲往往比母亲更有权威性。母亲们常常被呼吁要去管教孩子，因为一般来说母亲比父亲的育子时间要多，但许多母亲却对"有权威地行动"感到惊讶。然而，这种权威似乎是"等爸爸回家再说"这一管教手段的推论。搬出父亲的权威表面上很有效，至少是在短时间内有效，但这对许多母亲来说却是令人沮丧的。

似乎只有父母共同参与的权威型育子才是让整个家庭——包括婚姻、共同育子以及父母与孩子关系——和睦的最佳选择。

桑德拉是一位居家的母亲，她每周在家为她父亲的网页设计公司工作15小时。除了丈夫丹每周要工作48小时之外，她和丹都认为他们很成功地共同养育着他们刚学步的孩子和还未上学的孩子。由于最近的经济下滑，为了多赚些钱，丹作为主管，每周增加了两次夜班，但是他仍然可以在桑德拉工作时照顾好孩子。

**桑德拉：**他照顾孩子时，有一点让我非常受不了。他可以很有效地管住孩子们，因为这能力，他十分自以为是。他只要说一次'停'，孩子们就真的停下了。而我必须说三次或三次以上，并且要提高声调，孩子们才会完全停下来。我就是做不到。我和孩子们在一起的时间是他的两三倍。我认为我很清楚孩子们什么时候是要开始捣蛋了，也能很快制止他们。比起他，孩子们不是更应该听我的话吗？

桑德拉的孩子对她提出的规定很少做出响应的原因可能有以下几个：第一，桑德拉更多的是讲道理，这让孩子们觉得（或许她自己也这么觉得）"她只是想让我们知道为什么我们应该停止打对方"。第二，孩子们对她做决定的手法太过熟悉，或干脆充耳不闻了。相对来说，孩子们对丹没那么熟悉，而且丹更有可能会颇具威胁性地逼近而不是说理，孩子们会觉得他对协商不感兴趣，也不允许协商。这也许就让孩子们更加认为"他说什么就是什么"，他比桑德拉更"有效"，尤其是对这个年龄的孩子。长远看来，这样的权威可能不会一直持续。然而，在这对夫妻面前，更让人担忧的问题是桑德拉发觉丹因为自己管教孩子比她有效而变得傲慢，这就表明丹需要调整自己以维护二人团队的和睦关系。

谁是更值得尊敬的家长呢？夫妻在这一问题上会感到竞争力。这一现象对夫妻来说很普遍也很烦人。孩子们对这个问题的答案总是在变。听谁的话？他们的选择经常在变，而改变的原因与父母都没有关系。当母亲在解释"为什么我们不能把冰淇淋作为甜点"时，她的解释本身就意味着"不能吃"。父亲直接说出"上学期间晚上不许看电视"来表达他的意思，而母亲在有其他事情缠身时却会让孩子们看电视。

在我们开始接受典型的、具有管教性的共同育子过程中常见的挑战之前，我们需要探究教养方式，它能影响有效底线的设定。

# 育子风格

几十年前，加州大学伯克利分校的发展心理学家戴安娜·鲍姆林德（Diana Baumrind）提出了一种她认为对给孩子设定底线非常有效的教养方式。她详细阐述了这种育子风格并称之为"权威育子"，同时她还提出了另外两种不那么有效的方式：独裁型和放任型。[2]

与其他的父母比较起来，独裁型父母控制性强，冷漠，很少表现出温暖。例如，当孩子抱怨着想要吃零食时，她的父母会说："不行，马上就要吃饭了！""但是我饿了，我中午没吃饱。"孩子哭嚷道。这时独裁型的父母会简单回答道："饿不死。你中午就应该吃饱点儿。"

与之相反，放任型父母"不控制，不要求，比较温暖"。用同样的例子来说明，放任型的父母会这样回答孩子："如果真的需要那就吃点零食吧，想吃什么就吃什么。"

权威型的父母掌控着孩子，同时又表现出温暖，乐意与孩子们交流。在同样的情况下，权威型的父母会回答孩子说："我猜你肯定饿了，中午没吃多少。吃点水果能让你撑到吃晚饭，但我不希望到晚餐时间又吃不下饭，那么，现在让我们看看在晚饭做好之前你可以干点什么来转移注意力呢！"

鲍姆林德发现独裁型父母的孩子相对内向、充满不满、缺乏信任，放任型父母的孩子"最不自立，最没有探索精神和自制力"，[3]而在她抽样调查的中产家庭中，权威型父母的孩子则自制力强，富有探索精神且最容易满足。如果你采用的是权威型教养，慢慢地你的孩子会更欣然接受你的管教。握紧你的武器，但要认识到孩子的想法可能与你的决定有差异，在适当的时候简单说明一下你这么做的原因，同时保持你悉心关爱的态度：不要把严格等同于冷漠、粗暴或是苛刻。

这确实是一项十分有用的研究，但对育子风格如何作用于增强共同育子协作这一问题的讨论，这项研究还仅仅是开始。父母中仅有一位采用权威型教养是教不好孩子的。似乎只有父母共同参与的权威型育子才是让整个家庭——包括婚姻、共同育子以及父母与孩子关系——和睦的最佳选择。

那我们怎样把单方的育子风格转变为共同的育子风格呢？很明显，育子过程中我们的选择由我们自己的风格和爱好决定，同时也受到家庭传统和家庭文化的影响。观察过许多家庭后我们发现男女性的教养方式通常都带有性别特征：母亲的可协商交际型和父亲的命令推动型。为了制定最好的管教准则来约束和激励孩子，夫妻必须协调平衡好个人的教养方式、偏好、家庭经历以及性别特征。本章接下来的部分要讲的是成为权威型父母的过程。我们认为，如何成为权威型的父母是孩子们带来的、最常见的、也是父母需要共同面对的实际挑战。

## 当孩子们捣蛋时

把握干预孩子的时机是管教孩子的第一步。当孩子们还很幼小（还不会说话）的时候，要决定何时干预很简单，大部分的父母亲会对这样的情况持相同看法。我们根据自己亲眼所见的情况来做决定，因为婴儿和还未学步的孩子很少隐藏自己。如果情况威胁到孩子的安全，父母会马上采取行动制止孩子的行为，而母亲的（通常是长辈们的）经验往往使她们知道孩子可能有的极端行为，因此她们的行动往往会更快。当孩子们筋疲力尽时，他们往往需要比平时更为迅速的帮助来确保他们的安全，不让他们乱丢厨房用具或者是到处乱蹦，尤其是在弟弟或妹妹也在场的情况下。

虽然孩子年纪十分小的时候事情较为简单，但也不总那么简单。大多数初为人母人父的夫妻都不愿去管教孩子。与照顾婴儿、给婴儿喂奶这样的温馨不同，父母要抓住任何可以教育孩子的机会，拼凑一些道德观念来告诉孩子不要乱咬、不要乱打又或者是不要乱吐，这实在是让人抓狂的复杂问题，更不用说要轮流进行、与对方分享、为对方考虑了。

每次你管教孩子而她又因此对你生气时，你是不是都在拿你有限的育子资本冒险呢？如果作为家长的你每次管教孩子时，都觉得自己扮演着"恶警察"角色，那么请记住：在愤怒的那一刻他可能会有负面的反应，但想象一下，如果他从来都没听到过"不"字，那么他以后会变成什么样的人。

让我们来看看在典型的育子情景中父母的表现。

詹尼弗和弗兰克回来咨询我们以获得更多建议。詹尼弗说所有的事情都很顺利，但他们又遇到了新的问题。本满四岁后不久，詹尼弗和弗兰克有了第二个孩子罗斯。罗斯现在已经可以到处乱爬了。最近罗斯迷上了本房间里他十分珍惜的东西。昨天晚上，她打翻了本桌上整齐排列着的《托马斯和朋友》中的火车模型收藏。本认为罗斯是故意这么做的，便绊倒了罗斯。罗斯大哭起来。

弗兰克冲进房间朝着本大吼，告诉本不能整天玩小火车。这下本也开始大哭起来。詹尼弗对弗兰克十分生气："我知道本不应该绊倒罗斯，但罗斯确实把本的房间弄得一团糟。而且他们都太小，都还不明白。"弗兰克却不这样认为："一个五岁的孩子没有任何理由可以去打一个一岁的孩子，很明显一岁的孩子并不知道自己在做什么。"

詹尼弗想要和本讲明道理，让他知道他刚刚行为恶劣虽然原因是他生气了，但他的行为确实伤害了妹妹："当他停下来开始思考时，他会去想自己到底是不是真的想这么做。"詹尼弗不仅仅希望制止本的行为，更希望引导他的想法。

弗兰克担心本会伤害罗斯，因为罗斯还太小了。他不认为几句批评就能正确地管教："现在就彻底消除这种攻击性的行为是很重要的。当罗斯学会

走路后，事情只会变得更麻烦。"对于本的感受和想法，弗兰克认为可以等本冷静下来再另找时间谈谈。

那么詹尼弗和弗兰克，谁是正确的呢？两个人的观点都很有道理。这让整件事变得尤为棘手。比把握干预时机更重要的是：一旦你开始干预，你想要达到的目的是什么？正如詹尼弗和弗兰克一样，夫妻两人的目的会有所不同。本很可能会告诉母亲他的本意就是伤害妹妹，为什么不呢，妹妹伤害他（他的珍贵的东西）在先。詹尼弗对这件事的处理方法并不能帮助本。弗兰克想要彻底消除这种行为并告诉本伤害妹妹永远都是错误的，这样做能帮助本认识到自己确实是发火了。但是这样做所传达的信息是：发火是可以的，但动手绝对不行。把詹尼弗和弗兰克两人的部分想法结合起来，那就是很好的应对方式了。合在一起，父母可以得到有条理的信息来帮助孩子控制怒气，同时告诉孩子正确的应对方式。

管教孩子时，父母一般会有不同的社会目标。如果不小心处理这些差异，这些差异将给他们共同育子的和睦关系带来负面影响。与在例子中看到的一样，两个目标都很重要合理。问题的关键并不是让两方观点轮流主导，而是将两种看法整合成一个：合并双方观点中重要的部分，把它们融合成一个比双方观点更好的应对方法。让我们来看看这两种深受性别影响的观点。就像我们在第五章中学的那样，父母都深信，让孩子为以后的社会生活做好准备是他们的职责。这一观点在其育子过程中得以充分体现。母亲往往觉得自己有责任告诉自己任性叛逆的孩子：不服从会带来伤害母子关系的后果，例如：

▼伤害妹妹的时候你让我很生气。（也就是说你让我们的关系陷入恶化的危险）。

▼你的行为让我很不解，我暂时会疏远你。

▼我疏远你是想让你明白不听我的话会给你带来不好的后果。事实上，这会损害我们现在的关系和我们未来的关系，还会损害你与妹妹的关系。所以，停止你的恶劣行为。

父亲往往认为他们有责任告诉同样任性的孩子，"不服从"不仅仅影响你与他人的关系，同时也会让你在现实社会中付出代价。父亲们认为让孩子了解这一观点十分关键：忤逆大人意愿的孩子会失去来自他人的尊重，而且出了家门后社会上对这种行为的看法非常不好。

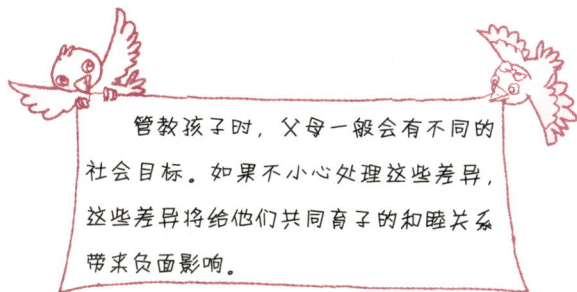

> 管教孩子时，父母一般会有不同的社会目标。如果不小心处理这些差异，这些差异将给他们共同育子的和睦关系带来负面影响。

▼当你不听我的话，并且似乎不能控制自己的行动时，你便开始有麻烦了。

▼现在绊倒妹妹，以后你可能绊倒其他人，这样做一点儿也不可爱。如果在学校，你会遇上麻烦，也许有其他人会站起来然后把你推倒。

▼听我的话能让你招人喜欢，安全，而且不会出错。所以现在就停下来，好好听我的话。

在这些例子看到自己的影子了？想知道对你自己和你的孩子怎样做才是正确的？在解决问题之前让我们再研究一下另一种性别或角色趋向吧。

# 羞耻感：健全孩子人性的因素

在孩子快三岁的时候，一种新的情绪适时到来：羞耻感。和短时间的盲目愤怒、尿裤子时的快感一样，羞耻感也是幼儿会遇到的强烈情绪之一。没有羞耻感，家长们就不能有效地管教孩子。当孩子两岁时，转移孩子的注意力这种方法不再有效，孩子们变得非常聪明，不会再经常上当，除非你是一个训练有素的魔术师。规劝似乎是可行的办法，但孩子们的语言水平还没有达到可以在修辞上进行辩论的程度。

羞耻感的出现可以帮助孩子们控制自己的冲动。在孩子们逐渐增强的道德意识和自觉意识的共同作用下，孩子们逐渐能够理解什么是困窘，更重要的是，孩子们能够理解困窘的原因和影响，因此羞耻感在孩子年幼的时候不起作用，现在却能。在羞耻感出现之前，要和一个还未学步的孩子议论"要长成大姑娘，和表哥表姐比赛输了后不应该大哭大嚷"是毫无意义的，因为孩子对什么是困窘的行为毫不在乎："这是比赛。我想赢，你应该让我。"一旦孩子能够感觉和认识困窘，也就意味着她想长大，想和同自己竞争的大孩子们一样，在比赛中尽全力奔跑，去享受如风般奔跑后结束比赛所带来的单纯的喜悦感。

但和成长中上帝赐予的其他"恩赐"一样，羞耻感也需要被适度地激起。孩子们的羞耻感不尽相同，容易过度或者是不足。我们的四个孩子中年纪最小的是儿子J.D.，他聪明可爱但很淘气，现在，他非常容易感到羞耻。许多行为学家并不会对此感到惊讶，相对来说，男孩们在自己的自主权、体格或能力没有得到充分尊重的情况下更容易有羞耻感。[4]

作为J.D.的母亲，玛莎时常评价说他的头发全都竖起来或者他的衣服脏了，即使在他们要出门去"体面"的地方时也是如此。玛莎希望羞耻感能让他梳梳头发，或者是主动换一下衣服。但事与愿违,这只引来了J.D.的大声叫喊："妈妈，我没有既满意又合适的衣服"（当然这不是真的），"妈妈，我不和你出去了，因为你让我很尴尬"。不要尝试去告诉他简单的解决方法，因为他不会听。现在大家快迟到了，而玛莎和J.D.也陷在没完没了的争执中：J.D.看起来是否整洁？

作为J.D.的父亲，凯尔明白玛莎已经不小心伤害了J.D.脆弱的男性自尊，凯尔因此以一句强调J.D.自主权的评论介入了："为什么不继续穿着你身上的衣服呢？我们多带一件衣服，以防你看到其他孩子后改变心意（通常他会改变心意把衣服换掉）。"J.D.接受了这个方案（或者是接受了这个方案给他的面子），看了他的母亲一眼，然后走了，而这时玛莎和凯尔也会悄悄地相视而笑。

羞耻感效应证明了母亲"错误行为会导致关系后果"这一观点，也证明了父亲"错误行为会导致现实后果"这一观点。对大部分孩子，羞耻感会高效地完成它的任务而不需要父母过多的帮助。因此，我们应该为羞耻感的出现感到高兴，但不要让羞耻感成为管教孩子的"主角"，因为当孩子的情绪渐渐平稳后，羞耻感也就不大起作用了。

# 管教和学习

"管教"的真正意义是什么？管教作为惩罚的代名词已经让它原本温和的意义完全被忽略。"管教（discipline）"一词的词根"弟子（disciple）"指的为了学习的目的而从师的人。简单来说，有效的管教对孩子来说应该是学习过程，而不是被打被罚的经历。

接下来我们看一些管教的方法，其中包括棍棒教育、激励教育，以及一些其他更为积极的方法。

### 棍棒教育

在前几章提到的斯维塔斯①研究中，67%的幼儿父母认为棍棒教育是一种适当的管教方法。然而，专家大多一致认为⁵棍棒教育是一种羞辱，更像是施暴而不是管教。家长们没有任何合理的理由去打孩子。棍棒教育会引起孩子们的愤怒、耻辱感和过激行为。虽然棍棒教育的本意是制止孩子错误的行为，事实上它也确实暂时制止了，但如果继续用体罚代替真正的教育作为管教的策略，那么有一天会有更大的错误行为和问题出现。棍棒教育在根本上让孩子觉得，最重要的是在行为不端时避免被父母抓到，而不是避免自身的行为不端。如果你和你的伴侣对棍棒教育的认识还不一致，那么多花些时间，多些讨论，直到你们弄清楚什么是棍棒教育。为了你们夫妻的关系和你与孩子的关系，这些麻烦是值得的。

### 奖励教育

奖励正好和羞辱相反，这是另一种强化行为的方法，一般适用于刚学步到上幼儿园这一年龄段的孩子。父母真正的目的通常不是奖励本身，因为他们并不希望自己向孩子低头，也不愿用冰淇淋、糖果、玩具来奖励孩子们那些可接受的行为。孩子会珍惜他们深厚持久的爱，尊重他们，并且纯粹会出

①斯维塔斯：英国智库机构，英文原名Civitas。

于对父母深厚的爱和尊重而去做父母要求做的事。

孩子渐渐长大，一些很重要的事情变得复杂，例如坐便训练、独自睡觉，或其他类似的问题。事情原本进行得不错，处处都有小进步，然后——没有进步了！孩子们的进步渐渐脱离正轨。父母也很快失望，接下来是绝望。这时，奖励这种方法就看起来十分诱人。媒体支持奖励机制，电视、杂志里的超级奶妈和超级妈妈，以及写博客的人都用奖励机制：星星、薯片、钱、不午睡、和父母呆在一起的额外时间、电脑、小狗等等。许多奖励都起作用了——暂时的。

为什么奖励教育不能长时间起作用？当你为了让孩子们吃西蓝花而给他们M&Ms巧克力豆时，孩子们会很快明白，你是在要求他们做一些令人不快的事情来获得你提供的甜点。要是孩子们轻轻松松地把西兰花吃完了呢？大多数孩子会这么做，至少他们愿意试一试。但一旦你将M&Ms巧克力豆作为吃西兰花的附加甜点或奖励，那么孩子吃蔬菜而不是吃甜点的积极性就消失全无了。

简单来说，有效的管教对孩子来说应该是学习过程，而不是被打被罚的经历。

斯坦福大学的马克·莱普（Mark Lepper）和大卫·格林尼（David Greene）所进行的经典研究告诉了我们，为什么要怀疑那些对孩子们看似无害的奖励[6]。在研究中，他们在没有任何说明的情况下给了一些孩子崭新的记号笔，对记号笔反应最明显的孩子则被邀请与研究员一同玩耍。这些孩子们被分成了三组：第一组的孩子们被告知如果使用新记号笔画画（事实上孩子正在开心地画着），他们会得到"优秀队员奖"；第二组的孩子们也被要求用记号笔画画，

而在他们画了之后，研究员们给了他们意外的奖励；第三组的孩子们只得到了最轻微的表扬——与前两组做的一样，但却没有任何奖励。两周以后，研究员们统计出孩子们在此期间使用记号笔的次数。让人出乎意料的是第一组孩子（事先约定好要给予"优秀队员奖"的孩子）对新记号笔的兴趣只有另外两组的42%。似乎孩子们知道奖励并不是真正的表扬。对孩子来说，用那么精致的新笔画画本身就是一种奖励，并不需要大人的诱哄和款待。

在《脊梁式教育》（Kids are Worth it）一书中，芭芭拉·克劳罗塞（Barbara Coloroso）坚定地认为回报与奖励最终会同棍棒教育和威胁一样无效[7]。那么，父母该怎么做？幸运的是，有一些中间方法能让即使最暴戾的孩子也感到被支持。

### 正面促进

正面促进指鼓励孩子们以积极的、靠拢社会的方式做事。在孩子们获得成绩、取得进步之后，向孩子表达你引以为荣的心情或者是你对他的支持，这便是正面帮助，而这种方式也是孩子们喜欢的。我们最喜欢用意外奖励来激励好的行为和消除不可取的行为。这是没有事先约定好的、意料之外的好东西。孩子们得到它的时候最高兴，并把它视为一种慷慨给予，而不只是在合约结束时因为所做的事情而赢得的预期奖品。这样赢得的预期奖品会让孩子觉得这只不过是结算，而不是对自己某些行动重要价值的意外肯定。

### 价值观

当然，有许多重要的人类行为不能用意外奖励来教育或促进，例如同情、黄金法则（己所不欲勿施于人）。你只能用自己的方式在自己的家庭里学到这些价值观。没有任何办法能让你很快学会这些价值观，只有靠你自己去学习、领悟。你的孩子时刻在观察和模仿你的行为。把价值观教给孩子们的最好方法就是在生活中坚持你的价值观。你的孩子会很快明白你说的是哪些价值观，你在生活中坚持的又是哪些。通过实例来教育孩子是最有效的，但最终还是由孩子们对价值观的接受来决定他们是否信守这些价值，而不是靠父母的强调。价值观的形成一般通过观察和实践两种方式。让你的孩子参与到你做的善事或积极的行为中来。举个例子，如果你答应了邻居去帮忙喂猫，那么让你的孩子去给猫碗加水；或者是在晚饭时间说起你花了整个下午的时间去帮助年迈的邻居整理车库，当然让你的孩子周末帮助你一同完成工作会更好。

在采取上述措施时，只要你和你的伴侣都赞同对方的价值观及既定目标，那么你内心唯一的也是最主要的挣扎就是，在价值观每天遭受考验时，你仍旧公正、一贯、忠实地相信它。共同育子要求夫妻双方对自己的长处和短处都毫无隐瞒，同时帮助对方尽最大努力做一个好的父亲或母亲，尤其是在艰难的时刻。你们的差异并不重要，重要的是你们的共同点。这意味着，在对方犹豫踟蹰的时候，你是对方的支柱，并且你要确保孩子的确去帮助年迈的邻居。这也意味着，你把手放在伴侣的肩上（不让孩子听到或看到），然后说："亲爱的，你不是想这么做，对吧？我不敢肯定你这么做能达到管教孩子的预期效果，你还是要这样做吗？"

对于下一个管教方法，性别差异就不那么重要了。下一个管教方法是通过规劝和说理让孩子们行动。

### 与你的孩子争论

现在让我们再看一下之前玛莎试图让J.D.换下脏衣服的例子。母子的典型情节会是这样：

孩子：我的衬衣并不脏，我几小时前才换上的。

母亲：但上面有个污点。

孩子：那不是新弄上去的，这个污点一直都有，洗不干净，不是脏。

等等。

一般来说，父亲会有些不满母亲与做错事的孩子争论，并不是不满他们争吵的原因，而是不满他们争吵的方式。

巴特今年31岁，是一位短途运输的卡车司机，也是一位爵士钢琴演奏者，他有两个儿子，一个还没上学，一个上一年级。巴特说："莎莉在各方面都是一个非常有创造性的妈妈，除了一个方面。她每天都和孩子们争吵：穿衣、刷牙、准备睡觉、孩子们的举止、妈妈不叫不来吃饭。争论的内容并不是要孩子们做什么，而是孩子为什么不听她的话。孩子们很不解，他们停下来，迅速行动，但她的争吵反而越来越多。我想帮孩子们理清思路——你知道——解释解释——但这让她更生气了。"

母亲们会说她们是在试图教育孩子首先要听父母的话，然后再按照父母说的做，因为这样做对家庭的整体运转有好处。但这很少有效果，而母亲就会感到强烈的挫败感。正如前面讨论过的，许多父亲都不能理解争吵，他们不依赖争吵，而是依赖自己的权威。在有些父亲们的总体管教方案中，争论也占有一席之地，但和母亲们相比，这些父亲们往往支持另一种不同方式的争论。这种争论通常不是指为了让孩子们聆听和服从而进行的言辞激烈的争论，而是指通过劝说和讲道理来进行的争论。

杰·亨里奇（Jay Heinrichs）是一位作家，也是一位哲学家。他在一篇发表于《思考时光》[1]杂志上的文章中提出，家长应该鼓励孩子有目的地争论[8]。既然他们不管怎样都会去争论，那么为了家庭和他们自己的自

就这样，他们培养自己的自制力和自尊心，即使没有听见父母在身边走来走去监督他们时，他们也会对自己将来能走多远、能成为什么样的人感到安心。

尊着想，帮助他们暂时获胜怎么样呢？杰·亨里奇的中心观点是争论应该展现出理性，而不是激情。

　　杰·亨里奇解释，他所说的争论是帮助孩子们思考自己的可选项，继而说服他人同意，通过这种方式来教会孩子们如何做决定（"我们今天上午要出去运动，我们是踢足球呢，还是游泳呢"）。杰·亨里奇同样鼓励家长们强调未来。比起"谁把这儿弄得这么乱"，"怎样才能把这些玩具整理好呢"这样的话是更好的选择。杰·亨里奇建议只用一句"哦，亲爱的快过来，你可以做得更好"来代替尖叫、哭嚷和大惊小怪。孩子跺着脚跑出房间，大声叫嚷或者是像受了委屈一样来重新讲述他犯下的"暴行"，而且很快倒戈，这些行为在杰·亨里奇看来是犯规，是需要制止的行为。最后，对我们的情绪最有益的是确保孩子时常获胜。当他们展现了优秀的争论时，他们应该获胜，他们甚至可以得到一些我们前面所提到的意外奖励。

　　最近一个周日的下午，我们7岁的孩子恳求我们忽视他姐姐的建议，而姐姐这时正在鼓动大家去参加另一个活动。在她建议我们应该出去时，他回答道"我们不出去"，一场必然会分出胜负的争论开始了。我们7岁的儿子进一步指出既然我们都"累了，觉得有些不对劲了"，那我们就呆在家里，不要

---

①《思考时光》：一本迪斯尼公司出版的儿童杂志。

"在壁炉前喝茶和喝可可饮料了"。我们听从了他的建议呆在了家里。在这不久后，他的姐姐紧抱了他一下说道："好主意，小伙计。"

亨里奇认为一场出色的争论永远要优于一场出色的争斗。说服他人同意你的观点，或者至少让他人停止作战而选择协商，这为你以后在真实的社会中获得成功打下了基础。让孩子学会思考什么能够激发听众是这种教育方式极为关键的一方面。孩子们很少会因为争论带来的刺激感而去争论。他们希望自己的方式是稳妥的，但他们更希望你能评价一下他们为了获胜做出的努力，而不是完全忽略他的努力。最后一点，孩子们需要你经常提醒：保持你对他的满意才是对他最有利的。这就像牙医诊所里那个烦人却又难忘的标语写的那样："你不需要用牙线清洁你所有的牙齿，清洁那些你想留下的就行。"

### 与你的伴侣争论

现在让我们来弄清楚，怎样才能公正地与你的伴侣争论，而不是争斗？父母们需要运用一些劝说的艺术。母亲们，不要逃避、退缩或者是微微地板起脸，父亲们，不要摔门离开或者是大声叫嚷，你应该全力以赴让你的伴侣同意你的看法。给出一个令人满意的可靠的理由来说明为什么你有不同的看法。如果她没有买下某样物品，那就找一个更好的。同样，务必让他感受到他有时也可以获胜。在他最意想不到的时候作出让步，就当是给自己一个机会看看他脸上惊喜的表情。你一定也感到很高兴看着她得到自己想要的东西，你应该好好享受这种感觉。提醒他在你开心的时候是多么令人感到亲切。取悦你的伴侣并不是一件家务，而是能让你备受激励的一种喜悦，因为每个人都收获了很多。

当你和你的伴侣以及孩子在一起的时候，你最好是清楚地知道什么时候不该争论，什么时候可以劝说。有时候让事情就这样过去也很重要——默默地向你的孩子屈服，或只是朝你的伴侣无奈地耸耸肩。选择你的论点和选择你的战场同样重要。

## 溺爱

妈妈："哦，亲爱的，你没有又给他买一件 Red Rox 的衬衣，对吧？他的衬衣已经够多了，他只是说说而已，因为他知道，看到他像你们队的队员你会开心。所以，可以让他逗你开心，但不要再给他买体育用品了。"

听完了严格管教式争论的例子，让我们来看一下父母育子过程中与前面相反的、管教不够严格的情况：让步或溺爱。在二十一世纪第一个十年里，也就是现在，富裕的九十年代遗留下来的那些短暂（现在看来久远的）的影响一直存留着。九十年代的父母以给孩子所有的物质上的好处为骄傲，这么做首先是因为他们有这个能力，其次是因为在一天长时间的工作结束后（通常父母两人都如此），让步能让孩子们不吵不闹。

包装事实公司①的市场调查员通过跟踪调查发现，2004年共有540亿美元花在了学龄前儿童到初中学生这一年龄段的孩子身上，比1997年的数据多了170亿美元；十几岁的青少年甚至更为糟糕（更好？），2004年有1756亿美元花在了他们身上，比七年前多了530亿。[9]思考一下，在父母让步之前，这些孩子有多频繁地向父母提出要求，这真的十分有趣。任意地给予可能会引起除感谢以外许多其他的态度，这一定是广告商们热切盼望的：物质拥有会产生更多需要，而需要则引起更多消费，而不是感激。

---

①包装事实公司：美国市场调查公司，原名Packaged Facts。

这些孩子不知道节制自己的欲望，也不知道机会是有极限的，他们身上存在问题。这些被过分纵容的孩子得到太多太快，他们知道自己的享有权，却没有学会用一些有用的应对策略来面对生命中不期而至的失望。这些失望必定会到来。这些孩子惊讶于飞来福飞掉后自己脆弱的感受。斯坦福大学青少年研究中心的研究员威廉·达蒙（William Damon）描述了这些孩子，例如青少年，如何把"大量的时间放在紧张害怕上，而不是弄清楚怎样做才能让生命更有意义"。

在这里，共同育子的问题出现了。一般来说，父母管教的方法不一样，为孩子订的社会目标也不一样。在父母为孩子划底线的时候，父母的性别是否起了明显作用？这一问题事实上不可能有答案。两个有差异的成年人不得不处理这些大多失败的贿赂或让步计划，这个事实本身上就意味着，在面对孩子的欲望和冲动时亲子关系中的问题必然存在。

# 共同育子和管教的步骤

放弃那句由来已久的"等你爸爸回家再说"，把它换成"等你父母一同商量好"。然后，等着和伴侣谈一谈发生了什么，说出你的感受，告诉伴侣孩子们在辩解时说了什么（你们俩有一个必须已经盘问过做错事的孩子），最后是你希望从这个设置底线的、带给他教训的时刻起，你希望他们能学到什么，能感受到什么。一起讨论，用五次"我们"来代替每个"你"。保持简短，对事不对人，结束，随后会感觉更好。这听起来很费时间，但只是在短期内费时间而已。当两个人的育子团队平静而且有所准备，与孩子的较量就不会经常发生了。所以长远看来，这会节省许多时间。孩子们会真正明白反抗是无益的。

亚伯拉罕·林肯（Abraham Lincoln）在另外一个语境中表达了同样的观点："家和万事兴。"双方很难对教育孩子的每句话都持完全一致的意见，多数情况是在两方对于谈话的内容和时机都达成共识后，再协商获得一致观点，这会同样有效。如果父母双方意见相差太远而无法达成一致意见再和孩子谈话，那么在孩子犯错时在场的一方就应该提出适合孩子需要的解决方法。尔后，二人团队会弄清楚为什么父母这次不能为了孩子着想而一同解决二人的分歧。如果你希望共同育子的和谐局面更加稳固，那么最后一步就是必要的，就算有许多问题出现，那也是值得的。

鼓励以健康、共同的漠视态度对待物质主义（或对物质主义的讥讽）："_____能让你真正开心多久？"作为父母，你们两人都必须有所行动，否则你的孩子迟早会给你烙上一个红色的"H"（表示Hypocrisy，即虚伪）。为什么我们强调对物质主义的漠视？因为父母越来越发现，在作出让步给孩子们买了许多小玩意和电子产品之后，他们在管教孩子时又有了涉及这些小玩意的内容。

父母双方进行合作，练习对孩子防患于未然的管教。如果你是一个只会说"不"的家长，孩子为什么还要听你的呢？以下的方法可以帮助你们对彼此给出肯定的回答，这样会让你或你们两人说出的"不"更有效力。

▼孩子们喜欢被倾听。当你听他们说话时，他们会很兴奋很开心。所以，如果你对他们说得较多，那么现在就停下来，闭嘴，听他们说。这是教会他们倾听的最佳方法。另外，他们可能会说最糟糕的事。

▼通过记住他们在意的东西来表现你对他们的关心：记住他们的那些玩具的名字，他们的朋友（虚构的或是真实的），他们在不久前做过的有趣、聪

明又可爱的事情，或者你是怎样与你的伴侣共同分享他们最近的成功的。

▼经常告诉他们，他们带给家庭的是独一无二的、只有他们才能带来的、最好的家庭财富。如果你对此还需要冥思苦想，那你无疑还需要多观察多聆听。

▼不管他们对什么感兴趣（非物质性的乐趣更佳）——音乐、书籍、朋友、体育赛事、宠物、食物或是在学校发生的蠢事，一同分享他们的激动，随后告诉他们你了解他们，也了解他们的喜好。这让你们更亲近，会对以后的争论有所帮助。

▼使用你的育子魔术三件套。当你的孩子不开心时，这三样东西总会有帮助：幽默（笑话是受欢迎的），音乐（不管父母是唱着歌还是哼着曲子，不管是曲调优美的还是刺耳的），以及未得到充分重视的背部抚摸。这些都很神奇，因为它们能让你感觉好些。

　　作为共同育子的父母，确保你们一同身体力行这些预防性管教原则。父母中只有一个人了解这些原则吗？在进行过程中你会与你的伴侣分享你的想法吗？如果父母中只有一位——很可能是母亲——了解这些信息，她可能就会像看门人一样，并告诉她丈夫如何按照她所学到的知识去做。让丈夫自己去看书或学习这方面的知识，或者是在你看书的时候与他一同分享你的想法，之后再同他进行讨论。但你们俩都不是孩子唯一的教育者。如果你认识到自己不会采用典型的男性管教方法或工具，因为"他"或"她"采用了这个方法，那么尝试着去互换立场，用孩子们的话来说就是"过一天相反的日子"。努力变得与彼此相似，这很有趣，可以带给你的孩子们惊喜和快乐，并且有助于发展你们俩对彼此立场和相反立场的共鸣与理解。

　　从学步期到青春期这一年龄段的孩子需要知道自己行为的底线，因为如

果知道父母对他们的期待，他们会觉得更加安全可靠。当其他人告诉我们该做什么的时候，我们作为成年人，通常会生气，会觉得自己被贬低或被无礼对待了。但孩子们不会这样，他们可能会有些不快，但当他们感到迷茫时，他们最终会高兴地接受指导。就这样，他们培养自己的自制力和自尊心，即使没有听见父母在身边走来走去监督他们时，他们也会对自己将来能走多远、能成为什么样的人感到安心。没有父母在的那个地方才当然地是孩子们即将度过生命大半时光的地方，也是需要孩子们准备最多的地方。了解了这些，父母们有着不同感受和行动，但他们在所有大问题上给对方的支持以及对某些行为相同的期待，会帮助孩子们为家庭以外的那个世界做好准备。

照顾和喂养

让孩子身心健康

我真的很希望成为社会群体的一部分，但孩子总是以自己感情受伤收场，这总让我感到十分紧张。

——詹尼弗

从把孩子从医院或分娩中心带回家的那一刻起，夫妻就第一次独立地履行父母的职责了。压力随之而来——要做好下一件事，不管下一件事是什么：抱着婴儿，用襁褓包着她，或是把她所需要的给她。正是在这个时刻，共同育子成为现实。如果说母亲采用母乳喂养，那么她便集中在给孩子喂奶上。父亲可能也同样集中在喂奶上，但母亲想要知道的是怎么把孩子固定好，而父亲则想知道怎么支撑一下母亲，好让她舒服些，能够喂奶。朝着让孩子健康成长这一目标，父母本能地踏上了两个稍有不同的旅途。

从第一天起，父母就感受到了他们在照顾孩子身体和心理上的角色差异。对母亲来说，与孕期那根纽带为他们共同的生命输送给养时一样，早在新生时发生在孩子身上的事情（身体上的和情绪上的）似乎也影响着她（新生儿的一切都与母亲紧密相连，就如还在母亲的子宫里，母子之间有着脐带的联系一样）。孩子饿的时候，母亲会感到饥饿；孩子累的时候，母亲会筋疲力尽；孩子烦的时候，母亲会焦躁不安。而对父亲来说，发生在孩子身上的事情需要理解、解决、体会或是处理，但发生在孩子身上的这些事情不同于发生在父亲自己身上的事情，父亲们没有孕育孩子的经历可借鉴。

为人母和为人父之间这个绝对的差异，日后势必导致父母在孩子全面健康问题上态度的差异，这些差异包括照顾婴儿，应对孩子的哭叫，日常饮食，营养，情绪发展，这些也是我们在本章接下来的部分中要探讨的问题。

## 基础事项

最开始的时候，照顾孩子就是照顾他或她的身体。父母两人都学习如何把这项工作做好，但两人为此做的准备却通常相差甚远。由于母亲在生活中偶尔照顾过其他人的孩子，因此母亲通常比父亲有经验。保育员、助产士或者是她生活圈子中其他女性会给她一些建议，例如处理胃肠胀痛的方法，穿衣服的便捷方法，给又小又滑的婴儿洗澡的步骤。而文化和社会期望的是母亲会有母性本能而知道该怎么照料孩子，例如当孩子生病时，母亲凭直觉就能知道，又或者是，母亲能区别开孩子饥饿时的哭声和疲倦时的哭声。

父亲通常很少或根本没有照顾过别人的孩子，而且通常也不会有人期待他们应该这么做。在育子的这一阶段中，父母在准备工作（或缺少准备）上常见的差异让早期育婴工作成了引发共同育子争执的潜在雷区。在对父亲该如何学习处理婴儿的生理需求这一问题，专家们的意见差异很大，尤其是在父亲没有主动要求帮助的时候。要求帮助是在迷茫时寻求指导的一种，也是一种常见的借口。

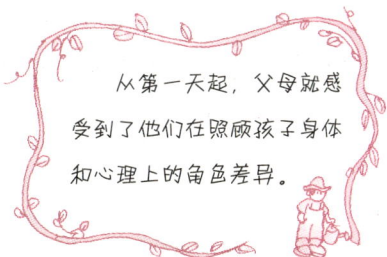

从第一天起，父母就感受到了他们在照顾孩子身体和心理上的角色差异。

父亲应该做些什么来为孩子的出生做准备呢？第二重要的事情就是寻求帮助、学习如何照顾婴儿。但父亲最先要做的事情是花必要的几个小时时间去和怀孕的妻子谈一谈，看看她希望怎样抚养孩子，想这样抚养孩子的原因又是什么，这是让共同育子从一开始就进行的绝好机会。几乎所有医院和分娩中心都提供课程帮助新父母练习照顾新生儿所需的基本技巧，此外那儿还有许多育儿和幼儿方面的参考书籍及网站，都包含了大量信息。

伯尼·多西（Bernie Dorsey）的《当个负责任的爸爸》培训项目中[1]，关护周期包含了五种重要育婴技能的学习。它以培训新爸爸为目标，但也不排除同样需要掌握这些技能的妈妈们。这五种技能是：

## 喂奶

大多数婴儿在需要时才吃奶，所以什么时候喂奶他们说了算，喂母乳还是配方奶，这是你——孩子的母亲——已经和儿科医生讨论过的问题了。抱住孩子，用食指和伸出的拇指托住孩子的头部，较弱的颈部肌肉是一个成长过程中的固有缺陷。在孩子出生以前，用玩偶练习，直到这成为你的习惯动作。

### 打嗝

婴儿在进食尤其是大量进食时会咽下空气。婴儿需要别人帮助把这些空气排出。把婴儿竖着抱起，轻轻压住他的腹部，这样空气就被排出了。同样的道理，让他的肚子轻轻抵住你的肩膀，你再用手轻轻地有节奏地拍他的背部，这样空气就会出来了。

### 舒适

经常换尿布保护皮肤，提供舒适感，同时也顾及社会互动时间。把东西拿在手上，不要把孩子放在换尿布台上。给女孩换尿布时，从前往后擦（仰躺的话从上往下擦）；给男孩换尿布时，手里随时备好一块尿布，防止墙纸或你的衣服弄脏。如果孩子的皮肤看起来不错，没有皲裂，这就说明你做得很好。

### 休息

大多数新父母都惊讶于孩子睡眠时间之长。在孩子出生的头三个月，孩子的平均睡眠时间是每天14小时至20小时。安抚孩子睡觉需要时间和安静。只要有可能，放心地和孩子一同睡觉以缓解你自己的睡眠不足。

### 应对孩子的哭叫

孩子需要哭，就如同我们需要说话一样。没有神奇的解决方法。安抚是一个消除孩子哭闹的常见原因的过程——饥饿，疲劳，压抑，尿布太紧或太松，太热或太冷，或者是没什么特别的原因。不要把孩子递给你的搭档，除非你已经试过了所有办法，或者是你已经找到了原因。晃动婴儿会严重伤害他们，因此绝对不要做。

这五项核心技能让你在育子这场比赛中成为好的搭档，你的孩子也在为你加油鼓劲，希望你做得更好。

对父亲来说，表达出"我不换尿布，我是大男人"这样的意思来削弱自己对孩子健康应负的责任，是在共同育子过程中非常恶劣的表现。如果你从一开始就学习技能照顾好孩子的身体，那么你就很可能享受和孩子在一起的喜悦而重要的时光，而不仅仅是你的伴侣度过和孩子在一起的时光。男人讨厌无能的感觉，那么，请你做好准备并参与进来。从这层关系中产生的无处不在的爱是生命中绝无仅有的。参与共同育子会给孩子带来情感上、身体上以及神经上特别的动力，而且你的搭档也会觉得这非常迷人。

当妻子在给孩子喂母乳时，你要做些什么呢？母乳喂养对孩子来说是一个如此健康的理念，当这亲密的育子行为发生时，你怎么能让自己只在竞技场外游荡呢？你可以在孩子没有进食的间隙照顾好孩子，在胃绞痛突然发作时给孩子换尿布（拿一件孩子干净的连身衣在手上），或者是在孩子需要抱起的时候抱着孩子。在你的妻子正把母乳吸出来，以便不再涨奶而能小睡一下，或是她想要你轮换照顾孩子，你要准备好随时给孩子喂奶瓶。当你主动参与照顾孩子时，你的婚姻以及你与孩子的关系会以多种方式受益。能否成功与你表现出的技能只有部分关系，与之更为相关的是你这么做的动因。你这么做是为了你的婚姻和孩子。你的妻子现在做的所有事情都是在照顾宝宝，在这种时候她真的需要被关心的感觉。在她旁边等候，做好准备为她做一些小事情，就算只是坐在她的身边，这些充满关爱的方式让你参与其中，成为孩子早期成长的一部分。

# 轻柔的抚摸

我们对待孩子身体的方式对孩子逐渐形成的自尊心十分关键。我们抚摸孩子的方式以及对待孩子身体、情感的方式都时刻表达出孩子的无比珍贵。随着孩子的不断长大，话语成为影响孩子成长的重要因素，而在孩子成长的初期，父母与孩子共处的方式比父母的话语更重要。

蒂芙尼·菲尔德（Tiffany Field）是一位儿童心理学家，我们在第六章中讨论过她的工作内容。在这里，她值得被再次提及，从而再次强调身体安慰比言语安慰更有效，让不安的婴儿或幼儿平静下来的最好方法便是身体安慰。[2]身体形式的安慰十有八九胜过言语形式的安慰，也就是说从婴儿期到青春期之前，一个恰当的拥抱能毫不费力地胜过一次合适的谈话。但在青春期拥抱显然变得复杂多了，取决于谁在拥抱孩子，以及青春期的孩子对当时拥抱他的家长的情绪。

充满爱的抚摸十分重要，除此之外，及时给孩子情感上的支持以及温暖地对待孩子也能让我们成为最好的父母。如果我们能在育子风格中——包括喂奶、洗澡、穿衣（当他们还是小孩子时）、吃饭、设限、叫醒起床、为稍大些的孩子单独睡觉做准备——始终贯穿这样的支持，我们就能更好地对孩子们身上的某些信号做出反应。因此，当不足六个月的孩子哭闹时，我们要把他抱起来看看是什么问题，不管在此之前我们已经看了多少次。又或者，在刚学步的孩子撇着嘴时，我们应走过去抱住他们说："我就在这儿——你要什么呢？"如果你够幸运，说对了孩子想要的，那么孩子会很快做出反应；如果你并没有说对，孩子继续哭嚷，至少你也给了孩子一个温暖的拥抱。告诉他们你就在他们身边，你非常愿意去尽力帮助他们，这并没有坏处。

还记得第六章里讲到的那个大教训吗？对孩子的忧虑作出反应是可以的，但不能因此宠坏了孩子；你能做的就是增强孩子对你的信任。孩子们将来在人际关系上的成功正是建立在你们之间这种信任的基础之上。在孩子快一岁时，你便要开始担心溺爱的问题了。

由于父亲少有给孩子换尿布的经验，再加上他们没有十月怀胎的经历，他们和孩子从未处于同一身体，对他们来说，给孩子情感上的支持可能很难。从我们自己的经历来看，这确实如此，尤其是在你试着弄清楚在你和孩子的互动中孩子是否被过度刺激的时候。多少刺激、什么时候刺激对孩子好？在这一问题上，佩帝的父母常常徒劳地争吵。

西蒙疯狂的玩闹有时是否会让佩帝觉得不舒服？在这一问题上佩帝的父母最经常出现分歧。玛丽莲认为这会让佩帝觉得不舒服，西蒙则不以为然。玛丽莲认为佩帝恣意的大笑意味着他有些害怕，但西蒙认为这说明佩帝很喜欢这样疯狂的感觉。

怎样区分呢？当孩子们被抱够了，玩够了或是吃够了，他们会举起他们的拳头放在面前，他们的视线离开你的眼睛或脸而转向一些视觉上更平淡的东西，真的皱起眉头（轻轻地皱眉一般指"我感兴趣"），或者推开你给他们的所有东西。他们可能会在背部开始疼痛的时候最大限度地集中精神，或者他们会真的大吵大闹并且大哭来告诉我们"问题不仅仅是打嗝"。父亲尤其需要学习什么时候是孩子们给的信号，不要在孩子的视线范围内做鬼脸来强迫孩子看你，不要和很快转移孩子情绪的散弹枪竞争。不管怎样不要移动孩子的位置，否则他又得应对这一切。这可能是你的黄金时光，但你却不明

白，这样做对孩子是无用的。当他已经玩够了，就不要再增加赌注了。她想出局，而不是需要更多纸牌。

母亲需要学习认识孩子的这些同样的信号。可能你已经知道了孩子的这些信号，并因为你的伴侣不知道而恼火。你不想唐突地告诉他，孩子已经给我们这样的暗示了，因为他会觉得你在命令他该做什么，这会增加他的不安感，让他失去信心。这可能会让你的丈夫变得执拗，会增加而不是减少他的紧张。又或者，他可能刚开始会听你的话，然后却偷偷地溜开，心想："好啊，你自己做吧，他是你一个人的孩子。"这也是你不希望发生的。

那么，为了让你能更有效地育婴，该怎样帮助婴儿重设他的感测器呢？不管是爸爸看孩子还是妈妈看孩子时，任何失误都不会对孩子造成永远的伤害。事实上，一定失误能给夫妻两人提供经验和学习机会，让他们在以后如果遇到他们俩都不能满足孩子需要时，知道该怎么处理。这些方法可以在短期以内，帮助孩子们恢复原状：准许孩子暂停下来，让他把视线移开或避开你，而你则退后，放低声音的音调和音量。通常你会看到孩子弓着的后背放松，呼吸变规律，脸部肌肉也变得和缓。在孩子再一次找你之前，做好准备与孩子再次交流，"太好了，就是你！"

尝试对你的丈夫做同样的事情。退让一点，缓和你的声音，并指出孩子正在做什么。让他调整一下自己的时间和方式。之后，他便会做好准备，和你或和孩子重新开始交流。


## 镇静和安慰


新手爸爸最担心的问题就是怎样快而有效地让紧张不安的新生儿镇静下

来。凯尔(Kyle)偶然发现了一个古老的镇静和安慰技巧，新手爸爸们对这一技巧十分感兴趣，因为它大多会起作用，并且它包含了练习、工具和动作。在给医学院一年级的学生上幼儿教育与发展专业课时，凯尔让大家看了儿科医师哈韦·卡普(Harvey Karp)的DVD《如何让你的孩子安睡？》中的襁褓法和安慰法[3]。让凯尔惊讶的是，几乎三分之一的学生（男性多于女性）要求更多的时间来重新回顾这张录影带，练习这一技巧。安慰的技巧包括将婴儿用襁褓暖和地包住，再加上一连串能够激发婴儿与生俱来的镇静和自我平息本能的轻抱和摇晃。

弄清楚如何抱新生儿和安慰新生儿的有效方法十分重要，因为如果孩子始终被温暖、体贴、热诚地照顾，那么孩子在神经上（大脑发育）和心理上（心理发育）会更具优势。与孩子保持"同步"能让孩子中枢神经系统的压力荷尔蒙保持在较低的水平。这就让孩子们有更长的一段时间来进行大脑的不间断发育和脑内的经验整合。在孩子出生的几个月和几年里，脑组织发育和神经元相互联系的速度是最快的。

我们在第二章中提到过《从神经元到社会》（《Neurons to Neighborhoods》）这一极具影响力的报道，它的著者之一——哈佛的杰克·修恩柯夫（Jack Shonkoff）认为：孩子"早年的经历是大脑的建筑师"。那为什么不给这个建筑师最好的工具来完成一个绝妙的作品呢？如果你的孩子稍大一些，不用因为这个幼年发育的加速度时间表感到绝望，也不用担心自己的孩子可能已经错过了大脑发育的某些重要时期。大脑是一个可塑性极强的器官，它能通过它灵活的创造力，很好地适应生命中的厄运打击，顺利进入成年期。

婚姻生活要求夫妻双方并行不悖。将来的生活里会有更多充满压力的情况出现，例如（感情上）匮乏或是生活带来的紧张性刺激，如果从一开始（孕期）夫妻双方就步调一致，那么这会为夫妻应对将来这些情况打下坚实的基础。新生儿占据父母大部分的时间、精力和心思，因此家庭生活中的耐心、夫妻之爱和亲密程度大大减少、降低。这样的亲密关系如果从一开始就不存在，那么在有了不断成长的孩子后，要维持这样的关系就更难了。通过清楚的交流，爱的表达，容忍，耐心，以及为满足婴儿或伴侣的需要所做的付出，共同育子能极大地促进孩子的发育。作为一名婚姻咨询师，玛莎发现许多夫妻在最重要的最后一点上有分歧：一方认为自己付出了很多，但这似乎不是另一方当时所期待或所需要的。大量白费的努力就引发了自己没有被足够重视的感觉："为什么我做的一切她都没有发觉？""为什么我需要的他都没有做？"当你和你的伴侣学习如何在刺激婴儿和安慰婴儿之间取得平衡时，你们也将会为了达到这个平衡，而配合彼此的需要，努力创造出一个互惠的体系，从而让家庭在各个层面上最终受益。我们会探究更多可行的方法来创造婚姻生活中夫妻的健康并行性，尤其是在第12章。

具体地讲，有三块紧密相关的区域可能会成为夫妻在共同育子过程中的潜在雷区：饮食和营养、"情商"发育和"社交"发育。

# 饮食和营养

我们已经讨论过了孩子出生第一年内母乳喂养的问题。毫无疑问，从饮食和营养的角度来看，母乳喂养让婴儿受益，尤其是在婴儿出生后的前六个月到前八个月。然而，母乳喂养却让婚姻关系出现了不平衡，在母乳喂养中，母亲显然处于更有利的地位，她能给孩子的，父亲却给不了。

孩子应该在什么时候断奶？有时候父母的意见会有分歧。父亲希望可以参与得更多，而母亲希望有更多自由来完成她想做的事情，又或者睡眠不足已经给她们带来了极大的危害。配方奶比母乳更具有饱足感，因此孩子的睡眠时间也会更长。

母亲可能非常想要有自由的时间，但她也明白减少母乳喂养就意味着母乳供给的减少，促使孩子提前断奶。母亲会把谁的需求放在首位呢，她自己的，孩子的，还是丈夫的？

毫无疑问，在孩子出生后的半年到一年内，孩子的需求是最重要的，除此之外的一切都可以协商。以下是一些需要讨论的问题。

▼父亲应该多久给孩子喂一次奶？如果是母乳喂养，那么这需要提前安排：事先将母乳吸出，或者是决定什么时候开始用配方奶代替母乳，以及用配方奶代替母乳的次数。

利：如果父亲给孩子喂奶，那么他会觉得自己与孩子的联结更紧密，母亲也能休息一下，而且孩子也能学会使用奶瓶。

弊：父亲给孩子喂奶的话，奶瓶是必须的，这就意味着母亲必须把母乳吸出并冷藏起来或是尽快喂孩子。不将母乳吸出的话，会引发不适感或肿胀感。

▼作为夫妻，我们应该作出怎样的夜间安排？如果孩子需要父母在夜里经常喂奶，许多夫妻都偏向于让父亲去喂孩子。但如果父亲在下班回家后立刻给孩子喂奶，这样可能会更好。

利：如果父亲晚上起来给孩子喂奶，那么母亲就能有更多的时间来休息。这些晚上可能会很孤独，但母亲会感激在这样黑暗漫长的时间里丈夫的支持。

弊：如果父亲工作了一天而没有休息，晚上下班回家后继续劳累，这对父亲来说似乎有些残酷，也会给他的工作效率带来不好的影响。

▼母亲应该在什么时候回到工作岗位，或者应该辞掉工作？如果母亲在

孩子出生后减少了工作时间，那她应该继续保持这样的工作安排，还是增加工作时间呢？最后的决定与夫妻双方的经济和健康都有着紧密的联系，因此，双方都需要认真考虑。

**利：** 母亲工作可以增加家庭收入，她可以很快回到自己喜欢的工作岗位，减少在事业上的损失；只要母亲可以很好地平衡家庭时间和工作时间，那么她就可以同时享受家庭生活与工作。

**弊：** 工作和母乳喂养同时进行可能会很难，而且这还要视母亲的工作环境而定。有时候回去工作就意味着在母亲做好心理准备之前就让孩子断奶。在平衡工作和家庭时发生的内部冲突，在努力兼顾这两方面时遇到的巨大压力，都可能会影响在职父母的耐心、育子的感觉，甚至会影响婚姻。

▼应该让孩子什么时候完全断奶呢？有时候孩子自己很自然地就断奶了，但在大多数时候，父母必须作出决定，看着孩子一步一步地慢慢断奶。

**利：** 断奶之后，母亲在日程安排上更自由，在时间安排上有更多选择——工作或者居家，这也给了父母同样的机会，在同等基础上给孩子喂奶，同时这让母亲能够把更多的时间、精力和性热情放在自己的丈夫身上。

**弊：** 许多母亲十分珍惜这段甜蜜的育子时光而对是否要断奶感到十分矛盾。有些孩子很容易就能断奶。如果你们坚持在孩子做好准备之前让孩子断奶，那么孩子改变起来会十分有压力。

从第二年开始，刚学会走路的孩子就可以坐在安全的高凳上和父母一起吃饭了，小睡和吃饭时间也变得规律。现在是时候开始和对方进行另一次共同育子的谈话了：你经历的哪些情况中，食物意味着营养、社交场合、关爱或奖励。你可以这样开始你们的谈话：

▼孩子爱吃甜食是生来就如此，还是父母助长的？

▼我们应该多增加固体食物，这样好增加我们的睡眠时间。

▼一家人共进吃餐对你来说有多重要？多长时间共进一次晚餐呢？

▼当我们的孩子好好吃饭时，你会觉得自己是一位好家长吗？为什么(不)这么觉得呢？

▼你相信用食物来奖励良好行为的效用么？从不相信还是一直相信？

▼你觉得可以用什么食物来当作奖励呢？是否选健康食品有关系吗？

▼你希望怎么处理吃饭问题上的争执？他应该吃些什么，吃多少，什么时候吃呢？

▼当孩子不肯吃饭时你应该怎么做呢？

为什么现在谈这些？因为你们必须在好戏上演之前整理好你们对事物和饮食的一致看法和分歧，不久以后，你们的孩子就会在这些问题上拽着你们走。

喂养幼儿的窍门就在于简单的饭菜。新鲜蔬菜、水果、谷物和奶制品，你只需要准备这样的食物就可以。你有创意的烹饪才能用在检验或做给成年人吃就好。运用这样的烹饪才华去给幼儿做一顿精致的饭菜只会让你失望。让他们吃适量的、简单健康的食物，他们要做的只是在吃饱前坐在桌子旁边，之后他们就可以离开了。给孩子吃什么？让他怎么吃（可以让他自己用勺子吃，虽然他可能会把自己和厨房弄得一团糟）？什么时候让孩子吃自己想吃的，而不管他吃的东西有没有营养？虽然你和你的伴侣可能会有许多这样的分歧，但如果你们对这些问题以及谁在什么时候负责饮食（比如说父亲负责早餐，母亲负责中餐）达成了一致的看法，那么，你们的婚姻生活就会舒适很多。如果孩子们能把更多的饭吃下去，而不是搞得满嘴满脸都是，那么这

就是很成功的一顿饭。这也就是多种维生素的目的（当然，要与你的儿科医师核实）。

在这个年龄，讲究行为礼仪（礼仪通常是母亲的最爱）是不合时宜的，让孩子在吃完饭或吃完所有胡萝卜之前必须呆在餐桌旁（这样做通常是父亲的最爱）在现在也是注定会失败的。为其他更有希望胜利的战斗做好准备——你们俩都是如此。此外，当孩子们再长大一些，更能意识到社会认同的力量时，他们就会按照你们的话去做了。现在他们根本不在意你怎么看待他们的饮食习惯，他们在意的是他们自己对事物的看法，而不是父母的意愿。其实他们并不是没礼貌、不可爱，他们只是周期性地重复吃某种事物，这些食物中有些对他们的成长是有好处的。这只是吃的东西而已，当他们吃完饭时，这也就结束了。

稍大一些的学龄前儿童对饮食的态度有所不同。孩子们会十分享受自己在餐桌上的固定位置，他们想自己倒牛奶（从一个小塑料壶里倒出来），想用自己的餐具吃饭。学龄前的儿童呆在餐桌上的时间可以并且会比学步的儿童长，但如果并不是如此，那么就随他去，但同时告诉他如果他能在餐桌上再呆会儿的话会很好。

孩子的胃口会变大，趁着这次机会让他多尝试一些食物，当然，如果他正处在"请只给我白色食物"阶段的话，便不能如此。孩子处在"请只给我白色食物"阶段时，最好是只给孩子他会吃的食物，然后等他吃完。挑剔的阶段总和父母的控制有关，但这阶段总会过去。让事情就这样过去对一些父母（通常是父亲）来说很难。

我们的同事中有一些是儿科医师，据他们说，这对父亲来说更难，是因为孩子似乎是在"要求比他们所需要的关心更多的特别关心"，而"一味的让步是不好的"。总的来说，放在这些争斗中的精力是越少越好，因为这是在孩子成长过程中无法解决的死角，根本不值得坚持到底。

为了学龄前的孩子的饮食习惯问题与伴侣争吵，这根本不会有收效。这个阶段会过去，那时你的孩子就会变得健康。所以，不要浪费过多的精力为这一时期而争吵，这段时间会很快过去，但愤怒对你们婚姻的影响却可能还留着。不管这周孩子是否均衡饮食，在几个月后他都会变得很好，而没那么挑剔。如果这样看待这个问题的话，这个问题似乎还有些滑稽。三周前只吃丽滋饼干的孩子现在可能碰都不碰那种饼干了："我只是不喜欢吃了。"就如这般突然，他有一天又会开始吃饼干，而这，并不是因为你做了什么或是你没做什么。

当你发觉和伴侣之间的关系越来越紧张时，试试这些开放性问题：

▼当他开始发脾气，什么都没有用时，你认为我们的底线应该是什么？你愿意不再追究的是哪些？如果我做的与你原本要做的不一样，这样可以吗？还是你也会因为我而感到受挫？

▼当孩子把意大利面扔掉，或者是把装谷物的碗打翻时，你觉得我们应该怎样处理？

▼在孩子多大的时候，我们要坚持要求他们尝试新的食物，在吃完饭前必须呆在餐桌上，在大多数用餐时间坐好（而不是在房间里跳舞，或是经常来来回回地走动），或是吃我们为他们做好的食物（而不是在把食物端到高凳上或餐桌上时又改变主意）？如果孩子的年龄不是我们的衡量标准，那应该是什么？

▼对你来说，一天中什么时候你最能心平气和地处理这些事情？一日三餐中你想负责哪一顿？

当孩子们上幼儿园的时候，他们就会十分清楚自己需要吃多少，需要在什么时候吃，什么时候会饱，是否喜欢这种食物。再提醒一下，被父母念叨了一天的食物，孩子可能在第二天就不会再想吃了。孩子们如果尝试了某种新的食物，父母应该为之欢呼。他们若想把食物吐出来，帮助他们说出原因。你不能指望孩子们会喜欢每一种蔬菜，总的食量也会有很大变化。许多父母因为食物的大量浪费而感到烦恼："他刚刚要了一个鸡蛋，但现在又不想吃。他可能会饿着肚子，也可能会吃了它。"尽全力让餐桌上的每个人都能度过愉快的用餐时间。就算是吃了过多的麦片粥也不至于会毁了孩子的营养均衡。让孩子们吃饱，然后就随他们去，接下来（至少你们两人中的一人能）享受你自己的咖啡。

在摆出一些饮食方面的基本行为规则之后，我们会提供一些方法来促进孩子们健康饮食并尽量使他们享受食物的美味，让餐桌时间成为父母所珍爱的享受硕果的时刻,不管是谁做饭，谁收拾。以下是一些我们特别喜爱的，十分健康的，并在共同育子过程中得到验证的营养目标。

▼**脂肪**：孩子需要脂肪。婴儿一般的热量来源于脂肪，而学步儿童三分之一的热量也来源于脂肪。我们试图引导孩子吃那些含有橄榄油和菜子油的食物（意大利面、面条等），偶尔加上坚果和鳄梨。富含脂肪酸的鱼肉（只要它水银含量低，参照www.center4research.org国家妇女家庭研究中心给出的鱼类安全食用条例），经认证的有机鸡蛋和肉类（削减或剔除了脂肪，烘烤制成，非油炸非研磨）也是很好的食物。既然血管中的噬菌斑在十岁或十一岁时出现，并且由来自你的祖父母的基因决定，那么，这就不仅仅与营养和预防肥胖有关，还与寿命长短有关。

▼**零食**：孩子需要吃许多零食以补充快速生长所需的能量。垃圾食品不会消失，所以不要试着去消灭它，把它当成非常偶尔才吃一次的食物就好。

如果孩子非要偶尔吃些薯片，那么，把大包的薯片分成小份，再装到小袋子里。孩子们和大人一样，都不会适当地控制食量。另一种方法是花时间和孩子们在一起制作鹰嘴豆泥，再用嚼起来很响的食物（胡萝卜、豌豆、芹菜和全麦饼干或玉米片）蘸着吃。如果你连做这些的十分钟时间都没有，那么给孩子有嚼劲的冷冻脱水水果，或是低脂酸奶（但要注意加工的糖分含量）。

▼**甜品：** 适量的（一小撮，而不是满满一勺）食糖总能让食物变甜。这远比减肥汽水有营养。面包圈属于甜点，而不是零食或早餐食品。如果孩子在你的帮助下（没错，就是你或者其他孩子亲近的人让孩子知道了甜品，或是/并且让他知道了甜品的必要性）变得爱吃甜食，那就用加了低糖可可粉的牛奶来蒙混过关。含真正牛奶的曲奇饼是最好的选择，水果也不错，并且越新鲜越好。

和孩子一起种菜，父母也能单独或共同参加。这些正在生长的，并且可以食用的东西对孩子来说十分不可思议，这项活动真是没有任何缺点。它让孩子们知道，我们的身体与自然世界之间的重要联系，在这个世界里，我们和我们的所爱，生存着，然后死去。种菜这一活动令孩子们觉得神奇，让孩子们学会了如何照料植物的知识以及相关的营养知识。而我们所需要的仅仅是一些深的罐子（最好是黏土制成的）、泥土（有机物值得你多花些额外费用）、一个有阳光的角落。除了一个小铲子和一个浇水壶之外，你不需要任何机械工具。从当地的苗圃或农民市场买回来的秧苗更容易养活，增加你成功的可能性。从种西红柿、青豆和莴苣开始。我们热爱"种瓜得瓜，种豆得豆"这句暗喻，也希望孩子们会永远记得。

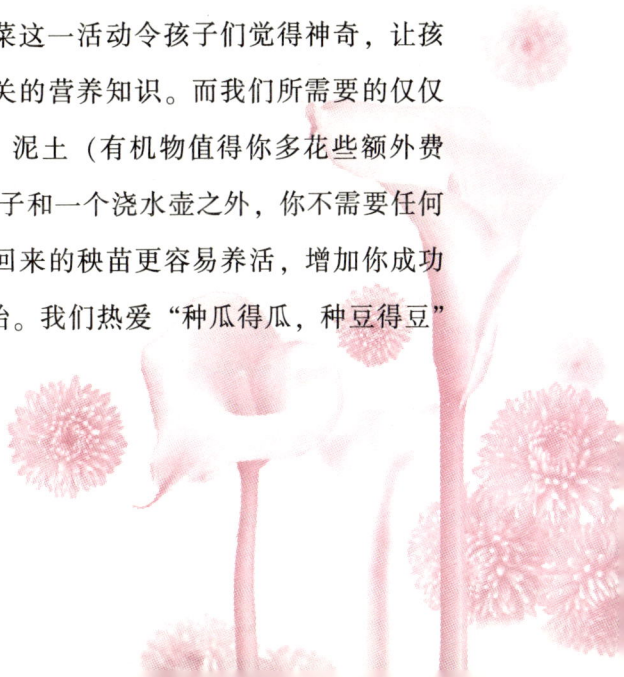

# "情商"发育

给共同育子带来挑战的第二个方面是如何共同推进孩子的"情商"发育。我们在第五章中论述过的调查表明，孩子身体上的重要改变比情绪上的重要改变更明显。正因为如此，要预测孩子的情绪转变更困难。孩子的情绪发展因为父母变得更加复杂，因为父母倾向于把决定孩子们表现出的情绪归因于性别，而不是他们的性情或是孩子们天生的特点和气质。举个例子，当男孩长大后，父母就不会像以前那样谈论或询问他的感受，不会问"亲爱的，早上感觉怎么样?"诸如此类的问题。在父母处理愤怒这一最棘手的情绪时，这种倾向尤为明显。大家都会认为愤怒以及伴随出现的攻击性行为更多地发生在男孩身上，这也是家长更担心的。加州的研究员埃莉诺·麦考比（Eleanor Maccoby）认为，不管是儿子还是女儿，父母都不希望孩子对父母或对同龄人有攻击性言辞或行为[4]。然而与母亲不同，父亲往往会允许这样的行为，因为他们希望孩子能在身体上保护自己，但父亲很少允许女儿有攻击性言辞。父亲可能会对女儿说："就算他们真的拿走了你的玩具，我们也不应该这么对小朋友说话。"但对儿子，父亲可能会加上一句："如果他拿走了你的玩具，让他还回来。是你先拿到玩具的。"

与之相似，新西兰心理学家罗宾·菲伍什（Robyn Fivush）的研究十分关注母亲对强烈情绪的态度。他的研究发现，比起女儿的愤怒和反击来，母亲更乐意容忍儿子的。[5]母女之间的交流主要是关于如何重新建立与他人的和睦关系。这是不是听起来有些熟悉?前面我们讨论过父母共同育子的倾向，在那儿，我们提到过相同的行为。

这也就表明，母亲通过教导孩子（孩子将来也会成为父母）什么时候该说话、什么时候不该说，使孩子们学会了通过语言交流，将情绪和行为联系起来。记得(第四章中) 心理学家约翰·戈特曼（John Gottman）关于情绪崩溃的研究吗？研究表明，当男人直接面对他的伴侣时，洪流般的情绪让他们很难说出心中的痛苦，而母亲则希望尽快把自己的痛苦说出来，而不是往后拖。当父母用不同的态度对待不同性别的孩子时，孩子的性格就开始逐步形成了；而且父母们让孩子们从小的时候，就开始了社会化的进程，尽管父母有着良好的初衷，不希望孩子的性别因素会影响自己对孩子的培育。

当我们寻找这种不同行为的起源时，我们发现，父母似乎更喜欢与女儿谈论情绪，而不是儿子。朱迪思·丹恩（Judith Dunn）的论据表明，父母似乎更可能在初期积极地压抑儿子的情绪表达，而不是压抑女儿。[6]对同样是18个月大的孩子，母亲和儿子"情绪交谈"的次数是和女儿的三分之二；而当孩子24个月大时，差距就扩大了一倍。有趣的是，两岁的女孩比两岁的男孩似乎更可能开始"情绪交谈"（"莎莉很开心，妈妈！"）。与这一研究互补的是罗伯特·巴克（Robert Buck）关于非言语沟通的研究。研究解释了为什么同为六岁的孩子，母亲能更轻易地读懂女儿的情绪状态。[7]

父亲通常需要一些帮助来更自然地与孩子交流日常生活中出现的情绪问题，他们是让孩子明白，察觉情绪的能力和意识是影响心理健康的一个重要因素。在孩子的语言表达能力还不太好时，最好的情绪交谈形式便是父亲告诉孩子，自己因为有了孩子的陪伴而感到十分快乐：

"我非常喜爱你洗完澡后给我的微笑，这让我感觉好极了，太完美了！"
"要去上班的时候我真的很想你。"

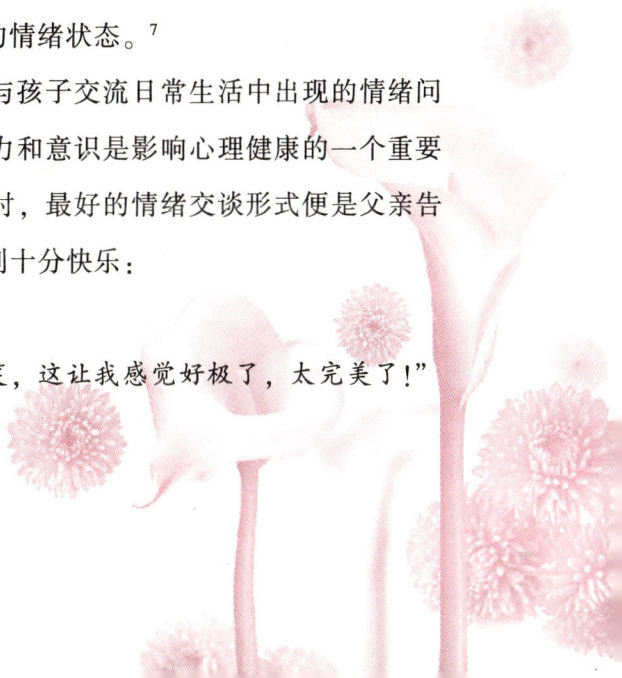

一旦孩子学会说话，他会谈论的所有内容都是他自己，这很不错。"我，我自己"[8]是他最青睐的话题，因为在这个世界，到处都是忙碌的大人，要在这个世界里找到适合自己的位置很难，而且，谈论自己是让他弄清楚自己归属的好方法。当孩子两岁半左右时，他们开始明白想的与做的并不会始终一致，也是从这时候开始，我们会听到儿子自己嘟囔10到15分钟，嘟囔他自己所做的每一样事情："J.D坐在椅子上——吃麦片"……"J.D要抱抱李维（Livy）（他的妹妹）"……"J.D要出去。"孩子并不知道正确使用人称代词"我"，他是自己的观众，为即将来临的大事件做事先预演。因此，情绪交谈真的很重要，因为这关乎孩子们的感受，而不是其他人的。

那些能够、而且常常说出自己感受的孩子，总是更能得到大人们的宠爱。老师们希望孩子告诉他们，他现在"很难过因为……"或是他"很沮丧"。在学步期以及之后的时期里，父母要更加有意地和孩子谈论他们简单日常的经历，这尤其重要。埃莉诺·麦考比（Eleanor Maccoby）认为，比起父亲，母亲对此更感兴趣。[9]以下这些建议更针对父亲，但对母亲也同样适用。这些建议可以帮助加强你和孩子的联系。

▼选一件你们俩最近一同经历的事情，并且事情的细节你都牢记于心。这些事情可以是祖父祖母的来访或是去看望祖父祖母，把那只小狗带回家，去公园游玩等等。

▼认真留意孩子身体上和情绪上的视角，看看孩子认为最重要的是什么。

▼温柔地询问孩子，谁去了，他是怎么去的，发生了什么，他对发生的事情有何感受（兴奋的、难过的、快乐的、害怕的）。在这一点上，没有正确的问题或正确的答案，细节才是关键。

▼如果他说不记得了或是不知道，继续怂恿一下他，看他是否会加入你的谈话。如果你是真的在倾听（而不是在边听边做别的事情），那他就更有可

能被吸引过来，开始跟你描述整件事情。如果他没说，那就停下来，他今天没有说的心情。

▼这并不是家庭作业，而是非常愉快的事情。如果事情并不那么有趣，那就是你太严厉了。短途出行时在公车上，或是步行出来去买热巧克力或冻酸奶的路上，这样的谈话最有可能成功。

这些都是会成为感情生活和回忆的东西。父母与孩子这样的交流能让孩子更强烈地感受到自己的独特性，并能提高孩子的适应能力、读写能力，最终提高孩子解决问题的能力。[10]

# "社交"发育

我们现在要开始第三个方面的研究：父母在共同育子时如何培养和发展孩子的社交能力。对幼儿来说，"社交"就是交友。社交欲望也是很早就出现了。从孩子出生后第二年的最后一段时间开始，孩子们就根据性别和熟悉程度来分帮分派。平行游戏是指两个孩子呆在一起，各自做不同的事情，互不干扰。这个年纪的孩子很难从玩平行游戏发展到学习社会可接受的行为。共同分享、轮流行事和偶尔让步并不是孩子生来就会的。所有的一切都因为那条没被精确定义的"幼儿所有物定律"，即"我碰过的或是我想碰的东西都是我的"，变得更复杂了。

到三岁后，文化背景不同的孩子会表现出相同的对同性的偏好，似乎和同性朋友一起能让事情进行得更顺利。到了四五岁后，孩子们也大多与同性朋友一起玩耍。[11]男孩交朋友易熟也易生，而女孩通常会更为认真地建立关

系，她们很早就有了等级意识，并会一直保持这种意识。

父母对孩子社交能力的看法与他们自己的童年经历紧密相关，这些经历可能是积极的，也可能是消极的。你小时候有许多志趣相投的同龄朋友一起玩耍吗？他们是你在学校或游戏小组认识的正式朋友，还是你邻里乡间随意的玩伴？你有邻居吗？周围有兄弟姐妹和你一起玩耍，或和你打架吗？对你与不同背景的孩子们一起玩耍，父母的容忍程度怎样？你认为自己小时候在社交上是胜者还是败者？

让"女儿精于社交"、"儿子变得强悍"这一育子传统常常使得父母双方对孩子的培育产生一定的意见分歧。其他的一些典型育子模式致使父亲毫无兴趣教会女儿应对竞争、社会威胁和欺侮；在这同一育子模式中，母亲更关注存在于孩子（大人们）表面的社会关系下的等级关系（这周应该和什么样的朋友相处？谁这周不能和我孩子玩？）；母亲有义务去帮助孩子在同龄人的权势等级中获得强势地位。父亲往往会觉得关注这些没有用处，因为父亲们倾向于认为母亲的这种关注毫无用处，男人们很少会因为在各种社会情况下走自己的路而有任何内心冲突，只要他们认为自己做得对。

保持育子的密切合作能让孩子自由地去探索友谊，而不受困于模式化的行为，也不被性别因素所妨碍。和前面讨论过的情况一样，这种融洽的育子关系的关键，是父母双方应经常就孩子的交友状况进行开放的讨论和交流。有时你的伴侣希望孩子不管是流血还是流泪都要学会自己解决问题，因而不愿站出来干预孩子们的玩耍；这时候沟通就意味着你要跳出来，及时阻止孩子们的游戏变得太激烈。有时你的伴侣会因为与其他孩子的父母是好朋友而"不想对彼此的孩子太苛刻"，于是便要求孩子玩的时候小心一点；这时候沟通就意味着你要制止他（她）这样做。通常这只是指先干预，然后再讨论，理清楚这种方式是否真的那么糟糕，另一种方式是否更好。

父母就孩子的身体、情绪、社交状况进行着沟通和协商，这和父母在社交和工作领域里的共同协商是完全一样的。然而，如果父母双方不能彼此协商并达成一致意见，那么要让孩子们听话更难了。

弗兰克和詹尼弗向我们描述了一次晚餐会的情形。晚餐会有另外四对夫妻参加，他们的孩子都差不多大。其中有一对夫妻让詹尼弗感觉十分不舒服："她就是太'自以为是'了，她有一个更豪华的房子，她有不错的工作，并且在带好三个孩子的同时还能做好工作，她看起来总是一副能掌控一切的样子。在她旁边，我觉得害怕。"弗兰克笑道："我敢肯定她和我们差不多。她确实让一切看起来很好，这对她很重要，但对我们却不重要。"他把一只手放在妻子肩上，搂着妻子并补充说道："在我看来你总是很好的。"詹尼弗看着弗兰克笑了笑，然后叹着气说："作为妻子和母亲，我可能只是有点不自信。"

接着他们又描述了本是怎样和其他几对夫妻的孩子扭打起来的，而且，因为另一个孩子说的话，本还哭了。"他们总是那样，"詹尼弗气愤地说，"我真的很希望成为社会群体的一部分，但孩子总是以自己感情受伤收场，这总让我感到十分紧张。"

很明显，詹尼弗把自己的感受当成本的，或是把自己的感受强加到了本身上。在这种情况下，弗兰克应该怎样做呢？就这个问题，我们讨论了很久：下一次当本的感情受到伤害时，弗兰克来出面处理。如果需要谈话，也由弗兰克来决定与另一个孩子的父亲谈话的内容。我们建议詹尼弗忽略这件事情，转而更多地关注正在用餐的另外三对夫妻。这样做可以消除詹尼弗的压力，她也不用对情况作出解释。同时，也让弗兰克成为她的安全阀。

以下这些例子中，为了给孩子树立行为榜样，父母必须彼此协商。

1.父亲因为下班晚而晚餐迟到，如果母亲因此感到愤怒，并为此强压怒火，那么当饭前狂躁的孩子们发脾气时，她将不能有效地安抚孩子们，因为她自己也会发火。

2. 如果母亲在父亲公司的假日聚会上感到不自在，或在众人面前感到害羞，那么当孩子们要参加有许多陌生的同学和社会人士在场的生日派对时，母亲也很难帮助孩子减轻羞怯感。

3. 如果父母大多数时候不能保证规律的用餐时间，他们幼小的孩子就很可能不会坐在餐桌旁边，重视吃饭时间。

4. 如果父亲或母亲在摆餐桌准备饭菜时用手指尝味道，那么他们俩都不太可能会和孩子讨论行为礼仪方面的问题。

5. 如果父亲或母亲倾向于毫不掩饰自己的焦虑，并把这当作解决问题的方法(例如让孩子认识到，由于父亲或母亲很晚才作好出门的准备，他们一家子已经迟到了很久)，孩子们也会对他们正在去的那个地方感到更加焦虑。

这些行为本来都不是问题，我们都有一些自己都不希望有的习惯。在育子过程中，当一方父母的习惯与另一方的愿望和需要发生冲突，或当一方的习惯和另一方为孩子着想的愿望和需要发生矛盾时，父母必须事先解决矛盾与冲突，而不是让孩子们来解决。如果孩子们做错了，不要责备他们，也不要责怪你的伴侣，先看看你能在自己身上做些什么改变，然后再看看你想和伴侣讨论的是什么，想想在生活中你希望伴侣或孩子身上有的特质是什么。如果父母能通过存在的差异来约束自己过分的行为，如果他们能接受共享，而不总是坚持自己的方式，不需要其他人与自己保持一致，那么，他们会为自己和孩子们的美好生活打下坚实的基础。

睡得好的宝宝最健康。

"妈妈，我做了个可怕的梦。

我睡不着了。

爸爸，我能到你床上睡吗？"

你有三个选择：

1. "好吧，儿子。走吧！我带你回你的床上，陪你几分钟。"
2. "快上来，亲爱的。"
3. 米奇知道你可能会把他扔到地板上，所以他总随身带着他的毯子和"东西"。他肯定没想到你会让他睡在你的床上，但他也敢肯定你不会把他送回他的房间。

你会选择那一项？你们俩都同意这个答案吗？在不同的晚上会有不同的选择吗？

孩子更小的时候是怎样的呢？他几岁时告别了你房间的摇篮或童床？孩子在你床上睡了多久？在你最后让步并回到他房间之前，你是怎么应付他晚上哭闹的？

睡眠，这首一个词的摇篮曲是如此简单，如此受欢迎，如此健康。就算只是看着在睡梦中的孩子安稳的样子也能让你内心感到平静。难怪摇篮曲会是世界上最普遍的演唱音乐。充足的睡眠对成人的身心健康和孩子的身心健康都是非常重要的。问题是，睡觉其实并不是这么简单就能完成的任务。在这里我们几乎不能获得充足的睡眠，而对孩子来说，学会独自睡觉也并不容易。但不管怎样，这是夫妻在为人父人母不久时会遇到的最棘手的问题之一，因此它也当然地成为共同育子过程中最棘手的问题之一。

# 转变的睡眠：他们的和你们的

状态的不断转变让睡眠变得复杂——准备睡觉，慢慢睡着，熟睡，最后慢慢醒来。这些过程折磨着孩子，也折磨着第一次哄孩子睡觉的父母。一旦你了解了睡眠的实际情况，这些情况就能帮助你弄清楚怎么养成孩子（或你自己）健康的睡眠习惯。

首先，对各个年龄段的孩子们来说，睡眠不是一个稳定的状态。孩子会很安静地进入睡眠，随后，大多数孩子都会较快地从倦睡阶段进入浅睡阶段，再进入到第一个深睡阶段。在一夜睡眠中有几次这样的睡眠周期反复交替。动态睡眠（做梦）被称为REM，即快速眼动期（rapid eye movement）。在这一阶段，你可以看到在孩子闭上的眼皮下面，眼球前后快速移动，时常还伴有肌肉不规律的轻微抽搐和更多浅而急促的呼吸。虽然这样的状态看起来一点儿都不平和，但对规律的、恢复体力的睡眠来说，这是重要的组成部分。摄影师和父母都喜欢孩子的深睡阶段，深睡状态与短期的快速眼动睡眠状态每小时都会交替进行。掌握这一节奏很有用处，因为睡眠几个阶段的转变常常以短暂的睡醒为标志。醒来的时刻通常不可预测，而且每隔一次，睡醒的程度都会变得稍微强烈，这就解释了为什么每三、四小时都能听到短暂的哭声或是儿童床上移动的声音。大多数两岁以下的孩子都会安慰自己，不用父母的介入就能重回

大多数父母都知道睡觉不仅仅是休息娱乐，也是分离。

梦乡。

接下来我们要进一步讨论的是父母如何帮助各个年龄段的儿童睡好觉。在此之前，我们想说，大多数父母都知道睡觉不仅仅是休息娱乐，也是分离。不管孩子是不是在你的床上（以后在你床上的次数会更少），孩子们必须要独自睡觉。他们必须要离开你们，离开你们的关心、爱护和妥善照顾去睡觉，这也就是说他们要离开你们。我们必须确实地让孩子离开，这是第一次，也是最艰难的一次分离，就像艾米莉这位新手妈妈所感受到得。

艾米莉告诉我们："最终把普里西拉带回家时，我非常高兴，终于能与她单独相处了。医院里保育员、访客、朋友亲戚们太多了。而让我感到十分震惊的是：我在自己床上给孩子喂完奶后，孩子便睡着了，我却因此非常伤心。我并没有与她就此了结关系呀！当然，她需要睡眠，我也需要，但是现在她睡着了，我却很清醒。我想把她叫醒，让她清楚地知道我就在她的身边，并和她度过更多醒着的时光。"

许多父母认为：在旨在让孩子走进家庭之外的世界这条道路上，第一步便是让孩子入睡。父母经历这一分离过程的方式很不一样，这一点也不奇怪。父母双方在各自家里是否排行老大，孩子的性别，共同育子同盟的牢固度，以及家中共有多少个孩子都会对这一分离过程如何结束产生影响。

▼**家里排行和孩子数目**　父母双方在各自家里是否排行老大，家里共有多少孩子。家中排行老大的父母，则会对自己孩子的睡眠问题更为宽容。如果父母是家中的第二个、第三个或者是最后一个出生的孩子，那么他们往往会更强硬，不会因为孩子哭闹而让步。这些都是他们以前听过的。同样，你的孩子越多，坚持规律的睡觉时间安排就越容易。

▼**性别**　与儿子相比，母亲有时会对女儿坚持得更久一些，更不会轻易

妥协。对睡眠时间也是如此。

▼**共同育子同盟**　夫妻越开心，就越会合作，越有助于共同解决问题，也会更积极地让孩子尽快独自睡觉。

### 当孩子半夜醒来时

看看这些影响因素如何共同作用：

道格和希拉称自己为"大龄父母"（他们俩均为36岁），他们俩都习惯于学习如何处理问题——工作上，家庭上，在任何地方都是如此。道格和希拉六个月大的孩子苏茜开始在"睡眠问题"上出现麻烦。而在此之前，苏茜睡觉非常乖：大约从她四个月开始，苏茜在白天会小睡两次，每次两小时，在晚上整晚都会睡觉。但现在她却安静不下来，一睡觉就大吵大闹，这样的状况还是第一次出现。希拉说："她在白天太兴奋了，到了晚上也安静不下来。"

这对夫妻发现，围绕孩子的睡觉时间问题，夫妻双方正在互相抱怨推脱：究竟晚上谁来处理那个小捣蛋鬼的睡觉问题。道格和希拉说他们自己都觉得很惊讶于"我们竟然为这样一件小事而争吵不休"！

为了解决问题，他们采取的方法也不一样。让苏茜躺在摇篮里，不停地轻轻摇动，直到苏茜睡着；等到苏茜经过快速眼动状态进入深睡之后，再把她放在儿童床上。希拉认为这是最有效的办法。有四个兄弟姐妹的道格认为希拉的方法太耗费时间了，他的母亲告诉他，如果苏茜哭，他只需要进她房间，让她知道爸爸就在房子里，然后就离开房间，就算她再哭，他也不要进去。道格和希拉在结婚后第一次要在不同的时间段睡觉，为了在苏茜醒来的时候，他们可以轮流立刻去照顾她。

在与希拉的姐姐一次偶然的谈话之后，他们决定尝试一种新的方式来哄苏茜睡觉。道格或希拉先给苏茜洗个热水澡，按摩一下她的背部；随后，有着优美嗓音的道格抱着苏茜一同坐在摇椅上，给苏茜唱摇篮曲；之后，希拉再给苏茜喂奶，把她的情绪调整到睡觉的状态，然后把她放下。这只完成了一半，在剩下的时间里，希拉继续轻轻摇动苏茜让她入睡。如果时间太长，希拉就会把苏茜带到他们的床上，好让"我们自己也能睡一会儿"。道格对希拉的"软弱"感到不满，虽然他承认希拉有一定的道理，因为他们都极度疲劳。用道格的话来说，他也很担心他们俩在"树立一个危险的先例，而且，儿科专家告诉他，六个月大的孩子就不能再睡在父母床上了，要不然，她就会一直睡在父母床上"。

希拉给他们的专业保育员打了电话，那位保育员非常明智地邀请了他们夫妻两人来谈一谈。这位保育员十分清楚，如果只有父母中的一位来谈睡眠问题，那是浪费大家的时间，两位都在场的话，谈话就有成效多了。（现在还认为母亲是"唯一相关的人"，而只与母亲谈话吗？现在我们亟须改变保育和儿科中这一被普遍采用却收效甚微的做法。）

保育员分别听了道格和希拉所遭遇的挫折，而道格和希拉两人也第一次向彼此倾诉各自的挫折，他们随后都同意了下面这套方法：在喂完奶，苏茜还没有睡着的时候，道格或希拉就把苏茜放在儿童床上，抚摸一下她的头并亲吻一下，轻声对她说"晚安，宝贝儿"，然后离开房间。保育员只是部分同意道格母亲的建议，"在孩子醒着的时候离开"，这对帮助孩子学会独自睡觉非常重要。当苏茜哭的时候，正在适应中的父母要坚持到底，不要进入孩子的房间。

五分钟过后如果孩子还在哭闹（由于他们的时间概念相差甚远，因此他们同意使用计时器来计时），父母可以回到孩子房间。不要开灯，过去抚摸一下并再次亲吻一下她的头，在房间呆一分钟左右，然后离开，千万不要把孩子抱起来安慰她（这点对希拉来说最难做到）。如果这一晚上真的很糟糕，苏茜仍然在哭，父母可以在外面多呆一会再进去，抚摸一下她的头并再次亲吻一下，如此重复。必要的时候再进去给孩子换尿布，换尿布时也不要说话或是唱歌（让这一过程保持单调），换完之后就离开。虽然这样做听起来很难做到，但在未来的五、六年里要带着这样一个在半夜没有父母就睡不着的孩子会更难。

有时候父母会担心，孩子紧张不安是不是因为他饿了。就算是你能确定他真的是饿了（比如说上次喂奶时他没有喝），但这种情况很少，那么给他喂奶吧！但记住仅仅是喂奶，没有别的！要保持喂奶过程的"单调乏味"。你并不希望让你的孩子觉得，即时他在在半夜醒来，食物、快乐、父母仍然会在他身边，随时准备好了一起哄他。父母们也会担心这样的方式似乎太严格，但孩子哭闹的实际持续时间往往比父母感觉的要短。记住，你也是在半夜，你的应对能力、实际验证能力和耐心都不在最佳状态。这样哭闹一下不会对他们造成伤害，你的保护欲和挫折感也完全能被理解。如果你能保持冷静而又充满关爱，并做一些对孩子们最好的事情，孩子们会信任你，虽然在某些时候保持冷静对孩子们有些残酷。

希拉说，这个计划中让她最为惊讶的是保育员告诉她要保持喂奶的过程"单调乏味"。道格马上说道："我知道这让你很烦恼，但这是完全正确的建议。你喜欢在半夜里照顾苏茜时与她保持温暖的软软的亲密感。我也喜欢这样，但在她应该睡觉的时候，我们却因为自己或自己享受的事情把她吵醒，这样对她并不好。"

希拉承认道："白天我没有在她身边，要我放弃这些特别的时刻而不去抚慰她真的很难。但我想你是对的，苏茜要知道的是我们就在这儿，而不是别的。"孩子们正在学习如何独处，他们需要相信他们与父母之间的关系是稳固的。希拉又提出了另外一个问题："道格并不像我那样经常听到苏茜的哭声，如果他真的听到过。"

从我们自己的经验来看，这是正常情况而非特例。一项关于父母对孩子哭声的不同反应的研究表明，在父亲对孩子哭声的心理反应与母亲一样时，孩子当时会发生的事情才是真正的问题。母亲的反应会引起荷尔蒙刺激，继而引起照顾行为和情绪，而父亲的反应会导致睾丸素水平的上升，引起更具保护性和警惕性的行为，而不是照顾行为[1]。当孩子苦恼时，父亲往往会去查看孩子是否安全（例如，确定房间里没有传出奇怪的声音或气味），而母亲首先会根据自己的直觉或情绪来决定孩子哭的原因，需要做些什么来补救。

我们并不是说不应该期望男人晚上给孩子喂奶或抚慰孩子。事实上许多儿科医师和保育员都积极地鼓励父亲们与自己的伴侣换班，晚上来照顾孩子，给孩子换尿布、喂奶和抚慰孩子。这么做并不仅仅是为了缓解母亲的疲劳，而是因为对婴儿和学步的幼儿来说，在父亲的抚慰之后，他们更容易安静下来开始睡觉。据著名的儿科专家T. 贝利. 布拉泽顿（T. Berry Brazelton）博士说："即使孩子使用的是奶瓶，爸爸的身体也不像妈妈那样意味着'食物'。孩子们从来都不是父亲身体的一部分，对孩子们来说，与父亲分开要更容易。"[2]

提供给道格和希拉的这套方案不仅仅是一个旨在节省时间和感情的建议，也不仅仅是让父母同意用一种正常合理、即将流行的方法来照顾孩子。遵循常规和尊重传统会让各个年龄段的孩子们都觉得更加安全更加舒适。不管是喂奶、换尿布、穿衣，还是上小学的第一天（一直到大学），当孩子们因为有他们热爱并相信的人冷静自信地告诉他们"我们要这样做"，而知道接下来的是什么，他们就不会觉得那么不安。这些做法就如同在海水不断上升时的抛下的锚，迅速稳住变化无常的生活。

在理论上，这听起来不错。看看父母对孩子睡眠习惯的总体态度，就能发现共同育子的问题。母亲很少抱怨每天晚上都要做的这些事情太耗费时间，或者是需要更严格的管教。更多时候母亲会跟我们说，在孩子哭的时候，她们不去孩子们身边，她们会觉得自己不是好妈妈，母亲们也十分担心孩子会不知道妈妈在身体上和情感上都与孩子在一起。对于孩子的哭声，父亲往往不会有母亲那么不安，他们常常也不会设想父母不在身边对孩子来说意味着什么。母亲这种能设身处地、体谅孩子的态度促使她晚上哄孩子睡觉时做得更多。母亲可能会因为自己总是做得比较多而不满，特别是在夫妻双方都要工作的情况下。反过来，这也会让父亲觉得母亲并不像他一样重视夫妻两个人的时间，她对孩子过分关心了。有一位父亲曾经对玛莎说："一旦孩子晚上睡着了，我认为剩下的就是成年人的时间了。母亲一整天都围着孩子转，我想让她回来一小会儿，就算我们做的事只是一起睡觉。"接下来我们会提供针对新手父母争执不休的这一问题的解决方案。

## 睡在一起的家庭……同睡吗？

我刚从儿科医师的办公室出来，我告诉医师，劳伦还睡在我们床上，但医生告诉我们孩子六个月以后还睡在父母床上这对孩子不好。我正在搅乱她

的成长吗?

儿童专家给的这种建议往往千篇一律,但当父母们没有听从专家的建议,而且也无法让孩子如此照做时,会感到很糟糕。父母们很相信儿童专家,但孩子需要在什么时候单独睡觉,这并没有一个固定有效的时间作为准则。这取决于孩子自身、父母、他们的文化规范,甚至是他们的生活环境。你希望孩子能学会独自入睡并不是因为这样做能让你的生活更轻松,而是因为这样做对孩子有好处。如果在孩子六个月时你不让她独自睡觉,那么以后再让孩子改变会更难。当父母对何时孩子不应该再睡在父母床上意见不一致,或是父母中的一方因为和孩子挤在一起而睡眠不足时,让孩子经常睡在父母床上,就会成为夫妻争吵的主要原因。以下是一些共同育子的准则。

▼对许多人来说,一起睡觉的感觉很美妙,只要一起睡觉的时间不超过多数儿童专家建议的时间(六个月),那么这一般不会对孩子造成伤害[3]。

▼一般来说,如果孩子在两三岁时还睡在你的床上,那么孩子学会入睡和保持睡眠会更困难。学会入睡和保持睡眠这一重要的能力可以帮助孩子们保持精力充沛,让孩子们相信自己在夜晚应对黑暗的能力。孩子们从惊吓中恢复过来会需要稍长时间,也可能会需要父母的安慰,但是在孩子自己的睡床上,此问题同样可以得到解决。

▼许多父母把"他们晚上自己睡时便睡不好觉"当作行事原则。在某些时候,你的孩子在睡梦中会乱踢,会在床上翻来覆去,会拉扯被子等等,让父母因为睡不好觉而倍感疲惫和恼火。

▼父母很清楚晚上可能是一天中最孤独的时间。新手妈妈要经常喂奶;在她们起床喂奶而丈夫却仍在睡觉时,她们会感到孤独。我们当中许多人都记得对黑夜的恐惧之情。对黑夜的这种本能情绪让我们身体上靠得更近,联

系更紧密。现在，你需要去安慰你的孩子，但不要想当然地认为黑暗中的孩子和你同样感到害怕，也不要觉得你必须去做点什么，成长本身最终会帮你照料好孩子。父母会不经意地把自己的恐惧和脆弱传递给孩子。向你的伴侣而不是孩子求助。如果在那儿你不能找到安慰，那么是时候看看你的婚姻生活与育子是怎样交叠的（在第十二章中，我们针对此问题提出了定期修复夫妻关系的建议）。

▼对隐私、贴着对方睡觉或是半夜醒来，双方有着不同的容忍度，那么，和你的伴侣一起把这容忍度弄清楚。不要在你们俩达成一致意见之前，就让孩子占用了你们的隐私时间，这些时间可能是你们聊天、拥抱、看书或者是亲热的轻松时刻。根据你们的生活方式，确保几人一同睡觉不会让你们无暇顾及作为夫妻的其他需要，尽管在家庭生活的这段期间，夫妻间的需要已经黯然失色。但必须要保证夫妻间一些不受打扰的休息和亲密时间。

和你的伴侣一起讨论你们各自的感受，你们想要如何处理某些状况（参照第四章中关于冲突的描述），而不要去说"你总是……"或是责备对方。如果你不同意某种安排，那么试试他的方法，然后再试试她的，看看在什么情况下，哪种方法更有效。如果你同意，确定你们要做什么，什么时候做已经说明清楚，然后再坚持下去。很多时候，尽管夫妻已经一致同意某种睡眠安排，但母亲会单方面地做出改变，因为有些事先的安排，无法起作用，而且她是在孩子开始哭闹时第一个醒来的人。这种改变会让母亲感到不满（"为什么起床的那个人总是我"），也会让父亲觉得事不关己（"我为什么要去操心？是她破坏了我们共同的决定，随随便便就改成了她的计划"）。确保你们俩都有一次按计划行动的机会，在这以后，一旦你们意见一致，你就可以更加灵活地改变计划了。在这种时候，母亲要小心，不要自己说了算，或只认

为自己的方式是最好的。同时，父亲需要一直积极配合妻子，当好她的合作伙伴。

### 学步幼儿的睡眠

因为学步的孩子已经会走路、会说话，生命中的许多东西都已触手可及，而且，在学会独立睡觉之前，孩子还得做出很多调整和改变。因此，多数有自尊心的学步孩子会为此做出某种努力。这通常让父母很沮丧，他们可能只享受了几个月的正常睡眠，就要看着他们辛苦得来的宁静在孩子的学步期再次消失。而许多儿科专家担心的是，他们觉得正有越来越多的学步幼儿睡眠不足，这让问题变得更加复杂。这种睡眠行为的变化以及伴随而来的反常往往会以"对抗性"行为的形式出现，而不是可能性更大的疲惫。你和你的孩子彼此之间可能说了一天的"不"，让他自己回到床上睡觉，是你的"美梦"，却是他的"噩梦"。"玩着玩着倒地就睡着"也属于这种情况——每天因为睡觉问题与孩子们争斗，并有大量例行的照顾孩子的工作，父母常常觉得精疲力竭，他们的一个办法就是让孩子"立刻睡觉"，但孩子往往玩到倒地睡觉为止。可一旦孩子睡醒，问题也就随之而来。孩子可能会像精神病患者那样发狂，因为他被移到了床上睡觉，而不是他睡着的地方。不管怎么说，让这个年纪的孩子自己入睡真是太可怕太费劲了。

在睡前花半个小时与孩子一起做些特别的事情能最有效地让孩子安静下来，从而避免孩子们在睡觉前又闹一通，谁也不喜欢这样。暗含一些教育意义的故事、简单竞赛或安静的游戏通常是母亲的最爱。父亲往往会选择运动型和互动性更强的活动，这通常是父亲与孩子一天中第一次面对面的情感联络。这两种互动方式都可能有效，主要取决于孩子自身情况，以及父母对彼此不同的育子方式的肯定程度；当然条件是只要父亲不让游戏变得太令孩子兴奋，而让本来催眠的活动变得让人躁狂。在这关头，让孩子看电视、或是看其他荧幕媒体都只会带给你失败，孩子需要他爱的人来帮助他入睡，而不是广告、动画片或木偶，这些会让你的孩子兴奋，而不是安静下来。给你的孩子洗个热水澡，给她唱歌，或是和她一起看家庭相册，这都是更有效更有利的方法。

当日常安排因为疾病、暑假、断掉的牙齿、假日、失去心爱的布绒玩具、父母不在或是睡梦（通常发生在孩子14~16个月大时）等原因被打乱时，学步儿童的睡眠也会脱离正常轨道。父母对这些不同的混乱状态有着不同的忍耐程度，抱怨着让孩子睡觉究竟该有多难。父母常常这样抱怨："他没有努力让自己睡着"，"他又在耍我们"，"他以前能自己好好睡觉，现在也行"。但让你的孩子回到正常轨道上来会是对大家都好的解决方法，所以，如果你发现你自己正在用孩子小时候喜欢的方法哄他睡觉，你不用担心。最好是和孩子说说话或者拥抱一下他们，安慰他们让他们知道怪物并不是真的，而不是用"驱赶怪物的喷雾剂"（这只会更晚才能认识到：世界没有魔法）。整理一下衣橱或床底下让孩子知道那儿没有东西，开一盏夜灯，或是播放轻柔的音乐，来减轻孩子的恐惧感。

### 学龄前儿童的睡眠

在睡觉前给孩子讲故事是人生中十分甜蜜的时刻。多亏了孩子们不断进步的语言能力，这种方法才能帮助孩子平静下来进入睡眠。孩子能够理解或预料故事开头、中间、结尾部分的变化，能辨认出，故事是陌生的、还是熟悉的，并作出编辑方面的评价，在你偏离文本而开始即兴创作时（许多学龄儿童认为这破坏了原文自然的安排），他们也能很快发现。

然而，母亲通常在睡前给孩子讲故事，而不是父亲。因此，父亲还没来得及尝试，睡前讲故事就已经在不经意间变成了带性别色彩的事情（妈妈讲故事，父亲玩）。当父亲讲故事变得有些"古怪"时，你会发现这已经成为事实了。也可能你的孩子只想要母亲或父亲讲故事，只偏爱一种风格。在短时间这样是可以的，但让它成为一种习惯就不好了。要让孩子觉得父亲和母亲一样是语言大师，反之亦然。对男孩儿来说尤其如此。

孩子们对睡梦的强烈反应，是这一阶段新出现的睡眠问题。大多数孩子晚上会闷头大睡，但也有许多孩子不是这样，他们晚上做噩梦的次数激增，然后所有人都被吵醒。这样的噩梦通常发生在后半夜，孩子会被吓哭，需要父母用以下的语言来安慰：

▼ 把她惊醒的是梦。

▼ 现在结束了。

▼ 这不是真的。

▼ 这不会再有了。

▼ 这不会伤害她，就这么回事儿。

恐惧感可能会让孩子难以重新入睡，所以，让她重新入睡需要很长时间，你最好接受这一事实。不要一心只和她说话，或是给她释梦，能让孩子安稳入睡的是你就在身边，而不是你解释清楚梦境之谜的能力。孩子长大之后情况就会好转，大多数孩子在六岁以后便很少做噩梦了。

孩子做噩梦大多在夜里最黑暗的时候，他们的噩梦没有先兆，并让父母无法休息。我们没有防备，因为睡眠和美梦被突然打断，我们的心脏怦怦直跳，情绪也不在最佳状态。所以，当你最终走到孩子房间，对孩子大叫"你已经不小了，这样会把弟弟吵醒，快点儿睡，这只是做梦而已"时，你通常是又惊又怕又沮丧，甚至很愤怒。这都是很正常的。但这样的反应并不能改善情况——不管是你的、还是你的伴侣的，因为这些反应都不是理性的。不能让你的愤怒令孩子紧张不安，孩子需要集中心智，让自己安静下来，慢慢入睡。父亲更倾向这种强硬路线，但根据我们的经验，性格因素比性别因素更重要，因此这通常更取决于父母两人谁睡得更沉，或谁更需要休息。

### 晚上会发生的其他事情

对学龄前儿童来说，梦并不是晚上会发生的唯一事情。通常是在孩子入睡的过程中，偶尔会有这样的情况出现：孩子似乎是突然惊醒了，睁着双眼，看起来十分痛苦，像是在反复思考你什么时候会来，但你真的就在旁边时她却似乎没有注意到。孩子看起来并不是在做梦，也没有醒着。这不是噩梦，而是"夜惊"。不管你怎么试着让她镇静下来，都不会成功。孩子看起来像是受到了惊吓，她不停地出汗，并在你试图安慰她的时候把你推开。这种状况突然开始，随后又同样突然地结束，孩子又重新回到了平和安静的睡梦中，在这过程中，孩子并没有真正醒来过。与噩梦不同，孩子第二天不会记得这段经历，而你却记得。

你可能为此心跳加速，感到疑惑，想知道到底怎么回事。目击者会觉得夜惊很可怕，他们通常会想干预，把孩子强行摇醒，让她摆脱这种状态，停止种痛苦的行为。但在一旁等等会更好。既然孩子不会记得发生的事情，那么就不要试图与她进行交流。夜惊总会过去，所以只要在夜惊过去之前保证孩子的安全就好。不要在第二天早上问孩子晚上发生的事情，因为这只会让孩子感到困惑，让她怀疑是否有什么不对或自己是否正常。等孩子长大，夜惊也会不复存在。这真的只是一个特殊阶段而已。

共同育子有暗含的含义吗？处理这个问题没有别的方法。最好的方法是按照专家的建议来处理这个问题，而不要考虑性别和育子风格。

孩子的其他睡眠中断，例如梦游，在晚上可能让整个家庭都紧张起来。梦游通常出现在孩子五六岁时，在这一成长阶段，大概有15%的孩子一年中至少会梦游一次。[4]梦游并不是疾病，只是孩子在用另一种形式表达"我想尿尿，我不想把床尿湿，我还没有清醒到找到厕所，但我正在尝试着找"这一思想。孩子并不是一心想着要毁了你的睡眠，所以不要因为这些夜间活动而处罚他们。不要讨论，不要坚持把他们弄醒，这样不会有任何帮助，只会加强刺激并造成混乱。把他们带去厕所，再把他们带回床上，这样就好。你需要保证他们的安全，因此，检查楼梯口的门是否关牢，确保楼梯的畅通，如果必要的话在走廊里加一些夜灯。一位很有创意的父亲在女儿的房门上加了些雪橇铃，这样在孩子走动的时候他就知道了。他觉得这真是十分动听的声音。

### 大龄儿童的睡眠中断

我们所说过的睡眠习惯的转变，大多表现在孩子学龄前，但也不一定。有时它会推迟到孩子准备上学的时候。这种睡眠习惯的改变可能表现为噩梦，或只表现为孩子在自己房间或床上时的不安感。

作为父母的山姆和艾利西真的度过了一段非常美好的时光，因为他们的儿子在吃饭、睡觉和谈话等方面都表现得很好，但在他们较大的孩子戴瑞斯五岁时，事情发生了变化。戴瑞斯开始在父母睡着一小时后到父母床上来，他从床脚爬上去，然后像"热狗卷中的热狗"一样，睡在父母中间。刚开始还很安静，渐渐地动作便多了起来——一只手抱住妈妈，用脚把爸爸的腿推开。最后山姆会从床上起来，嘟囔几句，然后爬到儿子的空床上接着睡。在山姆看来，他"真的不介意那么多，那样睡让自己多睡了一会儿。并没有所谓的斗争，睡觉而已。"

但渐渐地，戴瑞斯睡得越来越少，与艾利西同睡时他总是烦躁不安地动来动去，并经常做噩梦，梦见"许多怪物恐龙追着他"。把父亲踢下床也变得不像原来看起来那么简单了。

睡在父母的床上让他觉得困惑和焦虑，代替父亲睡在母亲身边让他害怕而不是轻松和安心。他的父母共同总结道：他们以前当作"解决问题的简单方法"其实"什么也不是"，他们需要从那个"小侵入者"手中夺回自己的睡床。戴瑞斯强烈地抵触。他会站在门口，弄出声响，直到有人醒来，或者让他知道他们在听着。他会带着枕头和被子进来，在母亲脚旁的地板上睡下，然后制造声响，让大家知道他在那儿。他会向父母要一个拥抱，一个亲吻，或是要求父母给他把被子披好，然后又颇有创意地用十五分钟到三十分钟，把被子拖出去，直到父母生气为止。

当孩子进来时，父母轮流把孩子挪到地板上的儿童床中，这是父母"睡眠再训练"的开始。接下来，父母会把孩子抱回他自己的床上，或是在孩子试着爬到父母床上时把他们送回自己的房间。孩子在白天选的奖励（与爸爸一起做饭，与妈妈一起打保龄球）能帮助坚定孩子的决心，一大张漂亮的贴图纸也能起到同样的奖励作用，只要它漂亮到能让他的弟弟感到嫉妒就好。戴瑞斯也想解决问题，并且寻求过帮助（他在晚上不如在白天那么坚定）。最终，这办法挺灵验，因为父母才是老板，他们行动的基础，是他们已经很清楚地确知孩子的需要。孩子喜不喜欢父母这样做，并不重要。

慢慢地，在父母花了"不眠的两个月"来重新训练孩子独自睡觉之后，戴瑞斯在自己的房间里渐渐感到安全，在自己床上也睡得更沉更香了。

帮助孩子睡好的最好方法就是让孩子重新学会独自入睡、独自睡眠，惊醒后独自继续入睡。这里，我们再次看到了它的重要性。我们知道了对大多数孩子来说，独自睡觉能睡得更香、更好。另外，"群睡"常常会引起频繁的夜醒和睡眠状态的改变，与父母同睡肯定也是如此。此外，父母与孩子同睡，永远意味着会错过某种东西：孩子永远学不会独处，学不会如何克服因为晚上突发的响动，而感觉到的恐惧；或者，这会意味着，爸爸和妈妈之所以欢迎床上有这么个"小客人"，是因为他们之间不再想有亲昵了。最终，作为一对有孩子的夫妻，你们应共同思考，确定一种最有效的方式，使家庭的每一个成员都能获得充足的睡眠。这样，在共同育子过程中，"同睡"这一进退两难的问题便得以解决了。

### 尿床

尿床（遗尿）是一个与"意志"毫无关系的普通医学问题，也可能是一个棘手的问题。它往往会让父母对孩子的自制力、发育和对身体机能的控制能力产生强烈的情绪。父母对尿床的反应通常落于"好警察+坏警察"的模式：一位站在孩子一边的家长说："他只是还没做好在晚上控制这种冲动的准备而已。"另一位则说："我们必须让他对自己更加负责。"首先，你们要知道，孩子不是故意把床尿湿；尿床对八岁以下的儿童来说只是一个普通的医学问题。

儿科专家与保育员会采用许多有效的办法：限制餐后饮水，鼓励孩子白天在小便之前试着忍一小会儿，以提高膀胱的耐受能力，或是让孩子在睡前小便。如果这些都没有帮助，那么向你的医护人员询问关于调节工具的信息，例如尿床警报钟。说到底，这只是一个需要掌握的技能。父母两人都需要注意，不要把尿床当成了令人羞耻的事。

父母可以通过自己的行动来避免这一问题。首先，在经过共同讨论之后，

应该以平常心对待尿床这一问题；其次，把尿床当作一个医学问题；最后，它才是一个会给家庭带来不便的问题。通常，父母双方需要将各自家族的中尿床的"历史"公开，看看哪方的家庭更需要对此"负责"，看看上一代人是否处理好了尿床这一问题。长辈往往会认为解决问题需要恩威并重，或者是孩子长大后自然会好。尿床，谈论得越少越好。但现在的父母可能会与长辈们的处理方法相反，他们更加耐心，甚至是纵容，但同样也带着过失和羞耻心理。尿床这一话题似乎成了一种过失和禁忌，因此父母在处理孩子尿床时，会觉得更加困难。不满或批评孩子的尿床行为会降低孩子成功解决这个问题的可能性。如果你本能地倾向于对孩子训导和惩罚，那么你不是唯一具有这种天性的人，但这仍然是一种错误的方法。你需要重新开始，这次不是给孩子施加压力，而是支持孩子。孩子需要听到你说，你想与她一同努力，帮助她解决晚上尿床的问题（不要有愤怒的眼神，不要长吁短叹，也不要怒不可遏地换床单），然后开始实行你与儿科专家以及保育员共同制订的计划。如果你表现得更随意更平常，把尿床当成另一个随着孩子的成长会自然消失的问题，孩子也会不那么窘迫。

### 成人的睡眠不足

发烧、拍婴儿打嗝的布，都是早期育子的一个不可避免的部分，睡眠不足同样如此。睡眠不足带来的问题之一便是它让父母的精力不济，但愿这只是暂时的。睡眠不足的医生在照顾患者时会犯一些诊断错误，包括应对不及时，记忆错误，注意力不集中，粗劣地解决问题，心电图误读，易怒，缺乏耐心等。正是由于对这些记录在案的诊断错误的担忧，实习医生和住院医生的每周80小时的工作规定被取消了。你是否觉得这样的经历很熟悉？睡眠不足的父母也同样如此，他们的大脑也是需要休息的，我们家称之为"婴儿大脑"。你的孩子以及你的婚姻都该得到好的休息，这样平和也会随之而来。

共同育子过程中，我们在让孩子入睡时会遇到许多问题。在下面这个简单的列表中，我们总结了十个最常见的问题，以及这些问题的解决方法。

常见的育子问题和父母共同参与的解决方法：

1.你们对"一旦孩子哭闹，大人进入孩子的房间后该做些什么"这个问题有不同的看法。

事先商量好，该如何判断孩子是饿了呢？还是想被大人抱？一旦商定后，父母两人就该按计划行事。

2.在学步儿童或学龄前儿童哭闹时，父母应该等多长时间再进孩子的房间？对这个问题你们有不同的看法，有所争执；因此孩子接着闹，就像在玩老虎机，一直要等到自己走运，等到爸爸或妈妈进来为止

首先采取强硬些的措施，看看这些措施是有效，还是把事情弄得更糟（不要给彼此打分，这会造成不必要的竞争。）

3.父母中的一位用晚上的时间来补偿白天没有呆在孩子身边的时间。如果父母中有一方白天没和孩子在一起，那么则应该晚上弥补。

父母中的另一位应该去应付孩子大部分的夜醒。

4.你的伴侣在醒来之后离开卧室，与学步的孩子同睡。你认为这种做法是不对的。

让你的伴侣解释这么做的原因，这么做是为了谁？她为什么这样想。看看你能否同意用其他方式来补上这段时间，或用其他方式来弥补亲密的机会？记录孩子是如何反应的——她哭闹得更频繁了，或是醒来的次数减少了。这样你们就都能清楚地知道发生了什么，这样做是否有帮助。

5.你们中的一位承认，孩子在晚上不愿意晚上一个人在房间时，你无法对孩子说"不"，因为你在童年时有过类似的经历，你知道这种感觉，但你的伴侣并不认为这是重要问题。

你可以温柔地帮助你的伴侣认识到"这是你的问题，而不是孩子的问题"。在她想要起床去孩子身边时，你紧紧抱住她，让自己成为那个给她安慰的人，而不是孩子。

6.你们刚搬进新家，而孩子的行为又退回到了以前：不肯睡在自己床上，说自己很害怕。

两人一起和孩子谈谈，找出让孩子感到害怕的原因。是房间的改变吗？房子比以前的黑，比以前的大，或者是离你们的房间更远？然后告诉孩子你们会一起想办法让房子感觉起来更安全。你们两人都继续和孩子对话，概述一下你们共同制订的计划，如果孩子的年纪够大（三岁或三岁以上），计划中也可以有她的想法。想一想，除了去你们房间之外，孩子可以采用的其他方法，例如在床边放一个手电筒，买一个简单的、一个按钮就能启动的音乐播放器，在屋顶安装一些荧光闪闪的星星等等。

7.晚上应该用多长的时间来哄孩子睡觉？你们对这个问题有不同的看法。

商定哄孩子睡觉的一系列活动，以及耗费时间的最大限度。确定你们两人都能接受这个量，然后坚持按计划行事，直到计划成为习惯。

8.母亲希望平时由她来哄孩子睡觉，但父亲却希望母亲把母乳吸出来，这样他就能经常给孩子喂奶了。

如果父亲想要体会与孩子的亲密感，那么就让他每晚至少给孩子喂一次奶。确定有吸出的母乳或配方奶可用，这样父亲给孩子喂奶才能成为可能。事先商定好父亲喂奶的时间，最好是夫妻两人一个负责晚上，一个负责白天，这样的话母亲会轻松一些。

9.孩子只希望父母中的一位来哄他睡觉，他选择了其中一位，拒绝了另一位。

从孩子开始学步到孩子可以上学的这段时间里，尽可能顺从孩子的意思。和孩子讨论这件事，并鼓励孩子让另一位来哄他睡觉。父母两人都要告诉孩子，爸爸妈妈有多么想念哄他睡觉的过程。试着两人一起哄一会儿，轮流给孩子将故事，或是扮演不同的角色。如果这些都不起作用，那你们就需要等待了，等到孩子认同那位暂时可能感觉被拒的家长。

10.晚上喂奶时，奶瓶是否需要热一下？你们对这个问题意见不合。父亲喂孩子冷牛奶（或母乳），母亲喂孩子热牛奶（或母乳）。孩子开始抵触冷牛奶（或母乳），父亲为此感到不快。

这是孩子关心的问题，还是你们关心的问题？有些孩子不愿喝冷的牛奶（或母乳），但只要把奶热一下，他就会有很大变化而愿意去喝牛奶（或母乳）。另一些孩子则按照教他们的做。他们喝冷的也可以，除非还有其他的选择。如果孩子想喝热的，那么你们俩都得把牛奶（或母乳）加热之后再给孩子。你可以把牛奶（或母乳）放在你房间的冰箱里，在冰箱旁再放一个小加热器，这样就简单多了，你不必为了热牛奶而跑去厨房。如果孩子不管牛奶（或母乳）是冷是热都喝，那么就让孩子喝冷的。如果你们给了孩子选择的余地，而孩子又选择了热的，那么你可以试着稍微重新训练她。否则在孩子长大之前，你就要一直给孩子热牛奶（母乳）。不要恼火，你确实给了她选择的机会，而她认为你的意思就是这样。她怎么会知道自己已经重重地跌入某个共同育子问题的核心了呢？她不需要对此负责。

就像我们一直强调的：当你和你的伴侣作为一个团队共同育子时，常会碰到的育子问题会更容易得到解决。在解释如何在有三个孩子的情况下经营好家庭时，一位母亲说道：

我们俩使得彼此能保持良好的平衡。我感到焦虑不安的事情，他却一点也不为之心烦，反过来也是如此。相信我，孩子们有我们这样的父母真是太幸运了。像昨天晚上，卡（他们三岁半大的孩子）不肯上床睡觉，拖了好久，于是我对丈夫说：'我忍受不了了，让他呆在自己的屋子里，不管他怎么喊，我也不管了。'我的丈夫走进去，开始哄孩子睡觉——给他讲故事，轻轻地摇动他，他们俩在几分钟之内就安静下来了。我们俩像是能够非常好地互补，所以我们不会在同一时间失败。

现在，休息一下……

在孩子们的真实生活中，把身体和心理分开是完全不现实的。这是孩子们和大人的不同之处，也是孩子们为什么如此有趣的原因。

你能把我抱起来吗？

你给我的拥抱和握手能让我……

## 小宝贝

大卫·阿尔伯特

你能把我抱起来吗？你给我的拥抱和握手能让我……

　　这是我们家人感到最喜爱、感到最舒服的一首歌。这首歌由大卫·阿尔珀特创作，并收录在他的幼儿音乐集中。我们十岁的老练的孩子在她感觉需要时，也会轻轻地哼几句，往往能让我们听见，我们仍会抱起她，给予她歌中所期盼的"拥抱和握手"。这首歌每次都会让我们禁不住思考：在这个成人的世界里，孩子会有怎样的感受，孩子对安全和被保护的渴望为何一直存在？

　　父亲们和母亲们都完全认同：兑现他们"不管怎样都要保护你"的诺言，是他们作为父母的核心任务。但是，由谁来给孩子保护？怎么给孩子保护？在什么时候给孩子保护？许多家庭都需要对这些问题做进一步的理解。

　　人们总习惯性地认为：父亲对于孩子的安全问题比较漫不经心，而母亲对此却更警觉。正如前面讨论过的一样，父亲为这种方式辩解道，孩子需要学会如何独自应对完全陌生的局面，这样，孩子们就能更好地成功应对世界总会抛出的突然袭击。研究员埃莉诺·麦考比（Eleanor Maccoby）记录了父亲们的某种偏好，父亲们往往想让孩子变得"强硬"，从而能够应付那些会带来身体和社会考验的境况，这些考验是孩子们终究要应对的。[1]

弗兰克认为："本在学校吃午餐时，没有人会帮他把三明治外面的硬壳切下来，在别人把他的棒球帽从头上拽下来时，也没有人会拨打'911'求助。最好的方法就是教会本自己处理这些事情。没人会想去和一个长不大的婴儿做朋友。"

詹尼弗则是完全相反的类型，她属于那种警惕性更高的家长，弗兰克形容她是"守护人"。在詹尼弗看来，"弗兰克有些太强硬了。没错，本需要保护自己，但我们父母要做的是在孩子做好准备之前确保他能感到安全。这个世界会让他强硬起来，他的父母并不需要这么做"。她强烈地认为孩子"没有必要感受过多的恐惧感，家长有必要让他处于安全的环境中"。詹尼弗接着补充说，她宁愿"尽快地安慰或安抚孩子，因为在孩子害怕的时候，让他自己去解决问题会带来更严重的后果，这样做不会帮助孩子去处理问题，倒是会促使孩子以后逃避问题"。

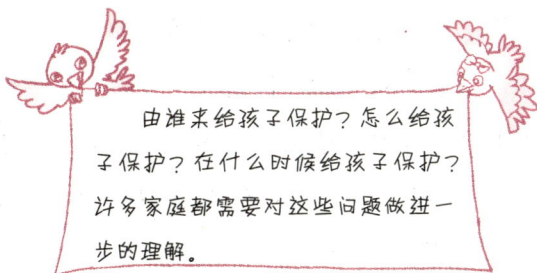

由谁来给孩子保护？怎么给孩子保护？在什么时候给孩子保护？许多家庭都需要对这些问题做进一步的理解。

研究证实了这些相反的看法。研究表明，与父亲相比，母亲为孩子建造了一个限制性更强的安全区域。这也就是说，母亲们给予孩子们留出的冒险空间和冒险机会更少。

从我们的经验来看，以上的研究结果不仅适用于孩子的身体安全方面，还适用于孩子的情绪健康方面。为了使研究清晰明了，我们将孩子的身体安全和情绪安全分开考虑，但我们要清楚地知道这两个范畴只是名字有些差异而已。在孩子们的真实生活中，把身体和心理分开是完全不现实的。这是孩子们和大人的不同之处，也是孩子们为什么如此有趣的原因。

# 常规的安全措施

保证孩子安全的关键是什么？当孩子婴儿时父母通常都不会有分歧。但家里一旦有了刚学走路的孩子，那么父母各自的理解就会变得很多——因为孩子正在到处走动，你的介入变得更加重要。与你的伴侣一同讨论下面列表中的安全措施，看看你们两人是否都认为其中的一些安全措施"言过其实"（也就是说，并不是对所有孩子都必要），或"必不可少"（至少有一位家长必须做到）。

**车：**

▼孩子只能坐在汽车后座上那个安装恰当、大小合适的汽车坐椅上Vs长途旅行中偶尔让孩子在旅行车或货车的后座上睡一下。

▼不能把孩子一个人留在车里，就算是车停在私人车道上、锁着车门也不行Vs把车停在附近安全的地方，让孩子在车座上继续小睡。

▼车启动之后孩子便不能离开座位Vs孩子可以离开座位捡起掉了的书本。

**家：**

▼能打开的窗户上都装有护栏或纱窗，确保这些护栏不会被学步的儿童挤着穿过，纱窗不会被撕破。所有的楼梯口都有门（不管是男孩还是女孩，父母通常会低估孩子的才智与力量）。

▼装放有毒物品（有毒物品的数量是你想象中的两倍——查看那些标签吧！）的柜子需要牢牢锁好，甚至是你自己也难以打开。

▼所有洗手间都备有吐根糖浆，每个电话（包括手机）都有毒物控制机构的电话。虽然父母都达成了共识，但真正实施的人是谁呢？确保保姆以及家里的其他人都明白。

▼电源插座需罩上安全罩（许多父母都承认，与照顾第二个孩子时相比，照顾第一个孩子时他们显然更经心）。

▼禁止孩子靠近厨房用具、任何形式的加热器以及熨斗。

**卧室：**

▼童床的附近没有任何布帘或电线。

▼童床上和童床附近没有可以让孩子堆起来往上爬的物品。

▼童床的床垫要尽可能低。童床的边沿越高也就越难爬出来。

▼如果孩子能够爬出童床，把孩子换到她够得着的低床上去，虽然孩子的腿还很短。（对于放弃童床给孩子的限制，父母中是否还有一位没做好准备，因此而不断拖延？）

**游戏室：**

▼孩子没有那种必须有电才能动的玩具，包括需要充电的电动玩具车（这也包括了爷爷送的漂亮玩具）。

**水：**

▼在大的洗涤槽、浴盆、浅水池、鱼塘或其他类似的地方要时刻看好孩子。

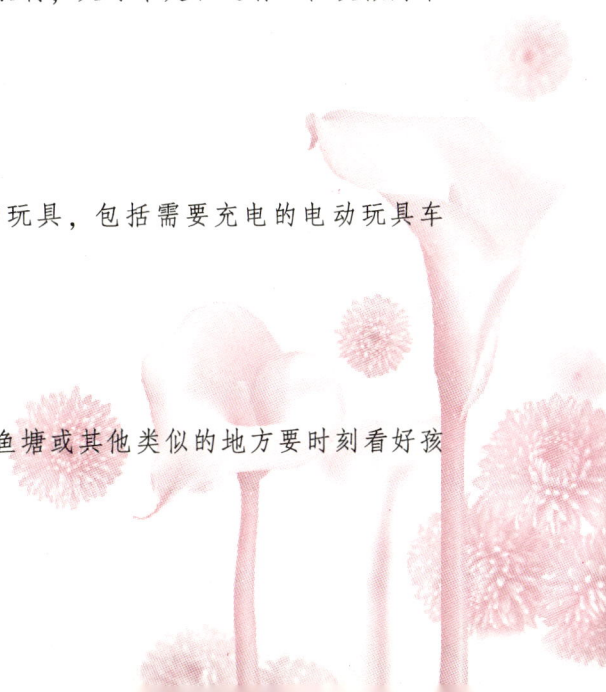

**室外：**

▼任何靠近道路或水的地方都有一片用栅栏圈起来的区域能让孩子独自安全地玩耍，因为任何事都可能瞬间发生Vs"我一直看着呢。"

▼游乐场的设施安全并得到了良好的维护，同时这些设施被安全地架置在有缓冲作用的地表上，例如木屑、草地或碎橡胶垫。（这包括了施工、维护和花费）

**托儿中心：**

▼托儿中心如果不比家里更安全的话，至少也应该与家里同样安全。

▼接送区域要绝对安全Vs"没有停车位了，所以你得和孩子穿过一条繁忙的街道"，或者是托儿中心没有用栅栏围住，所以孩子一兴奋还可以跑出院子。

▼托儿中心有急救箱和灭火器，沙盒和垃圾箱都盖上盖子（未使用时），职员和家长都强制遵守无烟政策，没有掉漆的地方，孩子不会没有人管，操场的设施安全并且状态良好。换句话说，削减预算的措施是不能容忍的。安全的环境被认为与内部关系的质量同样重要。

你们两人对这些措施都有相同的反应吗？或者你们俩的答案相差甚远以至于你认为对方是在开玩笑？这些安全建议的内容，都包含在美国儿童研究会为学步儿童家庭制定的准则中。这些都是所有家庭都应做到的安全要求。如果你们两人对上述问题的回答有巨大的差异，那么你们应该讨论一下出现差异的原因。如果你们对危险的容忍度不一样，在涉及你孩子的身体安全的问题上，你们能做出多大程度的让步？保持表面的和睦、或不做自己分外的事是两种最常见的让步，这两种让步都可能会给孩子的安全和共同育子联盟带来严重的后果。

# 枪 支

凯尔在美国中西部的平原上长大。每到弓和枪的季节，他的父亲都会去打猎。男孩们都被期望着能学会如何正确并安全地使用这些武器，这在许多社区中很普遍。

玩父母的枪支可能会让孩子受伤，保险栓也不总像父母想的那样安全。家中有枪让每个家庭成员都极大地陷入了被杀的风险中，这种风险甚至比有人持枪侵入时被杀的风险都大。家中有枪使得儿童意外地射中自己，促使失望的青少年利用如此方便就能得到的武器杀人或自杀，家庭暴力也因此很快变得很严重。

家中无枪对每个人都好，但如果因为某种原因，你选择留着枪，那么为了家庭的安全，你应该采取以下预防措施：

▼将没有装弹药的枪支锁在柜子里，设置一个只有你知道并且十分难解的密码。

▼弹药也是如此，将弹药单独锁在其他地方。

▼将每支枪的扳机锁都锁上。

▼告诉孩子枪支不是玩具，如果有人向他们展示枪或是让他们碰枪，他们应该转身走开。你们应该定期反复如此提醒孩子，不要以为孩子已经知道或不会忘掉。

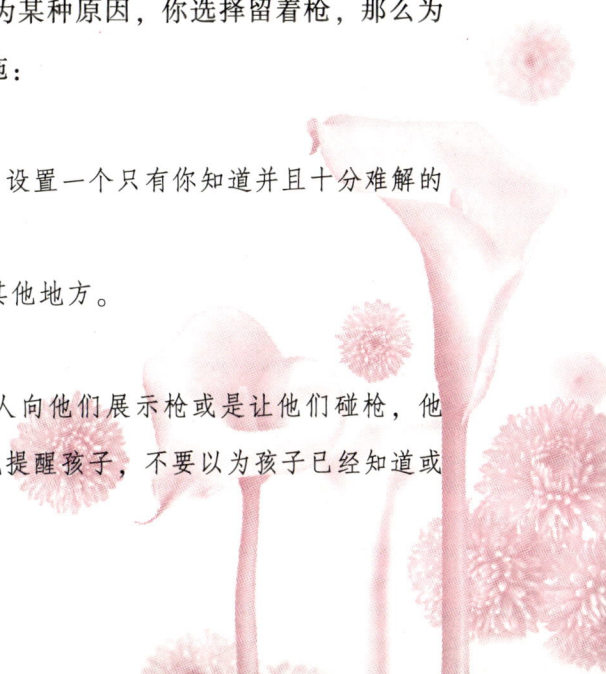

对于枪支，男人和女人通常会有意见的分歧。男人通常有枪，并对拥有枪支持强硬的态度，他们最终会教孩子去热爱这项运动（不管是射击还是打猎）。曾经有一对夫妻来找玛莎，因为妻子说由于枪支的问题她想要离婚。如果不能解决这一分歧，那么你们共同育子过程中肯定还会为别的问题而争吵。它会使权力和控制都成为萦绕不散的问题。当如此明显地牵涉安全问题，你为什么不能屈从另一方的意愿呢？

如果你们的想法实在是相差甚远，而找不到解决方法，那么试着做一些变动：你的伴侣能把枪支保存在社区的枪支俱乐部而不是家中吗？如果枪支就放在家中，并且父母两人都知道枪放在哪儿，怎么放置，以及弹药在哪儿，那么，你们两人能否都持有钥匙，以便更担心的那位可以定期检查家里的那把枪？

如果上述各种建议都不起作用，那么向咨询专家求助。让你认识的人、孩子的儿科医生、学校指导顾问、社会工作者或心理学家为你推荐一位咨询专家。

# 火

玩枪与玩火紧密相关。儿科专家发现孩子尤其是男孩在十岁之前玩火（火柴、打火机等等）的可能性很大。父母一般不会发觉，除非事情变得非常不对头。[2] 我们现在正在从社会角度来谈论孩子。记得孩子第一次知道火是什么时的眼神吗？火是生日蜡烛，是家中的壁炉，是营火，还是7月4日的国庆篝火：这让孩子们十分着迷。还没上学的孩子们会想："为什么不自己偶尔试试呢？让我想想，爸爸妈妈把火柴放在哪里了呢？"

该怎么做？不要只把这当成一个人的事。学龄前的儿童尤其需要父母告诉他们关于火的知识。在点燃烤炉时告诉孩子："爸爸妈妈对火都十分小心，因为火很烫，并且会伤害到人，虽然它看起来很不错。"当孩子到可以上幼儿园的年纪时，他们需要他人再次告诉他们："大人才能碰火，虽然这看起来很容易处理，但它可能很快就会失控。"当孩子八岁左右时，父母两人都应该和孩子严肃地谈一谈玩火的问题，随后带他们去有火的地方看看。为什么是八岁？那时，大多数男孩和女孩都能独立完成打火这个动作，同时，他们也足够聪明，不会被发现，尤其是在夏天，当平时很警惕的父母稍微放松的时候。将含硫火柴、打火机和"快速火柴"（丙烷）锁起来，在孩子十二岁之前仅供大人使用。十二岁后，孩子们可以在大人的指导下使用这些东西。十二岁的年纪是不是太大了呢？并不是，就算是在此之前孩子们就够灵巧，可以很好地点火柴或点火，但孩子们对如何应对物品，如衣服、房子着火的情况还一无所知。男孩往往比女孩更爱玩火。为了所有人，有孩子的夫妻必须遵守这些原则。

# 水

对幼小的儿童来说，水上安全十分关键。同样，父母们对游泳和水上玩耍的态度也有许多普遍特点。许多男人对我们说："把孩子们扔进水里就好，他们要么学会游泳，要么沉下去。他们不会真的沉下去，总是能学会。当然，你得在旁边，但孩子们真的天生就会游泳。"但其实并不是这样。凯尔的妈妈也是这样学游泳的，虽然她是一个优秀的运动员，但她从未学会游泳，因为她无法克服水下不能呼吸的恐惧感。没人会费劲地教她慢慢地、镇静地屏住呼吸，低下头钻到水中，在脸露出水面后再呼气，并且这一切只有在她准备好之后才能进行。

孩子什么时候算是做好了游泳的准备？如果你和你的伴侣对此有不同的看法，这儿有一种解决方法。直接说出来并不是最好的办法。相反，已经准备好帮助孩子学习游泳的家长应该首先告诉另一位更为保守或不那么确信的家长，自己已经正确地掌握了时机。他（假设是父亲）应自己教孩子游泳（或带孩子去上游泳课），并且保证孩子会学。这里并不需要有人看门，母亲大可不必随时监视着父亲，也不必责备他，不管当他没有按她希望的那样去做，还是当孩子表现出自己并没有像父亲想的那样做好准备时。坦率地接受这个事实：孩子比母亲想的要准备得好。就这样对你的伴侣说："好吧，既然你对在孩子年幼时教孩子游泳如此热心，那么就用安全的方法教他吧，不要让他因为害怕而学不下去。我十分肯定，我们都希望孩子能学会游泳。我知道自己没有做好准备，所以教孩子游泳就交给你了。"然后，母亲就应该退到后面。

下面的方法能激发幼儿对游泳的兴趣。


▼经常与孩子一同下水。就算你只是在小水池旁向十个月大的孩子泼泼水，也让家庭成员都参与进来。

▼小孩子没有许多脂肪层来隔热，所以，水越温暖越好，热度能放松肌肉，舒缓情绪。

▼内嵌了浮力装置的衣服可能会让你更觉安全，但身边有警惕着的成年人仍是必要的。双翼形充气浮袋并不是好的选择，因为它会影响孩子在水中的平衡。

▼与孩子一同呆在水中，保持镇静，随时给孩子以支持。孩子看起来是坚持了几周或几个月，并且他们通常会进步，但在下次游泳时，孩子对水还是会感到恐惧。等到这种恐惧消失时，最终，他们在水中世界玩耍时所感受的快乐，会让你付出的耐心得到更多的回报。

▼参加幼儿游泳班，你可以看看与自己孩子年纪相仿的其他孩子进行得如何。同时，你也可以听到其他人（老师）对孩子的看法：你的孩子是否是如你所想的超级明星。

▼在孩子开始自己把头埋在水中，不断蹬腿，真正表现出想在泳池里到处游动的愿望后，再让孩子开始上游泳课，这是不错的方法。尽管这样，孩子也需要足够大，四肢的动作足够协调才行。有些孩子在三岁时就已经准备好了，但大多数孩子到四岁才行。

# 骑自行车

幸亏有供学步儿童乘坐的牵引式推车，用两个闩杠就能牵着孩子的推车前进，这样，孩子们从小就可以与家人一起骑自行车出游了。没有踏板的训练自行车能帮助孩子们练习平衡和滑行，直到孩子可以骑带辅助轮的自行车。大部分孩子都满怀热情，渴望骑着有辅助轮的自行车，他们也怀着同样的热情，希望自己没有辅助轮的帮助也能骑好自行车。随时了解孩子对骑车的掌握程度，这一点十分重要。

在开始骑车之前，大家首先要做的都一样：父母要戴上安全帽（比起说的话或买的东西，父母自身行为的影响力要大得多），然后轮到孩子戴了。安全帽的帽檐应在眉毛上方一指宽处，约成水平——既不能像无沿便帽，也不能像阔边遮阳帽。安全帽要箍紧头部，防止帽子在孩子左右摇头时掉下。在经过本地的自行车店时，让店员检查一下是否佩戴合适。

教孩子骑自行车，是你能找到的最具比喻意义的一个育子活动。当孩子还不清楚自己在做什么的时候，你得让孩子加速，以保证他们的安全，然后松手。就在孩子学会骑车的那一瞬间，孩子们自己得不停地踩脚踏板来保持平衡。

孩子是否已经做好骑两轮车的准备？我们听说有些父母因为这一问题而激烈地争吵。谁对谁错并不重要。关键问题是你的孩子是感到害怕？还是已经做好了飞驰的准备？或者是感觉不那么害怕？你现在是因为自己的恐惧而阻拦孩子学自行车吗？你忽略孩子的脆弱、迟疑、或狂妄了吗？孩子会最终决定怎样做才让他们感到安全，现在，虽然你的手臂酸得厉害，但你需要再坚持一会儿，用你时刻了解到的孩子的情况来决定何时应该放手。在育子过程中，很多时候你个人的判断就能决定一切，但现在不行。在做这个决定的时候，你需要与你的伴侣合作，同时也需要和孩子合作。如果你和你的伴侣对孩子学习自行车的学习程度看法不一致，那么很有可能是你们中的一位对孩子不够关注。没有任何着急的理由，事情该发生的时候自然会发生，胜利是孩子自己的。记住，明年夏天总会有的。

# 滑雪橇

与骑自行车一样，滑雪橇也是一家人最爱的运动，但滑雪橇的安全却没有保障。许多父母都去"医院山"（我们最爱去的滑雪橇地点的实际名称）

上滑雪橇。大多数父亲在滑雪橇，而大多数母亲在大声指导和警告。如果你和你的伴侣并不都认为孩子已经做好了飞驰下山的准备，鉴于这项运动的危险性大，以至于救护车来得十分频繁，以下这些安全指南是你们两人都应该遵守的基本点：

▼滑行路线和终点都很畅通，没有岩石、树木或车辆的阻碍。

▼五岁以下的儿童不得单独乘坐。

▼冬季的运动用安全帽对孩子十分重要，父母戴上也不会有什么坏处。你们应该给孩子树立一个良好的榜样，来帮助他消除对戴安全帽的抵触。

▼雪橇上的握柄优质牢固，并且可以用来驾驶雪橇，同时，握柄的设计也是为鼓励孩子坐直、脸直面前方。不要乘坐碟形雪橇，那极有可能发生事故。

▼出发之前先等终点处的人和动物散开（进入坡道或在坡道中的时候，尖叫也十分有效）。

如果夫妻两人都遵守这些注意事项，那么让你们产生分歧的原因可能是各自喜欢的区域不同，而不会是发生在孩子身上的危险。如果孩子在微笑，在开心地享受，那么放轻松，如果必要，可以保持沉默。但如果孩子说她很害怕，那么帮助孩子大声清楚地说出自己的恐惧，让你的伴侣放慢速度。建议去小一些的山或是和一群水平相当的朋友一同游玩。这会让事情变得更加容易。

# 日常运动和团队运动

詹尼弗和弗兰克的家庭都对参与团队运动十分重视，但这是两个家庭唯一的相似点。詹尼弗以前打过篮球，她说："对我这种身材的人来说，我表现得十分优秀。我们队经常取得赛季的胜利。我喜欢父母来看我比赛，但我们对运动都不狂热。我希望自己的孩子也是如此。好好锻炼，关注家庭，并且对社会有意义。"她并不期望儿子本五岁时便开始打篮球或做其他运动，但她希望孩子游泳，做体操，或是其他任何能让他保持活力的运动。

相比之下，弗兰克的家庭则是体育骨干家庭。弗兰克和弟弟曾参加过少年棒球联盟的比赛，他的父亲是教练。弗兰克记得："为了一个人——如果不是所有人——而全力训练，比赛，开车上路，我们一家人整个暑假都没有在一起吃过饭。我喜欢这种感觉，父亲也很喜欢，母亲…不那么喜欢。但她为我们感到骄傲，这对我来说非常重要。我希望本也能感受这种激烈的乐趣——为你的团队流尽最后一滴血，这感觉太棒了。"

詹尼弗回应道："亲爱的，这简直是疯了。谁会为了锻炼健康的体魄，为了增强作为团队一分子的感觉而流血？尤其是在高中以前。"

使脉率增加的运动是孩子身心健康的重要组成部分。但它得是有趣的，并且需要家庭成员一同参加。如果是在室内，一些垫子和大气球就大致能奏效。让这些东西避开你的运动器材。

如果天气、季节和安全都没问题，室外运动更好。如果你的孩子上幼儿园或是小学一年级，而她又对团体运动很感兴趣，那么她应该会尝试许多项目，因为她还太小，不会从一开始就集中于某一种运动。不要幼稚地认为这个年纪的孩子有真正的天分，应该与大一些的孩子一起多运动。你的孩子不会获得申请体育奖学金方面的优势，反而会以脚踝扭伤或其他损伤收场。另外，因为表现优秀而涌出的信心，也会受到打击，因为你是团队中最小的，最年轻，通常也是最不受社会认可的选手。所以，停止强烈的儿童棒球运动。我们帮助弗兰克意识到，他将自己小时候的梦想与孩子的梦想混淆在了一起。在本长大一些后，他可能还是会参加某种团体运动，但现在，本还只是个五岁的孩子，和父母一起在后院玩投接球更适合他。

几年前，《体育画报》上刊登了一篇关于曲棍球的文章，文章就曲棍球运动的迅速流行发表了看法。这篇文章的作者是一位教练，他说，对大多数美国家庭来说，曲棍球是一项比较新的运动，大多数家长在对规则和赛事都不够了解的情况下，过分强调运动的竞赛性（天呀！），使孩子对这项运动完全失去兴趣。[3] 父母不需要把这种竞赛意思传递给孩子，而这一看法也得到了儿科专家、优秀的教练、整形外科医生、儿童精神病学家以及运动医学专家的强烈支持。

刚上幼儿园的孩子们还没有做好竞赛的准备。若是你关注他们所喜爱掌握的某种技能，他们倒是有准备的。对这个年纪的孩子来说，和一群活蹦乱跳的孩子一起到处乱跑，追着球跑或不停地拍球，同时开始了解"比赛"的大意，这样就足够了。

孩子的中枢神经系统、手眼协调能力、记忆力、耐心程度、注意力集中的能力都还远未准备好接受竞争优势培养。即便是20岁的人，他们的力量、手眼协调能力和心理承受能力也都还在不断发育。孩子最早在九岁时就能充分理解胜负的含义，即使他们或他们团队的表现与结果没有多大的联系。此外，几乎没有证据表明：从人的幼年生活就可以可靠地推断出未来的运动才能。弗兰克的儿子可能并不喜欢棒球运动。如果他真的不喜欢，我们建议父母要么暂时完全退出团队运动，要么就看看孩子是否愿意尝试其他的运动，说不定会是曲棍球呢！

我们作为父母和运动员的亲身经历让我们知道：孩子在团队运动中学到的最珍贵的东西是如何应对失败、失落以及在社会环境中对规则变化无常的执行——这些都是为未来生活做的不错的准备，是吧？同时，不管是个人还是父母双方，你们都应平衡地使用称赞和建设性的批评来支持孩子，这是帮助孩子最大限度地从经验中受益的关键。凯尔认识一位名叫吉姆·克拉克（Jim Clark）的传奇性人物，他是一位游泳教练，爱抽雪茄。每当跳水者跳水失败，或是游泳者转弯失败时，他都会大喊："没有什么错误，只有教训……只有教训。"

我们学到的最重要的育子教训是，如果对于运动问题，一位家长逼得太紧太严，而另一个家长公开地或是偷偷地表示不赞同，那么孩子会为此付出代价。当孩子逐渐长大能够区分自己和其他孩子不一样时，孩子会放弃运动，这会影响教练和队友。他或者会在已做好比赛的准备时放弃运动，为了巩固友谊和技能，这些都是保护因素，能避免青春期之前甚至更早期的冒险行为。在孩子小的时候，父母应注意怎么帮助孩子去享受孩子自己生活中积累的优势：好好运动，做好团队的一分子，坚持你在意的事情，学着遵守规则，同时不要被难以驾驭的竞争吓倒。这个年纪的孩子在输掉了比赛之后常常会哭，会拒不承认，会由衷地表示抗议：另一队作弊了。

作为共同育子的父母，当孩子不知所措时，你应该和你的伴侣一同帮助她。如果她抱怨某项运动本身，或是抱怨另一位家长对运动要求太严格，不要和孩子密谋串通。和孩子讨论，让她明白她自己的感受以及有这种感受的原因。如果她觉得爸爸和妈妈中的一位逼得太紧，那么，不要听她说，坚持让孩子自己与那位家长谈谈她的感受，如果孩子不愿意这么做的话，给她帮助。提前通知你的伴侣（突然的"伏击"，可能会让你们的"联合阵线"变得紧张，会影响你们的育子合作，不利于你们一起认真地倾听孩子叙述），然后一起帮助孩子。在这之后，事先已经知道孩子心声的家长应该起身致意，然后退出三方的谈话，直到孩子和另一家长之间的问题得到解决。坦诚地和孩子谈论她是否需要克服她的迟疑和沮丧（对孩子的音乐课程，你当年可能也有过同样的挣扎），帮助孩子，让她不要放弃。不要去想这个育子团队的事情是不是太多、太急了，和你的伴侣一同慢慢地去理解孩子真正抱怨的或让孩子受伤的到底是什么，孩子为什么会抱怨会受伤呢？这能让你确定，谁才是那个不管怎样都希望如此的人，你，还是孩子？你们要统一对影响因素的看法，决定接下来是全力训练、撤退还是完全退出，同时就如何克服失望等问题达成一致看法，在此之后，你们三个人再讨论一下。

如果你们不能一起讨论核心问题，那么向朋友和亲人求助；如果还是不行，那么向专家求助。

# 危险的陌生人以及其他骇人的事物

虽然儿童失踪和被拐骗从统计学角度看是发生概率很小的事情，但媒体对这些事情的骇人报道让人震惊，你并不愿将你对这些事情的恐惧直接传递给孩子，孩子也不知道危险发生的可能性有多大，离自己有多近。当然，我们想要担起责任，让孩子做好准备进入我们的成人世界，我们也希望能够让他们更安全地步入那个世界。怎样才能周全地做到这一点呢？这就需要许多关于共同育子的启发性交流；父母自身的经历，以及他们对个人安全的看法会极大地影响他们的交流。孩子成长的过程中，需要有深思熟虑的判断来帮助他们获得安全感。

大多数五岁的儿童在被简单地告知"不要与陌生人说话"时会感到焦虑。这个年纪的孩子已经具有社会性了，被父母或其他信任的成年人告知，大多数地方都是不可以去的，因为任何不熟悉的地方都潜藏着危险，这实在是无益并且不明智的。与之相反，给孩子积极的指导和简单短小的理由："在商店里要抓住妈妈的手，这里太乱了，你不想走丢吧！"孩子足够聪明，会明白你的担心是有原因的。你要做的是很好地控制担忧的量和度。恐怖主义已经在世界某个地方存在，但它并不存在于下面这段对话的场景中。孩子的一个朋友在"9·11"前后住在曼哈顿，他笃定地告诉我的孩子们："大人如果不在的话，不要在酒店过道的拐角处拐弯，恐怖分子都在那儿。"我们的孩子对酒店，对更广阔的世界并不陌生，他们不久后把从朋友那儿听来的都告诉了我们，其中有一些很显然是错误信息。这信息中包含的孩子们不能理解的大量担心和忧虑是可以感觉到的。

詹尼弗和弗兰克在这一问题上合作得很好。有人问他们是如何处理安全问题时，詹尼弗回答道："……我们告诉本，如果走丢了，就呆在商店里，向穿着制服的大人或是佩戴着姓名标签的人求助。在连续几周的时间里，每次出去购物时我们都训练本，让他去找佩戴着姓名标签的人。这更像是待解决的谜题而不是安全培训。每次看到本找对了人，我和弗兰克就都会感觉十分放心。严重的事情只发生过一次，我们在一个非常杂乱的火车站走散了，他找一位佩戴名字标签的美铁销售代表。虽然本没事，但这仍让我心有余悸。"

父母常常给孩子们混乱的安全信息，包括：鼓励孩子去拥抱或亲吻他们不认识的人（你对那个人的了解程度基本上毫不相干）；主动和不认识的小朋友说话，与之相对的是你告诉孩子不要和陌生人讲话（你指的是陌生的成年人或是比孩子大很多的大孩子）；又或者是永远要记得把车门锁好，但又告诉孩子们街坊四邻很安全。

至于陌生人，这样告诉孩子："当你想要和一个不是家人的成年人说话时，问问爸爸、妈妈或是保姆可不可以，他们告诉你可以或是不可以。想练习一下吗？"随着孩子的长大，他们理解世界的能力也不断进步，正因为这些进步，孩子们会希望听到，也有能力理解更复杂的指导和平静的安慰，具体情况由孩子自身增长的能力和对世界的理解力而定。限制孩子看电视，尤其是看新闻，这能帮助解决这方面的问题。

在这一点上有什么共同育子的建议？保持镇静与一致。你们中总有一人会表现得更为担心。也许你就是一个更容易担心的人，也许你在大城市长大或是在儿时有过恐怖的经历。世界有多么让人烦恼？在这个问题上不要给孩子相差甚远的信息，孩子会留意并决定："在爸爸面前我不用遵守'不和陌生人说话'的原则，因为只有妈妈会真正担心。"保持一致会极大地帮助孩子，这样孩子们便不会只认可你们两人中某一位的担心，而拒绝另一位。在需要强调的重要问题上保持一致，其他的问题等孩子长大一些再说。

安　全

# 媒　体

作为共同育子的夫妻，采用怎样的方法才能让孩子安全地接触电视荧屏或其他技术形式的媒体呢？十年前这还是一个带性别色彩的问题。甚至在现在，多数家庭也将技术性物品的购买、维护和安装都交由父亲负责。

但在家庭生活中，要掌握遥控器，就需要得到伴侣的支持，因为放映时间(电视和/或电脑)的问题可能会十分激烈，十分迅速，对儿童也是如此。

首先，多长时间才算太多？你们一起讨论过时间限制吗？先讨论一下，再看看这项发现：著名的儿科专家T.贝利·布拉泽顿（T.Berry Brazelton）和儿童精神病专家史丹利·格林斯潘（Stanley Greenspan）建议，在共享天伦、与朋友玩耍或家庭作业完成之后才能看电视——对五岁或五岁以下的孩子，每天不能超过三十分钟；对六岁至九岁的孩子，每天不能超过两个小时[4]。我们建议看电视的时间还要少。

幼小的儿童需要受到保护，避免电视节目那强烈的感官吸引力。对三岁的孩子来说，电视节目，包括儿童节目，会持续刺激他们，随后，神经系统会常规地接受并"习惯"（适应了刺激）屏幕上的所有东西，而不管这些是否有教育意义。看起来他们似乎是在十分开心地看着电视，一旦电视机被关掉，神经系统便会从身体消极状态和视觉兴奋状态的结合体中迅速下载所有累积的紧张，从而引起"爆炸"。[5]这通常发生在看电视，玩电脑游戏，看录像带或DVD之后。

当罗斯两岁、本六岁时，詹尼弗和弗兰克在规定看电视的时间这个问题上遇到了麻烦，而且不能互相让步。弗兰克想打开厨房的电视机看晚间新闻，因为世界大事会影响许多找他咨询的公司，但詹尼弗认为这些新闻对孩子来说太暴力了。本对电视里的所有东西都很好奇，而罗斯则重复他说的话，并对所有问题都认真思考。弗兰克认为詹尼弗对孩子们"过度保护了；而且，他们已经在看少儿频道了。至少本已经足够大了，可以开始了解世界是如何进行的。"詹尼弗回答道："不，他还不可以。"

弗兰克希望詹尼弗承认两个孩子年龄存在差距，因此需要区别对待。弗兰克的大致倾向是想让本接触更广阔的世界——了解美好事物的同时，也了解一些不那么好的事物。弗兰克没有准确地表达自己的观点，这让詹尼弗十分沮丧。弗兰克认为詹尼弗对所有的一切都刻板要求，没有考虑到特殊情况的细微问题。

在这个问题上，詹尼弗是对的。数十项研究表明，不管是电视、视频游戏、掌上游戏机还是DVD（包括迪斯尼），从屏幕上看到的暴力行为会让孩子对人与人交往过程中暴力导致的后果越来越麻木。最终他们会完全忽视受害者，像大笨狼怀尔 E.考约特（Wile E.Coyote）①或是战时难民儿童。暴力行为会影响真实生活中孩子对受害者的态度，不管他们是霸凌、战争、武装冲突，还是街头犯罪的受害者。换句话说，孩子需要保护。⁶这仅仅是开始。年幼的儿童享有的电视时间越多，他们对阅读、对创造性和想象性游戏的兴趣就越来越少，而这些都是入学准备的重要基础。同样让人担忧的是，看电视破坏了孩子总的身体活动，尤其是日常锻炼。这些比美国儿童普遍的肥胖更让人担心。罗斯还太小，不会受到影响。

我们鼓励詹尼弗和 弗兰克都反思一下自己的习惯，并使用电视摄录设备，让弗兰克可以在罗斯睡觉之后看新闻，或者干脆等着看晚上十点钟的新闻。另外，现在有越来越多的组织设计自己的网站来帮助父母思考如何培养孩子的传媒素养——在游戏、广告和社会网络泛滥的时代里，传媒素养是一项基础技能。我们最喜欢的一些网站有媒体教育基金会（www.mediaed.org）与国家媒体素养教育协会（www.namle.net）。这会确保孩子不会变成广阔的数码世界，即电子媒体或数字媒体世界中，那麻木的、厌倦使用手指的进食者。

# 霸　凌

并不是所有的暴力行为都只会在屏幕中看到。父母同样必须帮助孩子来

①动画片《大笨狼怀尔》中的人物。

应付社会暴力和情绪暴力，尤其是暴力的最常见形式：霸凌。同样，父母们童年时与霸凌相关的个人经历极大地影响了他们对如何对待作恶者与受害者这一问题的看法。我们工作时与许多家庭接触过，依据这些经验，我们发现最常见的错误就是，你自以为了解你的伴侣应对霸凌的观点和基本原则。通常情况下你并不了解，所以马上停下来，与伴侣交流，可以从以下问题开始：

▼你怎么看待小孩子之间恃强凌弱的行为？

▼如果我们的孩子在欺负她的弟弟妹妹，我们应该怎么办，如果他在托儿所有这样的行径，或是对家庭的宠物有这样的行径呢？详细地说明什么样的行为可以"兄弟姐妹之间自行解决"，对更年幼的孩子来说，遭受了什么样的行为，会让他们感觉到像被陌生人欺负那样严重？

▼孩子多大的时候我们应该开始向他谈论这个话题？（顺便说一下，在孩子三岁的时候，你就应该向他解释清楚，他的行为怎样伤害了其他孩子的感情。）

你们可能在家中或在外面欺负过别人也被别人欺负过，并且你们对这些经验有着深刻的感受。你们两人可能都察觉到，过去的经历似乎与性别至少是有部分相关，因此，孩子的性别很可能会影响你们在最终教孩子应对这一社会行为时所用的方式和内容。

杰西和萨尔正在谈论他们快要过六岁生日的女儿萨拉和另外一个十分爱挑衅的玩伴，她的父母就住在附近，和杰西家处于同样的社交圈内。

杰西指责道："我看着萨拉与菲比一块儿玩，看着萨拉那么辛苦地去顺从菲比的为难和无礼，我真想去抱住萨拉，告诉萨拉，她有多好，菲比在故意为难你，不要听她的废话，去找其他更友好的小朋友一起玩。然后，我拿出手机，打给菲比的父母问他们：'他妈的到底怎么回事儿!?'萨拉真是太温柔了，在这个年纪所有的恶意行为面前不能保护自己。"

萨尔说："我理解你，亲爱的，但把她救出来并不能让她学会如何应对别人的欺负，就算那样能让你好受些。我们需要教她，该怎么说、怎么做才能让自己不被像菲比这样的人伤害和烦扰——像菲比这样的人还有很多。"

在这个问题上萨尔是对的。学校或学前班有"防霸凌行为"的方案吗？确实有，但这些方案并没有像父母和老师期望的那样取得巨大的成功。一些研究员[7]总结，这些方案最大的价值就是让家长们确信，学校确实正在采取措施。最终，孩子们还是必须从根本上打消霸凌行为的嚣张气焰——对故意为难的回应。

霸凌是指一个孩子重复地被另一个或多个孩子有意地嘲笑或恐吓的情形。当然，如果身体上的欺负，那么成年人需要介入。但大多数霸凌行为都是言语性和关系性的，并且只在远离成年人的场合发生。霸凌行为通常很微妙，但一旦孩子们（尤其是女孩）用接纳或是排挤的社交方式来奖励或是惩罚其他的孩子，霸凌行为就转变成骇人的行为了。有时候这只是学习社会如何运转的一部分。但如果你的孩子是唯一一个不被某个聚会邀请的人，或是上个周末还与你的孩子在家开心地玩了六小时的伙伴，却在其他孩子面前对你的孩子视而不见，这样的行为就有些过分了。

如果我们够诚实（并能记住小时候与兄弟姐妹们一起的日子），我们也会承认招惹别人也是种变态的恶趣。故意招惹兄弟或是同学也可以是非常强烈而又颇有乐趣的经历，虽然这不是什么光明正大的方式。这种行为也能补偿霸凌者自己的不安全感。这也是为什么霸凌行为如此常见如此有效的原因。

但如果霸凌行为不起作用，那会怎样呢？如果霸凌者找不到可以招惹的人，或是受凌者没有任何反应，那又会怎样呢？那么，霸凌也就变得没意思，游戏结束，转向下一个孩子。

霸凌者想要的就是看到受害者明显的痛苦；如果没有看到，那这个游戏他就输了。纽约的校园心理学家易西·卡尔曼（Izzy Kalman）[8]概述了一种转变霸凌行为的方法，这种方法包括大笑、漠不关心和意见赞同——这些都能出其不意地打击霸凌者的信心，把霸凌者晾在一边，让霸凌者不敢怎么样。在菲比嘲笑她时，萨拉应该怎么回应？对于这个问题，萨尔有着相似的看法。"你不玩你的洋娃娃，是吧？"萨拉可以这样回答：

"我也玩。你喜不喜欢跟我无关。"

"好吧，我见识到了你的方式，我也让你看看我的方式。"

"科洛伊跟我合得来，我要去和她玩儿。再见！"

"真有意思，菲比；洋娃娃才不会管你怎么玩呢！"

"我现在不想跟你玩了，菲比，再见！"

杰西也应该加入进来，然后，他们可以一同与萨拉进行角色扮演，练习这些对话。

萨尔（饰演菲比）："如果你不让我先走，我就不跟你玩儿了，萨拉。"

萨拉："那么就不要跟我玩。"

萨尔："宝贝儿，很好。现在如果她说'那么你就没有朋友了。'"

萨拉将角色扮演停了下来："她确实会这样做，爸爸。之后其他的小朋友都不会跟我玩儿了。"

萨尔："好吧，那么现在你要说…什么呢？"

萨拉："我不知道。"

萨尔："这儿有一些我最喜欢的……'哦，那不会持续太久的。她们会认为你是霸道的小女孩，就像现在这样，'或者是'我真正的朋友不会听你的，'又或者是'你是不是害怕直接对我发火，所以才不得不去让其他人站在你那边？'"

我们还在尝试几年前的老方法时，上二年级的女儿告诉我们她"知道怎样对付恶霸，因为康德瑞教过她"。康德瑞是孩子想象中的朋友，她天资聪慧，在有令人心情沉重的事情发生时她总会及时出现。三岁到七岁的孩子中，有三分之二的人说自己有一个想象出来的笔友，她们只在孩子们遭受情感困惑时出现。我们鼓励她多和康德瑞亲近以支撑自己，直到有父母或真正的、而非想象的朋友愿意去耐心倾听。孩子自己思考，而不完全依赖大人，这是非常好的表现，而且——正如PBS①节目里的人物D.W，也就是亚瑟的小妹妹，会告诉你的那些非常正常但又十分有趣的事。

对你和你的伴侣来说，没有比孩子的身心安全更重要的讨论话题。在做与孩子安全相关的决定时，夫妻两人一同找一位近在身边而又熟识的专家以获得一些建议。接下来，随着生活的继续，你得兼顾自己的开心、担忧，和孩子的开心、担忧。

———————

①PBS：美国公共广播电视公司。

# 11

## 教 育

如切如磋 如琢如磨

学习应该建立于孩子天生好奇心力量之上。

"没有错误——只有教训。"该格言出自凯尔的游泳教练，我们在上一章中已经对他有所了解，当其他格言日渐消失在我们记忆中时，该格言因其真实性一直与我们相伴：孩子的教育始于与父母相处的日常生活中学到的知识教训，父母就是孩子的第一位老师。这些知识教训包括学习如何得到需要的东西，什么东西品尝起来、感觉起来或者听起来不错——不是从 '做错'的事情中——你可以信任谁，为什么头朝下下楼不对。被烧伤教会你远离火炉，因为它们可能让自己受伤，不是因为爸爸妈妈不同意。掌握知识记住教训时，内心会有极大的满足感。成年人中肯、开心的表扬能够强调某段经历，但是不能增加知识教训。那么为什么父母是如此重要的老师？

明智的做法是父母独自以及共同深思该问题，然后放心地把孩子交给学校或日托的老师。如何知道孩子是否准备好了：

▼第一张婴儿床？

▼玩游戏？

▼玩具轮子？

▼没有你在场参加生日聚会？

▼在外过夜？

▼努力学习？

▼夏令营？

情况可能是，前三个问题的答案结合自己对孩子下一发育阶段做的准备猜想得出，而后四个问题的答案更是基于你对孩子在这个阶段深刻的理解。当然，你与伴侣和孩子越亲近，你们就越善于看出孩子何时能够接受新事物并掌握新事物。父母是孩子重要的启蒙老师，对孩子渴望接受新挑战的心理，应该持支持态度。毕竟你如此了解他喜欢什么，讨厌什么，什么使他高兴，什么令他受挫，他多么渴望独自做，以及什么时候他需要你的亲近。这些来之不易的

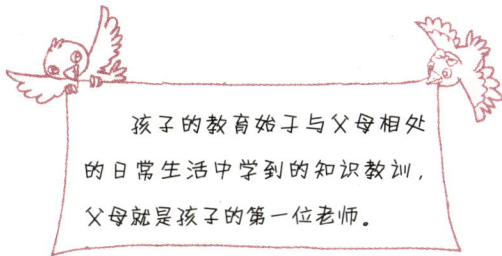

孩子的教育始于与父母相处的日常生活中学到的知识教训，父母就是孩子的第一位老师。

知识造就你们成为最佳的解惑者，解释令孩子困惑的事情；当孩子准备好扩大新技能或尝试新事物时，你们则成为孩子最好的鼓励者和支持者。成长本身就注定孩子会迎接新事物；关键是什么时候。父母一方或双方能看明白这些明显迹象——当你们的孩子观看另一个孩子玩的时候，你们从你们孩子的情绪、声音或身体中看出迹象，这要么是孩子的想法要么是你们的想法。从育子指导书中不可能找到这些答案。你们也会第一个明白自己判断有误：辅助轮又闲置了一个季节，或者乐器落了灰尘。

你心里可能明白欲速则不达的道理和现实，犹如对着西红柿大喊"赶快成熟！"但是真理的另一端是几十亿美元的工业，等待你通过购买特定的新玩意或DVD加速孩子智力开发。想花费金钱，你有种种更好的方式。但是孩子基本发育的需求是不变的：他们被珍惜、被关爱，并能够去珍惜和关爱别人；父母应该按照孩子的独特的天性去保护他们，教育他们，充实他们。

# 学习的机会

不要为让孩子尽快做好上学准备而焦头烂额。育子问题中有个不值得讨论的话题：即如何加速进程确保孩子是班级最聪明的学生，即便你的伴侣完全不同意这种说法。孩子没有出生前即已开始发育其竞争能力。营养、基因

和经历——所有这些环境子宫都提供了——能够辅助智力发育。这也许解释了孩子学会聚焦于14英寸以外的事物之后，你在孩子眼中看到的那些转瞬即逝的"明了的一瞥"。本章我们将讨论各种各样的学习机会，从家庭到正式的学校学习再到毕业后的计划。

### 耳边音乐……

想要更多的明显证据证明孩子为学习做好了准备，看看孩子对音乐的爱好，许多孩子产前就有这种能力。如果孕妇经常音乐胎教（没有对孕妇使用苹果随身听的研究）及/或如果父亲努力为子宫中的孩子唱歌，情形更会如此了。

这是教育孩子欣赏音乐的机会——任何音乐——尽管父母意识不到音乐除去娱乐之外的价值。如果潜意识里，你认为音乐除了娱乐之外，还有更多的价值，那你应该确凿无疑地知道：如果孩子坚持每天听音乐，孩子的记忆力、语言表达能力、处理问题的技巧都会更棒。（不要把这个看法与过分吹捧但鲜有人支持的"莫扎特效应"混淆，即莫扎特音乐加强记忆力及抽象推理能力的理论。该理论的证据确实存在，但是这种效应对大学生来说只能持续两周，与幼儿没有任何关系。）音乐是持久的交流方式，甚至在人们年老的时候，比智力的交流更长久。有时候老年人得了中风或者痴呆症，丧失了语言表达能力，但是仍可能通过哼唱进行交流。

也许你们当中一些人比别人更有乐感，尽管人种音乐学家认为，每个人都具有音乐的天性。我们的儿子挖苦说："妈妈可以歌唱任何东西，尽管她不会唱歌。"尽管玛莎唱歌走调，但是她对歌词的喜爱教会了孩子音乐知识，孩子父亲敏锐的乐感为孩子增加了另一维度。所以孩子从我们这儿各取所需。歌曲——你了解并喜欢的——应该是日常生活的一部分，像洗澡、吃饭和玩要一样。音乐对你和孩子都有好处，所以你们听音乐的时候，通过肢体动作（敲击或跳动）强调节拍，有助于孩子集中听力。

如果你使用录制的音乐，把你和孩子的声音混合在一起。大量称之为童谣的音乐太甜美或者表演手法或演唱技巧不佳，所以他们更喜欢有旋律、有特点、有节拍和有惊喜的歌曲——罗西尼（Rossini）、披头士（The Beatles）、斯科特·乔普林（Scott Joplin）①、格什温（Gershwin）②、海滩男孩（Beach Boys）③、普罗柯菲耶夫（Prokofiev）④、Flat & Scruggs组合（Flat & Scruggs）⑤、奥尔夫（Orff）⑥、圣-桑（Saint-Saens）⑦、Frankie Valli 和四季乐队（The Four Seasons）⑧、巴赫（Bach）⑨、约翰·威廉斯（John Williams）⑩和柯川（Coltrane）⑪，简单列举我们最喜欢的音乐家中的一部分。身边存有一篮子的乐器（或者至少是那些你最能容忍的乐器）方便可用：铃铛、小手鼓、三角铃、口琴、木琴、鼓、振打器、口哨及卡祖笛就是些不可抗拒的有效选择。你的参与让孩子受益，所以加入康加舞行列，动起来；如同家庭制作的音乐剧。

如果你更喜欢正式的环境，查查音乐课程。询问周围的人哪个班级的老师最好；一个好老师一节课能讲十节课的内容。家中若有蹒跚学步的小孩，

①斯科特·乔普林（Scott Joplin）：被认为是第一位创作拉格泰姆音乐的作曲家。
②格什温（Gershwin）：是真正将美国通俗流行音乐与专业音乐结合起来的作曲家。
③海滩男孩（Beach Boys）：60年代最顶尖的美国迷幻摇滚乐队。
④普罗柯菲耶夫（Prokofiev）：俄罗斯作曲家、钢琴家和指挥家。
⑤Flat & Scruggs组合（Flat & Scruggs）：蓝莓音乐著名音乐组合。
⑥奥尔夫（Orff）：当代世界著名的德国作曲家、音乐教育家。
⑦圣-桑（Saint-Saens）：法国作曲家、管风琴家。
⑧Frankie Valli和四季乐队（The Four Seasons）：Frankie Valli为四季乐队成员之一，四季乐队扮演了"黑人音乐的白人解释者"的角色。
⑨巴赫（Bach）：巴洛克时期的德国作曲家，杰出的管风琴、小提琴、大提琴演奏家。
⑩约翰·威廉斯（John Williams）：世界上名气最大、最受尊重的作曲家之一。
⑪柯川（Coltrane）：爵士萨克斯大师。

有助于唱歌走调的父母参与其中。对于孩子来说，学音乐的目的是能够跟着调子唱（最终），保持节奏感，而且觉得好玩。如果孩子表现出兴趣，并且渴望学习更多的音乐知识，考虑去一趟当地音乐学校的展会，以便孩子能够尝试大量乐器。如同阅读，对音乐的激情应该是属于孩子自己的，而不是你强加的，这样学习兴趣才能持久。

# 一幅画表达千言万语

艺术世界是家庭教育中的另一根大柱，它有着明显的教育效果。"模仿拉斐尔的画风只需花费一两个十年，但是要像孩子那样绘画则需要一生的时间"，这是毕加索的格言，虽然很逗，但它强调了素描和油画的重要之所在。应该鼓励、庆祝孩子内在的、天生的艺术本能，而不是能成名成家的潜能。这对孩子很重要。但并非具备特别艺术天赋的父母需要成为孩子的赞助人么？

尽管许多父母相信自己的孩子具有艺术天分——这种看待自己孩子的方式充满爱意——大多数孩子仅仅是享受制作艺术的过程。用彩笔在一张纸上画来画去，创造本来不存在的东西是一种令人愉快的经历。这也是激励眼睛和双手合作的很重要的智力劳动。绘画需要注意力，它唤起特定的好奇心，并驱使孩子重复一项任务直至完成。所有这些技能有助于孩子为学校的群体学习做好准备。以下是鼓励该艺术创作过程的方法：

▼ 让孩子有可供制作艺术的空间。无论是新闻用纸还是装订在楼梯或卧室墙面的白板，或者是小房间的可折叠轻便桌子，主要用它来进行艺术创作。我们认识的一位儿童读本作家在餐厅安装了一块儿黑板。他的想法和孩子的

艺术都能在那里找到发泄之处。

让孩子使用高品质的材料，时不时增加新材料似乎能激励孩子。粗的、易握的、水彩笔，蜡笔，亮色壁画漆，以及一些油画棒。确保你有块油布（在布料商店可以买到）以保护地板，工作服或'爸爸宽大的旧衬衣'来保护孩子的衣服免于弄脏。

▼ 向孩子建议一些你知道他喜欢上的东西（鱼、飞机、小狗、冰激凌），以此来帮助孩子在绘画时能展开想象的翅膀，或者采取措施带来些有趣的东西——钥匙链、小毛绒玩具、玩具车或者牙刷。镜子以一种特别酷的方式让孩子从不同方式审视事物。然后你离去。一岁末尾及刚刚两岁时孩子开始随意涂鸦，三岁时便能以一种更加自控的方式绘画，四岁时的绘画就能够被识别和评定了。五岁至七岁之间，孩子的绘画便具有代表性——绘画的蝌蚪看上去就像蝌蚪。但是无论孩子处于哪个年龄段，随意、简单的涂鸦都会逐渐变得更达意、更具体，这种道理是不变的。

▼ 如果你感觉自己必须对孩子所做的事情发表评论（我们中大多数人是这样的），仅仅描述就足矣，例如这样说，"我看到许多圆点"，"我注意到你喜欢盒子"。这不是指导，而是冒险，方式无所谓对错。但是，但最重要的是，你对孩子作品的欣赏和关注能无言地传达出这样的信息："我就是喜欢它，我喜欢和你在一起。你是奇迹，无论创作最后呈现出来是什么样。"

▼ 如果孩子告诉你她在"做"什么，不要太投入，多半是几分钟之内他就会改变自己的意愿和设计。

我们的一位电脑通亲戚复杂化（丰富?）了这种方式，让我们四岁的孩子坐在他大腿上，教他在手提电脑上创作"艺术"。这代表了一种困境——引进我们共同育子努力中没有预料到的东西。电脑对孩子的创造性和教育是好事还是坏事？电脑的诱人编程将或应该代替纸张、蜡笔以及人为帮助，成为年轻艺术家谋生的工具么？科学文献中关于这个问题的争论比厨房餐桌旁的争论要多得多。根据最近的调查，[1]我们知道大多数年幼孩子的父母十分赞成将电脑作为教育技术设备，他们感觉自己有责任及早让孩子认识电脑。大多数头脑冷静的专家将告诉你，即便大量有用、有趣的互动程序现在就能买到，电脑比电视更具教育创新性，平衡的媒介组合是最好的——包括纸张、蜡笔/彩笔——至少目前是这样一种观点。[2]

# 第一次正式的教育经历

当看到孩子因使用双眼、耳朵、双手、身体、声音以及感觉而感到高兴时，自然而然，孩子进入下一个发育环节，而家长也会考虑在家外创造更多正式的教育环境。选择似乎受限：家人照料或者非家人照料、育幼院，合作幼儿园，"育养"（儿童保育及学习环境的新名字）。什么是家庭及孩子的正确选择，你和伴侣将如何共同决定？

孩子准备好离开你去学校，和其他孩子在一起由老师管教么？孩子是否足够聪明或是否渴望和其他孩子一起学习么？你对前者的看法更为重要。夫妻很难在同一个时间出于同样的原因得出相同的结论。从统计数据得出，一般情况下，孩子蹒跚学步时期便离开家参与某种形式的集体儿童养育。如先前讨论的那样，该发育阶段对共同育子联盟是个特别的尝试时期，因为夫妻对独立自主和依赖持有不同的观点，所以从两性的观点审视这件事很重要。以下是典型例子：

一群聪明的、接受过高等教育的母亲围坐在咖啡店的桌子旁。米莉正在告诉她的朋友，她希望雅各布，她三岁的儿子，开始上育幼院。她认为，儿子厌倦了只和妈妈在一起，尽管她会努力让儿子有事可做。但是肯尼，她的丈夫，感觉她应该让儿子在家呆更长的时间，进入集体背景还为时过早。以肯尼看来："他整个一生都将远离父母和家庭。我们同意给他一个好的基础——那就是我们自己。"

米莉感到伤心，肯尼给她很大压力，并暗示她因为想要更多的自由才这么做的。"他不是我，不需要整天都陪着孩子，"她告诉富有同情心的朋友，"他，不像我，看不到孩子准备好迎接更多的东西。孩子有用的东西才是有价值的，但是当你真正了解他时，你会发现他并不是像你期望或梦想的那样。"

问题不是他是否去集体儿童养育（保育园），而是他是否适应。父母的不同观念和欲望使该问题变成更为恼人的抉择，不要说米莉的或大多数母亲的矛盾心态，这是父母双方必须面对的问题。

你如何知道孩子为她的"第二个学校"做好了准备？（你是她的第一个，忘了么？）你们中的一方可能比另一方对此改变表现出更多的热情。有时候，准备好是虚假的，因为成年人有时会过分担忧急迫的职业问题、工作烦恼、其他长期和短期的现实问题。但是如果你想观察孩子是否适合上幼儿园，你看看孩子是否有一下迹象：

▼ 看到其他孩子在保育园外面一起玩耍时，他会充满好奇并且问他们在干什么，他们是谁，或者"我也能去玩么？"
▼ 他的技能和爱好似乎超越了家中玩具及娱乐室所能够提供的东西。

▼ 日常生活中遇到同龄人她会十分留意，只在邻里中结识的密友感觉已经不够。

▼ 她对书本、艺术及音乐的兴趣日益增加，需求更大。

▼ 随着她想象中游戏的丰富，"大男孩"或"大女孩"的谈话日益增加。

并不是种种迹象同时发生，才考虑该让孩子上学的事情，也可以只是其中的某些迹象。这些都可以表明，在你的帮助和允许下，孩子已经到了拓宽自己的世界的时候了。

## 选择一个课程

你应该选择什么样的课程？好课程能够为孩子提供安全、兴奋、爱意浓浓的环境，并且注重在有限时间内引导孩子与同龄人共同学习。若课程不能满足以上任何一个条件，就不能称之为好课程，无论周边是否有人把自己的孩子送到该学校。

在家长充满爱意的关注下，高质量的课程旨在拓宽孩子家庭之外的社交圈子。成年人对孩子的理解程度对孩子的体验和感受是否丰富至关重要。大多数孩子喜欢和其他孩子一起，所以孩子的乐趣不应该是择校的主要决定因素。

学习应该建立于孩子天生好奇心力量之上（这正是门窗泄水台如此盛行的原因），应该非常重视玩耍。以下是附加的注意事项：

▼ 对于两三岁的孩子来说，小班级最好，因为他们需要大人密切的关注。各州授权法不一样，但两位具有熟练技巧的成年人照顾人数应该不高于8至10人。

▼ 可以接受四岁孩子加入稍微大的集体，因为他们需要的直接监护要少

一点。

▼ 老师及助理应该开办早期儿童发育和/或教育。这并不是指几个周末继续教育补习班，而是在良好看护下进行的持续一年或最好更长时间的训练。应该预期规划老师继续教育的机会。

▼ 人员流动率较低；如果流动率高，继续寻找，不要回顾。

▼ 尽管随时欢迎家长来访，学校（和家长）应避免干扰的来访。午休时间或安静时间绝对不是来访的好时机；午饭时间更好。你可以听孩子们围着餐桌交谈，得知许多事情。

▼ 违纪方法应与你的信仰一致，并且清楚明了，始终如一，随时可以做出解释。

▼ 关于生病的孩子的政策应该清楚明了，并贯彻下去。

▼ 物质设备应该安全、卫生；老师应该接受基本急救、心脏复苏术及窒息应急管理的训练。

辨别课程高质量的最好方式之一是查看它如何应对分离。此刻是你和孩子最脆弱的时刻，所以教学人员帮助你们的能力，反映出其照顾孩子时的情感和理性。母亲认为这一点尤其重要，因为孩子一般更容易与父亲分离。但是父亲应该警惕学校的相关政策，因为那些政策暗示出学校众多的价值和理念。伴侣对政策的满意有助于巩固共同育子联盟。查找学校关于退学、离校及接送学生的明确政策。

孩子开始上新课程时，你应该在头几天或几周多陪孩子一会，逐渐减少你的陪伴。该走之时，不要留恋。当孩子为你的离开做好准备之时，不要犹豫，离开他，这样做有助于锻炼孩子处理事情的能力。有"可以挥手再见的窗口"么，从那里孩子可以看到你挥手再见，离去，然后他们转过头参加早上的活动？当你对是否离开孩子怀着负罪感和矛盾心理时，老师会介入应对恋恋不舍你离开的孩子以及不舍的你么？他们强调为了孩子的安全或员工的便利应该准时来接孩子么？

即便你和伴侣对择校环境达成一致意见，真正面临选择之时仍会非常困惑、充满压力。听课是主观经验，因此仅仅靠听课几乎不可能分析不同学校教学方式及理念的差异。他们不都会说，他们"以学生为中心"，"以孩子发展为动机"并"以个性化的方式满足每一个孩子的需求"么？你们的择校标准是基于儿时记忆中对你们有效的环境，你们对教育的信仰，愉快或成就哪个更重要，你们可以负担得起什么类型的环境——从经济、家境以及婚姻方面考虑。

典型的家长交流应该如此：

妈妈说："我就想让山姆会玩。短暂的童年应该是美好的。"
爸爸回应："我就想让山姆喜欢学习；童年早期打下基础非常重要。"

当然，他们都没有错误。

结合我们四十年的学前及学校咨询经历，我们多次从所知道的最好的指导者口中听到以下颂歌：大多数孩子在幼儿园茁壮成长——无论学校理念如何——员工是否有经验、充满爱意、创新、灵活。换言之，如果老师之间，老师与家长之间，最重要的是老师与学生之间关系融洽，那么幼儿园就会很好。学校的教学理念与你们没有关系吗？对父亲或母亲来说……这是不可能的。

孩子如何参与集体学习，虽然各个学校教学理念稍有差异，但是基本采用五种略有重叠的基本方式。

我们以下的描述——不是为了背书或营销——而是为了激励你与你的伴侣讨论各自认为对孩子和家庭最好的选择。然后你们走出家门到外面看看，争取得到这种选择或者重新评定孩子目前的情形，因为随着孩子的发育你也许需要考虑一下第二套方案。以下是五种方式：

### 合 作 (Co-op.)

在合作中心，家长们和老师们为蹒跚学步的儿童及学龄前儿童提供充满活力的教育经历。花费相对不贵，设施适中。父母定期的参与能够丰富该经历，同时还有社区服务老师及帮助合作教育顺利进行的其他孩子父母的参与。合作教育要求父母具有相当的参与其中的责任，它所要求的关系非常紧密而且要求很高，具体情况取决于该合作教育计划的时间表中涉及的家庭数目（及家庭周期互动）。

### 以玩为本 (Play-based)

在美国的幼儿园里，主要的常见理念的前提非常简单：好玩，在非完全监视下的状态下学习，鼓励孩子培养和发展交际能力及解决问题能力，同龄（基本同龄）儿童组成小群体训练学前语言，以及交际发育、情感发育、运动发育。精心布置的设施、装备非名牌（非公共广播公司，非五分钱娱乐场，非迪斯尼）（non-PBS, non-Nickelodeon, non-Disney）的玩具和游戏，通常可以旋转。游戏设施出现故障时，老师提供帮助，但主要是孩子根据自己的想法玩。

### 蒙特梭利 (Montessori)

思想家马利亚·蒙特梭利（Maria Montessori）相信：当玩具的价值被最小化时，孩子的独立思考能力更能被启发；而且当孩子处于不同年龄孩子中间，仍能在安静、整齐的环境中独自玩耍这些"动手玩具"。（操作材料是用心设计出的一系列独特的拼图、积木、铃、锣等等，蒙特梭利学校要求使用这些操作材料鼓励孩子有创造性地玩耍；从不把操作材料称之为"玩具。"）教师与儿童之比较大，强调自主和规则——受到孩子们很好的评价——令有民主倾向的父母感到不快。在美国，"蒙特梭利"意思通常是"受蒙特梭利影响"，因为典型的蒙特梭利课堂要求宽泛的监护，这是一些美国学校无法提供的。对那些喜欢这种方式的孩子——这样的孩子很多，大多数父母感觉需要通过提供更多校外社交游戏机会来补充孩子们的经历。

### 瑞吉欧·艾米里亚 (Reggio Emilia)

以小城名字命名的理想意大利幼儿教育模式。20世纪60年代，家庭、教师以及政府官员对幼儿教学模式进行彻底改造。共同在团队中工作，教师构建及"课程化"以游戏为基础的经历（教师一起构建以游戏为基础的经历，并且使之成为课程的一部分），主要强调"意向性"。通过广泛观看（已经录像）孩子自然的玩耍，学校设置一周至一个月的课程，充分利用已经存在孩子头脑中的想法。该教育模式特别强调社团性，而且他的艺术活动非常昂贵。时至今日，这样的幼儿园只有几所存在，主要在各州重要的文化中心，但是它们正变得越来越有影响力。

### 华德福 (Waldorf)

奥地利哲学家鲁道夫·斯坦纳 (Rudolf Steiner) 认为，没有竞争和表演的压力，幼儿可以自然地在富有想象力的、平和的、低科技环境中学习。日常讲的故事主要是童话故事、寓言以及神话故事（对，通常带有神话色彩），这些故事常常引导孩子探索自然的周期、自然的节奏以及音乐。玩具是木制的、布料及稻草的（没有塑料或橡胶），故意购置非商业的玩具。该方法不鼓励让孩子接触媒体（在幼儿园内外），因为身体和想象力的发育在孩子前五到六岁时非常重要。尽管老师通常为大家大声朗读，但是他们不鼓励孩子五岁之前的识字技能，不支持孩子读书及写作直至孩子到六七岁的时候。

你和伴侣需要针对孩子的发育状况，最终抉择适宜孩子茁壮、健康成长的环境，而不仅仅局限于满足孩子当前的发育。孩子会茁壮成长的。我们强调，尽管所有的孩子都在成长，但是来自对教育感兴趣家庭中的大多数孩子学习表现通常很好。孩子茁壮成长，大脑开始发育，想象力及处理问题的能力得到极大的提高。所以让孩子拥有一个说得过去的经历，因为这样做比较容易而你又不确定还需认真考虑做些什么事儿。为什么不抓住机会，尽最大的努力给他提供一个丰富的经历？这样，孩子随着年龄增长，逐渐进入高一级的学习环境，你会越来越满意。如果任何一项课程设置听起来适合孩子，如果你们足够幸运能够做出选择，一起拜访一下学校吧。

# 孩子和家务事

孩子进入下一个教育环节（幼儿园）之前，很可能出现常见的共同育子困境/时机：孩子的差事。

三岁左右，孩子开始问他们是否可以"帮忙。"当然，如果你被大量的家务搞得筋疲力尽，答案是不可以，即使你说可以。似乎很难为孩子寻找一个有意义的参与方式。但是，如果考虑到自尊、自主、独立，答案则是"当然可以！我喜欢你来帮忙！"对孩子来说，能够帮助喜欢的人，是项重要的经历，有助于培养积极的自我感知，尽管孩子鲜会有序、有效地参与家务事中，不弄脏衣服就更少见了。但是，允许孩子帮忙能够让他们自我感觉良好。大多数幼儿把能够帮助家人视为参与家庭事务的机会，不再仅仅是消费者或"婴儿"，而是"大孩子"帮手。这个年龄段，对他们来说，帮忙是机会，工作甚至或许是个潜在职业。即使它耗费你的耐力，记住家务事是孩子拓展教育的一部分。邀请孩子参与，肩并肩取得小小的家庭成就，无论是除杂草、叠衣服还是弄干莴苣。

共同育子的摩擦不是源自你们是否认为应该允许孩子帮忙，而是什么时候，如何帮忙以及给予什么奖励。关于期盼孩子做些什么或什么是可接受的行为，父母常常持有不同的观点。分配任务之前，你和伴侣应该就这类问题中的一些展开讨论并给出解决办法，以便事情出乎计划之外时，你们能够互相支持。请思考：

▼ 家务应该被强制执行、鼓励还是给予补贴？

▼ 他们应该被提供报酬么，或参与家庭实践本身就是奖励？

▼ 应该允许他们帮助做特定的家务么，即便他们帮忙的时候，很可能会把东西溢出、打碎或搞糟？

▼ 你们夫妻二人如何认定特定年龄段的孩子应该做什么样的工作？

以下这些方式是关于如何让孩子把热情发挥在帮助家庭上面的建议。（如果效果还不错就接受；通常是你刚准备好宣布孩子可以干家务，允许她帮忙，孩子却不帮了。）工作应该在孩子体能范围内，略带点挑战，他还能看到真正取得的成果，并且对你、孩子和家庭都有价值。

两岁儿童可以集中足够的注意力、完成大体简单的任务，例如：

▼ 在洗涤槽洗涤农产品。

▼ 用小装水罐子或水管浇灌花园。

▼ 帮助给小狗刷毛（要足够耐心），并添加食物。

▼ 手推地毯吸尘器（仅仅是机械类型的；他们还不能使用真空吸尘器。）

三岁儿童，技能日渐增长，可以：

▼ 把要洗的衣服和镀银餐具（没有锋利的刀具）分类。

▼ 把玩具收集到篮子里。

▼ 使用孩子用的扫把和簸箕打扫房间。

▼ 擦拭柜台。

▼ 捣碎和/或搅拌食物。

▼ 在食物上撒果酱或花生酱。

四岁儿童意识到帮忙可以受到别人尊重。他们喜欢：

▼ 用小水罐，给餐桌旁的人倒水。

▼ 摆餐桌。

▼ 使用擀面杖或筛子。

▼ 在花园挖土、除草、种植及浇水。

五岁儿童为有责任地完成一项工作感到自豪，可以把以下事情托付给他们：

▼ 折叠洗过的衣服。

▼ 把洗好的衣服晾晒在晾衣绳上。

▼ 在厨房使用搅拌器、马铃薯搅碎机、手动榨汁机。

▼ 在工具凳上使用砂磨块和小锤子（当然，在监护下）。

六岁儿童寻找自信感并且意识到使用家庭工具与任务之间的因果关系。可以托付给他们：

▼ 从小垃圾篓里提出垃圾。

▼ 骑车到垃圾场或回收站的差事。

▼ 帮孩子打开真空吸尘器之后，让他们自己使用。

▼ 使用吸尘器（真正喜欢的东西：把袋子拿掉，看灰尘飞舞！）

七岁儿童喜欢被别人看到自力更生，他们开始开发早期阅读及数学技巧。他们能够：

▼ 自己留意需要干什么（例如摆餐桌）并最终付诸行动。

▼ 帮助弟弟妹妹做家务或给他们读故事使他们安静。

▼ 使用量杯做饭、洗衣服或喂宠物食物（基本上，每项测量任务都充满冒险的刺激）。

这些年龄段，并不需要强制帮忙，孩子通常会热情地自然流露出来，掌握日常家庭生活中重要的事情。同时，也无需为这些家务支付报酬。实际上，一些发展经济学家认为用金钱奖励孩子会适得其反，因为家庭建设任务本身就是给予他们的奖赏。但重要的是，你和伴侣要决定哪些任务对家庭合适。

弗兰克的父母是工薪阶层，小时候父母就教育他，努力工作很重要，孩子做家务应该付费，这样他们就想工作一辈子。詹尼弗的家庭认为孩子十岁开始做家务，并且没有补贴。两个人并没有意识到这些经历对自己的影响已经表现出来，直到有一天六岁的儿子本告诉詹尼弗，他不会再为她工作了，只为爸爸工作。

"为什么呢？"她问。

"因为爸爸给我钱你却不给。"

第一次，他们意识到彼此没有交流，在两种不同假设下各行其是。

也许，你会发现自己在想：这些决策对儿子和女儿所起的作用是不同的，如同这些决策对父亲和母亲的含义不同。你的想法是对的。以下是研究结果[3]：

▼ 男孩和女孩的大脑不一样，因为男孩大脑中控制大块肌肉运动区域会生长更多的神经元连接。大脑中与空间和机械连接的相关区域更大、更发达。读写能力的发育普遍比女孩晚18个月。感情借助语言表达得更慢。

▼ 而女孩则不同，因为女孩大脑中负责语言流畅度（最终是写作流畅度）及负责感情识别区域成熟更早，发育得更大。精细动作技能发育得更早、更广泛。大脑中情感集合区域更早、更广泛地与语言加工及语言处理技能相连。

因为这些差异的存在，你有理由让儿女们做不一样的家务。如果你有一个孩子或有儿也有女，注意不要让这些趋势强化为日常生活中的模式。这些早期发育差异随着孩子开始上学而自然结束。

在塑造孩子及孩子兴趣方面，不管是在校内或校外，不要忘记孩子的性格、脾气、性别都同样具有很大的影响力——如果不是更大的话。所以当你们共同仔细考虑送孩子到哪一所幼儿园时，不要忘了把他独特的需求和能力放到属性清单的首位——而不是性别。

# 大园：幼儿园

幼儿园有多重要？"大学校"，我们家如此称呼，是指"小孩子"在大地方，学习和成就都是非常重要的事情。即使你的孩子已经有几年学前班的经历或者其他集体学习经历，现在她被期待更加成熟、更加负责。她也许为自己最终背着新书包、穿着新运动鞋进入真正的校园激动不已，她也将会被提醒，现在刚刚开始一场真正的赛跑，大孩子已经进入赛程好几年了，没有逃避；而且孩子偶尔还会感到越是用功，却越落后。

我最小的女儿上幼儿园第二周就开始叹气，幼儿园使她"真厌倦做大小孩了"。所有谈话都被测试，而老师却似乎比学前班更加遥不可及。大多数早期童年专家同意这也许是孩子在幼儿园及一年级前最艰难的调整（青春叛逆期之前）。这令父母吃惊，他们为孩子终于进入正规学校松了口气并为之自豪——生活很美好，不是么？既然孩子进入新阶段，就不像以前那样如此需要人照顾。错误！你应该把它视之为另一个非常重要的、过渡时期的、共同育子的时刻。

孩子正式开始幼儿园生活，父母常常因孩子在情感上对父母的需求和恐惧而猝不及防，但程度不同。

一对夫妇，孩子刚刚上幼儿园，他们解释说担心为儿子选错了学校。

妈妈说："伊恩过去在早上常常迫不及待地跳下床，穿好衣服准备上学前班。现在我们要花一个小时的时间为他脱下睡衣，穿上内衣。他说他不喜欢学校，没有人陪他一起吃零食或午餐，休息时间没人和他一起玩。另一方面，他会带着很棒的艺术品回家，老师说他是学校的一个亮点——爱交谈，乐于助人，渴望学习。我担心这并不适合他。"

爸爸说："我认为他正在摆脱我们的束缚。我去接他时，几乎不能使他进入车内，他如此喜欢社交。然后他问我们能否把车开到他以前的学校旁边，看到其他孩子玩他称之为'我以前的'格子爬梯时，又叽咕不停。接他时，我试图用双眼寻找他的那些可能成为他朋友的小孩，而他却打消了这个想法，说班上每个人他都不喜欢。我认为他怀念过去了，还没准备好新的开始。无论在哪里，他会最终振作起来。"

伊恩为是否能够融入"大学校"感到焦虑，自己还似乎是小孩子。退步代替进步，他在老师面前竭力表现，然后把所有大"婴儿"的忧虑都带到父母这里："我需要的时候，你还会搂着我，宠爱我么？"代替了"我能够做——不要把我当婴儿看！"尿床、肚子疼、兄弟姐妹间的激烈争吵也许都会暂时重现。所有这些困境在我侄子身上有所体现，这是他第一天到幼儿园，回到家，踢掉鞋子，猛然倒在沙发上，然后失望地说："我今天不想读书了。"

尽管父母可能感觉他们希望用不同的方式处理孩子的退步问题，但是他们应该理解调整时期对孩子的重要意义。你需要首先注意，大多数孩子会对父母中的某一位哭诉得更多。他们有时希望能被宠爱（通常是母亲），父母对此观点却大相径庭。父母中任何一方或双方可以做以下事情：

▼ 早早开始（大概几周前）与孩子谈论他们去学习的下一个地点，幼儿园。

让他知道日常作息将会有变化，但是他将很可能在班上结交一些朋友及/或认识些邻居。

▼ 开学前一两天，带他去校园，最好进去看看他的教室。在正式开学几天前，带孩子拜访新老师，参观教室，对大多数孩子都有帮助。这种练习性预演减轻孩子不知道将去哪里、迷路、"没有人知道我"以及找厕所等等的忧虑。

▼ 大多数州要求孩子需由儿科医师做一下全面身体检查。不仅对我们的孩子重要，还具有象征意义，她正在成长，视力、听力、全方位身体发育及免疫系统都接受健康专家的检查。这些都是里程碑，你可以视之为做好上学准备的指标。

▼ 开学之前，寻求帮助列写购物清单，为孩子重新买铅笔和练习本，装扮就餐号，核对你任务清单中的差事，等等。从本质上讲，这不是严格意义的学术工作，但是幼儿园餐桌或课桌上完成的许多工作都要求熟练使用铅笔——及必要的眼手协调能力，所以为孩子体检是不错的想法。另外，这是应对"铅笔焦虑"的良好解药，大量幼儿园老师在前几个月都会目睹这种焦虑（用力地书写字母，以便孩子们能够辨出字母或数字）。

等到学校总算开学时，孩子的需求发生了变化。她需要更多的关注，而不是更少的关注，这意味着父亲或母亲在单独与孩子相处时应做些孩子选择的活动，不要用手机，也不要同时做多项任务。这有助于孩子度过因发育飞跃而产生的无安全感的这个阶段，有助于孩子明白，你参与了她真正的学习生涯的第一年。自愿为班上同学读课文，参加实地考察旅行，让她知道你在帮助她融入集体。最后，让她展示自我能力，过去的以及新的。这正是绝好的时机，取出剪贴簿及过去的成长录像，庆祝她作为伟大人类中一员到目前所取得的显著进步。她的创造力和想象力不断涌现，与她的执拗和固执并驾齐驱。她需要知道父母双方理解性格中的方方面面组成完整的她，这是件令人如此害怕又激动的事情，而你们就在她这个"大小孩"身旁——与过去一样可以依赖。

我们没有聚焦父母在孩子早期学校生涯中所起作用的异同，因为数据表明父母双方通常都会努力为该年龄段的孩子进行知识教育、树立榜样及道德培育。当今，学校通常会比以前更注重父亲的参与，为工作的父母提供不同时期的家长会，邀请父亲参加各种节目，读故事、讲故事，欢迎父亲参与家庭教师协会/家长教师联谊组织，等等。如果你们学校没有这样做，从校长开始，找出原因并进行改善；孩子需要你们双方的出席和参与。关于学校教育方面，父母之间存有较小差异，父亲也许会更强调孩子的知识和智力成就。[4]这也许仅仅反映出态度差异而非行为差异，因为父母支持孩子知识和智力成就的方式没有明显差异。[5]

如果老师与孩子之间产生问题，父亲是有效的家庭代表。问题出现的常见信号之一是孩子抱怨老师"不喜欢我"、"不找我"、"吃午饭的时候不帮助我"、或者"我真的想去厕所时不让我去"。幼儿园相对学前班的教学及课堂模式而言，呵护、亲身体验模式更少，孩子的牢骚通常意味着他难以做出调整。你可以温和地和老师、和孩子一起探明真相，先分别探索，然后共同商讨。当父亲帮助找出解决方案时，通常都能找到，教育制度通常会接纳父母的参与。如果不接纳，会给共同育子联盟带来很大压力。

这种情况，焦急的母亲也许想立即付诸行动，但是有时这样做成功可能性更小，而父亲的参与会提高成功可能性。


温迪为了找出自己上一年级的孩子埃文感觉老师不喜欢他的原因，几次与埃文的老师碰面。尽管埃文的抱怨看起来似乎没有理由，但他回到家天天继续抱怨在校不开心。最终温迪的丈夫约翰厌倦了这种诉苦，所以和温迪一起到了学校。不知为何，这次老师和他们的谈论有所不同，家长双方的在场使局面戏剧性逆转（是否应该是另外一回事），约翰用更直接的方式解决了问题。

约翰建议第二天他早点带埃文到学校，来见埃文的老师。约翰没有绕圈子，家长会刚开始就单刀直入地说："我仅仅想说埃文为你是他的老师感到激动，但是有时他需要更多地了解你是怎么看他的。"

老师说喜欢有埃文在她的班里诸如此类的话，然后约翰拿出相机，要求给他们合张影。老师搂着埃文，约翰照了几张他们互相拥抱的照片。温迪不能相信这就足够解决问题了。但是埃文开始感到更放松、更开心。也许是因为约翰的介入，或者仅仅因为埃文了解到所有的成年人都围绕在他身旁，他在校的快乐一定非常重要。

如果你孩子有问题，最好一开始就要求开家长会。以开放性心理参与而不要一系列指控。每个故事都有两面性（父母都承认他们也有）。首先认真倾听，然后分享你的忧虑，坚持事实。你与老师谈话的内容也应包括孩子的魅力、优点、缺点，以及谁是——法律意义上的——孩子的联盟。通常这些策略足够开始一场建设性的对话，很快孩子就会感到更加舒适，知道团队就在身旁。如果还没能解决，找校长或学校的指导顾问。

## 输赢并不重要

在共同育子关系中，我们注意到父亲认为孩子应该能够应对任何失败，无论是游戏、没有邀请参加晚会，还是在班级没受重视。母亲似乎投入更多精力来帮助孩子减少不完全必要的失败（通过避免失败呵护孩子的自尊），但是父亲认为他们有责任指导孩子处理失败的艺术（通过偶尔遭受失望学习管理期望）。为什么？父亲通常说因为大多数孩子在人生中经历的失败比成功要多得多。孩子学习生涯开始之时，因为考虑到社会对无法处理失败的孩子的负面暗示，父亲因此认真地开始教育孩子如何面对失败。你不能对付时，就会被别人贴上失败者的标签。夫妻双方谈论该话题之后，共同考虑以下建议：

▼ 和孩子一起做需要更多合作的游戏而不仅仅是决出胜负，例如雷德洛夫游戏（Red Rover）、解冻游戏（Freeze Tag）及执行命令（Simon Says）游戏。

▼ 玩纸牌游戏，依赖运气的游戏——而不是技能——例如斗大纸牌游戏。这些都有指导意义，只要你事先说明胜利需要运气而不是欺骗。

▼ 像生命（Life）或大富翁（Monopoly）之类的游戏，有意无限持续下去，教会孩子承认被击败而不感到自己是失败者，很正常，因为一直玩下去很无聊。

▼ 为了避免游戏竞争性太强，偶尔奖励失败（在游戏一开始就做出这样的决定）教会孩子学会享受这种讽刺。表明颠倒常规很有趣。

▼ 井字游戏（tic-tac-toe）是不错的伴随孩子成长的游戏，因为它需要用到多种发育技能，它简单，无需电池，能够快速开始、快速结束。大多数成年人能够随意控制步骤鼓励孩子赢取或至少避免持续的失败。圆点连线及跳棋（不是象棋）也是这样的游戏。

面对失败时的态度和行为比胜利更重要。我们的整本书都在强调父母对孩子积极或消极的影响力，这种影响力通过行为而非言语表达出来最强烈——无论你是多么及时，而且是以多么聪明的方式将它说出来。优雅、诚实的失败者知道"没有错误——只有教训"，他们也如是教导我们。

# 课外扩展

一旦学校生活开始操纵你们的家庭生活，我们开始要面对放学后的小野兽，必须抓住它的触角，否则我们就会被它伤着。儿童负载过重的问题在美国已经不再是一个新的辩论话题，我们一生中也不能得到解决。为什么？因为没有"正确"的答案会适应所有的家庭和孩子。从辩论开始的一刹那，父母们常常已经失败，因为他们中有许多人自己就无望地被卷入任务过重的生活中，个人活动和"生产力"是他们的父母和祖父母无法想象的。为了帮助父母理智地思考这个问题——假设像合唱团般的顾问们（大部分不请自来、知之甚少）高声大喊"越早开始——越好"——我们提供以下观察结果：

▼ 独处并安于独处的能力需要从内心学起，它需要练习、需要时间、需要孤独。它也是心理健康的支柱。

▼ 过早开始有组织性的活动（体力上或艺术上），无论要求多严厉，都是损耗体能和智力的计划。

▼ 孩子对新活动和旧活动的嗜好变化频率大、幅度大。

▼ 三年级通常是迈向繁忙生活的最有希望的大门，考虑到三年级学生情感及生理日渐成熟，更能够带入到野外或画室、工作室。从这一点说，他们（通常）理解练习是为了提高自己的技能和竞争力，而不是你的幸福。

▼ 不同活动的搭配会更健康、更有趣。一个体力的（足球），一个艺术

的（绘画、乐队），一个社交的（童子军），一个思想的（宗教或心灵教育）是不错的综合教育，家庭和孩子也能应付。孩子自己也有同样迫切的需求（包括家庭作业及需要休息或独处——见第一点）。

▼ 多重任务对孩子来说可以接受，但一旦稍微造成压力，水平失控就不好了。因为一旦失控，一切将势不可挡，产生相反效果，将不再是能为孩子带来丰富生活的有用训练。

发育阶段是本书关注的焦点，显然它在很大程度上探讨了父母的付出与收效的比例。但是因为很多父母受该问题的种种戏弄，你们应该共同思考这个问题，为孩子找到正确的平衡。你们应该知道你们一路上可能犯错——然后吸取教训。影响家庭日程最终结果的其他因素包括：

▼ 孩子的精力及热情水平（周活动可以变成季活动，在一年当中其他时间给孩子提供孩子喜欢的休息时间，或者全年如此，这取决于孩子。）

▼ 你们的内在活动机制或精力水平。

▼ 就"一旦开始就要完成"及"孩子年幼时多尝试"这两点，你个人的价值观及夫妻的价值观。

▼ 你自己对富有成效的多任务模式的容忍性。

▼ 与孩子分享的重要活动（共同制作音乐、共同运动）不包括在每周的家庭记事中，因为家庭记事属于家庭时间，而不是课外活动。

**父母常犯的十大教育相关错误（……哦，教训）**

1. 以牺牲学习的好奇心和兴趣为代价，强调成就。

2. 以你的社交圈子选择教育经历。

3.没有尽职调查就选择早期学习可能性。（就这点来说，你每个阶段的教育与孩子的教育一样重要。）

4.因为便利性，为孩子选择平庸的学前经历，"还行"或仅仅被视作"儿童集体看护"。

5.不要让孩子过早或过量接触艺术、音乐及独处。

6.对未来的忧虑（例如，大学）支配你决定孩子需要喜欢学习什么。

7.忽视孩子想成为有帮助、有能力的家庭一员的动力，因其他会放慢事情的进展。

8.固守于你儿童时期觉得很奏效的东西（他不是你，但从孩子一出生，你就努力让他避免受到那些你不喜欢的经历及品性的影响）。

9.因为不同的欲望和观念，作为父母无法就孩子上学问题有效交流；等待问题出现。（不要把决定留给一个人去做，不要承担"决策者"的责任，而且以双方的参与为代价。）

10.仓促地让孩子做得太多、太快、太早。

　　如果你对上文列出的一些错误感到负罪，不要太担心——不单单是你自己有这类问题。没有错误，只有教训。两个人的头脑、心灵总比一个人的好，所以共同努力调整你们下次的行为。同时，吸取教训的意义。与伴侣共同谈论一起学到的东西，从现在起，你们下次会有改变的，要知道你们还有大量的弥补机会是件多么美妙的事情。

她会举出一大堆例子，而这些例子对她来说却只列举出了一部分，诉说有你们共同养育，她感到如此幸运。你也将意识到，每次你自以为是地说伴侣"做得不够好"时，孩子会让你知道你令她感到失望。多数情况下，你们都没让她失望过度。她不会像你们那样严厉指责。所以，放松。这让育子更加有趣。

以共同育子对孩子和父母均有好处为前提，我们开始了本书的写作，我们同时注意到：夫妻身份过渡到父母身份之后，婚姻满意度便开始下降——通常十分剧烈。但这不是最终的结果；我们可以自己书写育子的过程，采取多种措施击败婚期短的统计数字。

# 到夫妻双方都准备好时再生第二个孩子

读这本书的时候，你很可能已经有孩子了，或者正认真考虑要一个孩子。或许正计划要第二、第三个孩子呢。为了将要降生的孩子，同时也为了所有近在眼前的育子工作，夫妻双方应该做好准备，而不是无助地屈服于生物钟的威胁性压力。多生几个孩子能够增加家庭的欢乐（如果在计划之内），但同时压力、复杂性超乎大多数父母的想象。婚姻幸福下降的原因之一是夫妻对生活发生巨变有着不同感受。如果父母不谈论该阶段彼此真正想要的东西，如果你们对在该特殊时期是否要个孩子未达成一致意见，或者甚至单方或双方对是否开始建立家庭生活、或是否要孩子感到犹豫不决，那么婚姻满意度可能继续下跌，甚至暴跌。

詹姆斯·麦克海尔（James Mchale）的"持久的家庭"研究中得出的重要教训是，从夫妻在孩子出生前是否及如何谈论育子问题中，能够可靠地预测育子模式的成功性。如果夫妻在孩子出生前，育子观念大相径庭，并且没有就如何处理棘手的育子问题达成一致意见，那么研究可以确信，孩子两岁半时，育子联盟关系会有所动摇。研究还可通过父母——特别是母亲——对未出生的孩子是称呼"我的"孩子还是"我们"的孩子，来预测在孩子的学步期共同育子联盟的状态。母亲是否曾对乱踢的胎儿说过，"哦，你是妈妈的超棒女孩"？父亲是否曾把头放在母亲的肚子上，和"他"的儿子谈论小熊队①么？

也许你和伴侣的出发点不同，但是此后，你们发现自己已经踏上了所选择的通向美好家庭的同一道路；尽管有些摩擦，你们的确享受一家人共处的时光，并且坚信这远远超越你所放弃的东西。或许你们中有一人或你们两人都不十分确定这种生活是否如你希望的那般美好。如果还有忧虑，你们或许可以共同回顾本书所提供的如何培养共同育子关系的建议。

## 找到共同育子联盟中的持续力量

大量参加过育子咨询课程的家庭都会看到孩子行为和情绪的暂时改善，但是停止咨询课程（通常因为保险金用完或者一方认为危机已经结束）几周或几个月之后，他们却发现这种改善逐渐消失。下跌的原因有多种。其中之一是你们还没有挖掘问题的根源，需要更多咨询或其他类型的咨询。对待孩子的症状具有治疗的意义，而且这样做极有意义，但我们认为如果把主要精力放到孩子身上，不考虑其他家庭成员，那家庭体系中存在的问题就得不到解决。

目前许多获得证书

每件艺术品都有前景和背景。在家庭生活初期，大画面相当美好可爱。但是当你仔细审视时，生活看起来就像点彩派绘画的一块碎片；继续接近，你会看到如海绵般杂乱无章的彩色小点。你不得不后退一步，欣赏整幅画面。

---

①小熊队：译者注，芝加哥小熊队，美国棒球联盟球队。

资格，从事小孩与家庭问题方面咨询的精神健康专业人士，常常深陷"依附理论"中。即使是那些足够开明而将父亲纳入家长会议中的专业人士，也倾向于强调修复"情感依附障碍"，缺乏关注加强共同育子联盟的关键基础结构。为了脆弱的孩子，能有效地强调育子联盟的需求，动员并利用其难以置信的资源。显然我们提供的建议是：如果你参加咨询课程，要确保治疗师知识渊博，并在共同育子夫妻关系领域颇受敬重。这一点可以通过首先与孩子的互动、父母双方的合作，或家庭的互动得以解决。重要的不仅仅是治疗师的理论倾向，他的态度及对他对共同育子的重要性的意识也很重要。

对于那些不打算寻求专业咨询的人，也可以通过一些行动在家形成更为亲密、更健康的育子关系。如我们在前面的章节中提到的那样，因为两性角色的分工，男性通常不得不承担起改变方向、回应妻子需求的责任。当男性能够朝着妻子希望的方式改变，益处将惠及夫妻双方，最终惠及孩子。家庭从共同育子联盟中获益；夫妻从幸福的关系中获益。父母共同相处，不仅仅是为了"完成自己的使命"抚养孩子长大成人，而要对伴侣及婚姻持有与日俱增的感激，这样孩子的获益才会如"利滚利"一样不断增加。关系糟糕，每个人都是受害者；女性比男性失去更多。与男性相比，女性更为经常地努力脱离这种不幸的关系。糟糕的婚姻尤其毒害女性。糟糕的婚姻中，女性比男性更压抑，更常喝酒，其胆固醇水平更高，免疫系统功能更弱，更可能患心脏病和中风。[1]

为什么我们一开始就谈论父亲需要做些什么来改变局面？回顾第一章，我们得知，麦克海尔对出生几个月的孩子及其家庭生活的研究发现，父亲的情感资源对提高育子联盟关系来说是尤其重要的资产。面对逆境时，父亲强，家庭就强。现在我们讨论，婚姻不幸时，母亲可能会首先摆脱困境，尤其是受过教育并有中高等收入的母亲。

显然，艰难时期，夫妻双方都应志在改善彼此的情感回弹。伴侣面对困难时，你可以从一开始就提供无条件的支持。加倍努力：整理他要洗的衣服，即使你感到厌烦；把垃圾带走，即便这是"他"的工作。父亲也可以如此：当她整理账单时，给她一些爆米花和一杯茶；去学校接孩子，让她去健身房，或是自己一人或和朋友随便逛逛——这是许多母亲最喜爱的减压策略。还有一些其他备受欢迎的选择：鼓励伴侣独自或和你一同外出一晚或一天；去按摩，和朋友一起外出，疯狂地购物，但要在经济能力之内；确保周末他和哥们可以去冰上钓鱼，她和姐妹们可以登山。

或许你们两个一直都很忙，但这可能会带来不平衡的感觉。在孩子成长早期的这些年里，你们都时常渴望有时间来关注一下自己或是彼此。丹尼尔·吉尔伯特 (Daniel Gilbert) 在其《撞上幸福》 (Stumbling on Happiness) 一书中说父母把睡觉、吃饭、购物、运动列为比照料孩子更快乐的活动。[2]乍一看，或许你会想："太可怕了。连运动也是？"但当你停下来思考一下，你就会发现整天照顾学步期儿童及学前儿童并不总那么有趣。即使有趣，也令人感到吃力、疲倦。短暂的独处、留一些时间给自己，做些其他的事情，让自己充分休息一下。

这并不意味着你不喜欢和孩子相处。大多数人会说，育子是生活中最重要的、最受珍视的一面。但是每件艺术品都有前景和背景。在家庭生活初期，大画面相当美好可爱。但是当你仔细审视时，生活看起来就像点彩派绘画的一块碎片；继续接近，你会看到如海绵般杂乱无章的彩色小点。你不得不后退一步，欣赏整幅画面。一些建议：

▼ 做些小事帮助伴侣保持条理性：发现她手机闲置一旁时，帮她给手机充电；把他的闪存盘放到他经常放的公文包中。这些小事会让双方获益很大。

▼ 就一些非语言性的信号达成一致，通过这些信号让伴侣知道你和孩子在一起已经达到极限，需要尽快帮助。玛莎或凯尔会示意对方一个短暂的傻

笑，然后对方会捡起摊子，无论问题是什么，都毫不削弱问题或轻视问题。玛莎常常把头贴着厨房的餐桌，说："除非你抱着我，不然我就不起来了。"当然她本意并非如此，而想表明接下来她需要帮助。无需言明自己的特定需要，就能迅速得到支持帮助或得以休息，这种感觉充满爱意，让人感到贴心。

▼ 感到冲突正在酝酿时，站出来倾听对方。听完并理解了对方的抱怨之后再直言不讳。这极其难以做到，但却是避免"堆积"委屈（"还有别的情绪"）的良方。解决了伴侣的问题之后，再在近期找一个时间说出你的苦情，这样也同样有效。有时你们可以同时解决两个问题；而有时一前一后连着处理问题会太疲倦。

▼ 列出一些伴侣做的最可恶的事情的积极结果，以及这些可恶之事如何与伴侣惹人喜爱的品质相连（例如，他说会清理厨房，却没有这么做，而抽出额外的十分钟给孩子读书。）

## 积极地看待伴侣的缺点

▼ 他经常耗尽车里的汽油，但是他这样做是为了替孩子或妻子再完成一项差事。他总是惦念着他们。

▼ 她把丈夫送的最昂贵的一件首饰丢了，但是她从来没有忽视过需要为双方家庭做的事情。

▼ 她不擅长做饭，但是在家和在餐厅（当她的创作失败时）吃饭时，她教孩子要热爱尝试新菜。他们从不知道下一步她将有什么新花样。

▼ 他总是乱扔东西，但是总能找到他们要找的东西。

▼ 他从没有完成过承诺要做的家务，但是，他却能让孩子充分参与任务。孩子从他身上学到大量的知识。

▼ 她与孩子谈论很多，而不仅仅是管教他们。她让他们有点抓狂，但是因为她，孩子们能够理解自己的感受，在与别人争论的时候能够把握好立场。

# 从离婚中学到的知识

让人感到讽刺的是，如我们先前提到的那样，夫妻间的共同育子关系只有到离婚后才逐渐被重视。这是离婚领域最大的忧虑之一：如何让父母接受双方都在孩子生活中占有重要地位，彼此应更亲切友好地相处（让他们更善意地看待对方），为了孩子应共同努力、减少冲突——特别是关于孩子的冲突。玛莎在康涅狄格州的协作离婚项目（Collaborative Divorce Project）中为分居或离异的夫妻开办了共同育子教育课程，包括男女互助群体。参与该课程的男性说：能够与其他处于相同情形的人分享经历是如何的不可抗拒。女性评论道：聆听其他夫妇的叙述使他们看到自己的前伴侣与其他许多人一样，不是太好，也不是太坏，都差不多。他们意识到共同育子中的许多问题不是因为一方不敏感，而是早期家庭生活的节奏和需求造成了共同观点和梦想的丢失，从而导致孤独感的产生。看到有人和你做伴，看到其他人也有相似的经历，看到处理这种问题有许多种对双方都有效的方式，你便能从中获得坚定的力量。

但是，仍然在一起的夫妻同样也能创造有效的积极共同育子关系，并防患于未然。宾夕法尼亚州立大学的马克·范伯格（Mark Feinberg）和玛尼·凯恩（Marni Kan）表明父母若互相支持彼此的育子方法，不背离事先达成的关于如何育子的一致协议，那么这样的父母是最成功的育子联盟。[3]这也就进一步证实了第一章中麦克海尔（Mchale）和哥特曼夫妇（the Gottmans）所做的极具影响力的研究。对于这样的夫妻，他们的父子和母子关系苦恼会更少。父母双方，尤其是母亲反映出更强烈的个人幸福感。玛莎进行过一项"干预研究"，该研究使用了团队力量来刺激夫妻间的积极交流，以及已婚夫妇的积极态度，这最终对家庭产生了更久远的积极影响。菲利普·考恩和卡罗林·考恩 (Philip Cowan 和 Carolyn Cowan) 在其创意性干预研究 (seminal intervention study) 《成为家庭》（Becoming a Family）一书中，追踪调查了一些夫妻，调查从初为父母时开始，一直持续到孩子上学前。研究证明：互助群体能够通过影响父母积极的育子态度和行为家长父母积极的育子态度和育子行为的重要性。研究中的互助群体对夫妻们产生了积极长远的影响——包括如何维持婚姻的寿命。[4]并不是所有的父母都能找到自己想参与的群体，但是所有的父母都可以从婚姻及离婚研究这一捷径所传递的关键信息学到很多知识：即，及早注意家庭生活中的育子联盟非常重要，共同谈论、互相倾听以及共同解决问题可以使父母免受一些该时期不可避免的压力。

以下这些育子知识能帮助你避免陷入"无可挽回"的地步，同时通过健康的共同育子关系加强孩子的幸福感。

## 第一课：不要陷入平均分配任务的陷阱

摒弃这种想法，惦记着该轮到伴侣陪孩子或为孩子做事情了。孩子通常不会一一记住上次谁陪他玩，或谁接他放学。如果父母一方在场并且能够解释另一方缺席的原因，那么只要这种情况不一直出现，孩子便不会觉得被忽视。例如，你可以这样告诉女儿："金姆，很遗憾爸爸没有来观看你的比赛，但听到这一切，他很激动。回家后我们再详细地给他讲讲。"

## 第二课：挑起担子

父母双方都有责任帮助对方做到最好。这就意味着填补空缺。爸爸说：

"哎呀，妈妈本来打算给你做三明治的，但是她有一些不能拖的事情要忙。来吧，我给你做。"

### 第三课：互相支持

如果你让孩子置身于夫妻争吵中或在她面前贬低伴侣，孩子的自尊及对你们的尊敬会率先受损。回家时把愤怒留在门外。犹太传统中维持家庭的美好及必要条件之一是 Shalom bayit——家庭中的和平。一些犹太法典学者认为这主要是父亲的责任。

发泄郁积怒火的错误方式是说："爸爸把你不喜欢的泳衣收拾进来了？他老忘这些细节。他不是有意的；他只是总想着工作而已。我会再提醒他你喜欢的泳衣。"后果：孩子觉得父亲不够重视自己，而没有正确了解这些细节，这让孩子认为自己很糟糕，不值得劳烦爸爸去正确了解，并对爸爸感到愤怒。而且，当孩子长大，自己能够意识到时，他会对妈妈感到愤怒，怪妈妈提醒自己爸爸不喜欢他，不把他放在第一位。

这样说会更好："哦，爸爸给你收拾的泳衣让你难堪了。他肯定是忘了，但是你知道他不是有意这样做的。你告诉他后，他会很难过的。"这不会让父亲脱离困境，也不会让妈妈看起来像在装作什么事情都没发生。恰好相反，妈妈把这个问题留给孩子，让孩子和爸爸（她相信爸爸会做出适当的反应）论理。这个消息爸爸听起来也容易接受，因为是孩子提出问题的。这种方式也给予父亲和孩子下次互相提醒的谈话机会，有助于改善他们的交流，帮助父亲记住他似乎忘记的细节，消除父母关系中的冲突。如果你的伴侣时常感觉迟钝，那么孩子会像你一样一生都要面对这样的事实。所以你的伴侣最好现在就开始处理这个问题。

### 第四课：倾听孩子的心声

最希望你们能有效地共同育子的人是孩子。给她一半机会，她将告诉你她认为你们的哪项工作做得最好，哪项工作其他父母做得更好，她为什么在某项特定的活动中，在某个特定的时刻或出于某种特定的理由更喜欢与你们中的一方共度。她会举出一大堆例子，而这些例子对她来说却只列举出了一部分，诉说有你们共同养育，她感到如此幸运。你也将意识到，每次你自以为是地说伴侣"做得不够好"时，孩子会让你知道你令她感到失望。多数情况，你们都没让她失望过度。她不会像你们那样严厉指责。所以，放松。这让育子更加有趣。

我们希望你能意识到，性别差异自相矛盾，而且普遍存在。它们让世界转动。现在你应该能更好地理解和欣赏性别差异及其对孩子和家庭的重要价值。我们相信你们能够更好地意识到哪些争吵值得，哪些不值得，尤其要从长远来看。我们也相信，就如何确保孩子能够从你们身上受益最大的问题，你们会有新想法。最重要的是，我们希望你们更加坚信，你们所创造的家庭珍贵无比，你们的育子关系不仅会持续下去，还会成为满足感和幸福感的源泉。

# 附录A　育子思想

格特鲁德·赫明，菲利普·A.考恩，卡罗林·佩普·考恩

(Gertrude Heming, Philip A. Cowan, Carolyn Pape Cowan)

以下各项描述了许多不同的育子思想。请根据下列数值范围指明你的观点及依你看来伴侣的观点。

| 非常同意 | 一般同意 | 中立 | 一般不同意 | 非常不同意 |
|---|---|---|---|---|
| 1　2 | 3　4 | 5 | 6　7 | 8　9 |

**我的观点**　　**伴侣的观点**

1._____　　_____　对如何育子我有明确的立场。

2._____　　_____　如果父母准备好晚上出去，临走前即使孩子大哭大叫，父母最好继续执行其计划。

3._____　　_____　我禁止孩子玩粗鲁的游戏或者做容易受伤的事情。

4._____　　_____　孩子应该"尊重权威"的思想如过去一样有效。

5._____　　_____　应该鼓励孩子表达自己的愤怒和喜悦。

6._____　　_____　我喜欢看着孩子打扮得漂漂亮亮，以便能够融入集体，看起来像其他孩子一样。

7._____　　_____　通常说来，当今的父母和孩子理论的太多。

8._____　　_____　我认为最好由父亲而不是母亲严肃管教孩子。

9._____　　_____　我确信我知道如何正确抚养孩子。

10._____　　_____　经常抱孩子会惯坏孩子。

11._____　　_____　我对自己的孩子十分纵容。

12._____　　_____　我试图预料一切可以引起孩子痛苦或不适的情形，尽一切可能帮助孩子避免这些情形发生。

13._____ _____ 孩子推迟睡觉，我即便很累也会尽力耐心说服。

14._____ _____ 孩子应该能质疑父母的权威。

15._____ _____ 我让孩子了解，他/她行为不端，我会感到非常羞辱和失望。

16._____ _____ 和取得的成就相比，我更注重孩子的快乐。

17._____ _____ 学前儿童最好几乎全权由父母照料。

18._____ _____ 不在孩子身旁时，我非常担心孩子。

19._____ _____ 有时感觉我自己与孩子在一起的时间太多。

20._____ _____ 给儿子买个玩具娃娃，女儿买个卡车，对此我感觉相当良好。

21._____ _____ 我希望孩子与众不同。

22._____ _____ 我避免与孩子争吵。

23._____ _____ 奶瓶喂食比母乳喂养更令孩子满意。

24._____ _____ 父母应紧紧掌控孩子对愤怒的宣泄。

25._____ _____ 我为孩子挑选可以看的电视节目，并且不允许孩子看其他节目。

26._____ _____ 在学前及日托中心或小学，孩子必须学习遵纪守法。

27._____ _____ 当我对孩子感到十分愤怒时，我就让他/她明显知道。

28._____ _____ 我深信要给孩子相当大的选择余地，挑选当天要穿的衣服。

29._____ _____ 我通过拥抱、亲吻及握手表达对孩子的喜爱。

30._____ _____ 我想试着尽可能不告诉孩子该做什么。

31._____ _____ 孩子淘气时，我负责和孩子理论。

32._____ _____ 对孩子大吼时通常令我感觉不太好，因为我发脾气了。

33._____ _____ 孩子应该尊重父母，因为他们是家长。

34._____ _____ 父母不应该让孩子改变其主意。

35._____ _____ 一定数量的挫败和烦乱对孩子情绪的发育是必要的。因此，父母不应该保护性太强。

36._____ _____ 小男孩和小女孩一样经常哭闹，是应当的。

37._____ _____ 我但愿孩子不必成长得如此迅速。

38._____ _____ 无论他们对男女孩的养育方式如何相同，父母应该料到男女孩仍然存在差异。

39._____ _____ 孩子有权随意处置自己的玩具。

40._____ _____ 若经常把孩子留给父母以外的成年人，孩子可能缺乏安全感。

41._____ _____ 我直率应对孩子的行为；不事先给孩子制定行为规则。

42._____ _____ 我对孩子期望很大。

43._____ _____ 孩子年幼时，母亲一半时间或更长时间去工作是可行的，只要父母能照顾好孩子。

44._____ _____ 与大多数父母相比，我更不在乎孩子是否服从我。

45._____ _____ 把孩子两三次哄上床之后，他/她还继续起来，这时孩子应该因不听话而受惩。

46._____ _____ 孩子受挫时，父母应该给予拥抱，这样孩子会感到父母的爱，产生安全感。

47._____ _____ 照料孩子需要更多的投入，而不仅仅是快乐。

48._____ _____ 孩子经常粘人，父母没有时间做其他的事情。

49._____ _____ 我鼓励孩子要常常尽力行事。

50._____ _____ 孩子不应该与父母顶嘴。

51._____ _____ 父母应该坦诚对待孩子，即便有时会导致正面冲突。

52._____ _____ 母亲育子有法。

53._____ _____ 孩子的需求位于父母需求之上。

54._____ _____ 我认为随着孩子的成长，父母应该让孩子冒许多风险，尝试新事物。

55._____ _____ 我认为最好是母亲，而不是父亲在孩子面前有最大权威。

56._____ _____ 如果他/她要小孩脾气，我很难使她安静下来。

57._____ _____ 父母一起度假，把孩子留下让放心的保姆看管，是可行的。

58._____ _____ 当孩子被叫到时，他/她应该立刻就来。

59._____ _____ 我鼓励孩子不要依赖我，要独立。

60._____ _____ 有些孩子只能通过训斥和惩罚才能听话。

61._____ _____ 我相信孩子应有自己的秘密，不让父母知道。

62._____ _____ 孩子应该能够尽可能按照自己的意愿行事。

63.＿＿＿＿＿　＿＿＿＿＿　我通过警告他/她会遭受不好的事情，来管控孩子。

64.＿＿＿＿＿　＿＿＿＿＿　鼓励孩子的天生好奇心是育子的乐趣之一。

65.＿＿＿＿＿　＿＿＿＿＿　我喜欢看到孩子有自己的主见，敢于表达，甚至在成年人面前。

66.＿＿＿＿＿　＿＿＿＿＿　我不会坚持让孩子吃他/她不喜欢的食物。

67.＿＿＿＿＿　＿＿＿＿＿　我相信孩子会礼貌行事，即便我不在身边时。

68.＿＿＿＿＿　＿＿＿＿＿　成年人不能期盼孩子遵守自己不懂的规则。

69.＿＿＿＿＿　＿＿＿＿＿　父亲育子有法。

70.＿＿＿＿＿　＿＿＿＿＿　在孩子身上我能体会到一些最大的满足感。

71.＿＿＿＿＿　＿＿＿＿＿　我期盼孩子成绩优异。

72.＿＿＿＿＿　＿＿＿＿＿　我期盼孩子与学校同龄人相处融洽。

73.＿＿＿＿＿　＿＿＿＿＿　父母应该直接介入监督孩子家庭作业。

　　最后几项描述了大多数孩子做的事情。使用以下代码，指出你期待孩子几岁时做这些事情。

A=3岁及以下　　　　D=5至6岁

B=3至4岁　　　　　E=6至7岁

C=4至5岁　　　　　F=7岁及以上

**我的观点**　　**伴侣的观点**

74.＿＿＿＿＿　＿＿＿＿＿　自己挑选上学穿的衣服。

75.＿＿＿＿＿　＿＿＿＿＿　没有成年人的帮助解决与朋友的纠纷。

76.＿＿＿＿＿　＿＿＿＿＿　没有监护，自己去邻居家。

77.＿＿＿＿＿　＿＿＿＿＿　打理自己的房间。

78.＿＿＿＿＿　＿＿＿＿＿　自己铺床。

79.＿＿＿＿＿　＿＿＿＿＿　停止吮吸拇指。

80.＿＿＿＿＿　＿＿＿＿＿　帮助照料小孩。

81.＿＿＿＿＿　＿＿＿＿＿　在家务事或家庭责任中承担固定的角色。

82.＿＿＿＿＿　＿＿＿＿＿　不需要帮助，自己准备上床睡觉。

83.＿＿＿＿＿　＿＿＿＿＿　在其他孩子家过夜。

# 附录B  育子能力测验图答案

## "成年人对儿童成长的理解"

全国基准调查（National Benchmark Survey）；"成年人对儿童成长的理解"由DYG公司于2000年，为智库斯维塔斯（Civitas），布里奥（Brio）公司及零到三：婴儿、幼儿、家庭全国中心（Zero to Three: National Center for Infants, Toddlers and Families）进行的调查研究。

1. 胎儿期

2. 从出生起

3. 第一年有重要影响

4. 1至3个月

5. a. 完全错误

   b. 完全错误

6. 玩耍对各个年龄段都极其重要

7. 科学无法给我们评定精确的级别，但是研究证明这些活动中，大多数在帮助孩子成为成功学习者方面非常有效。两个例外：目前的电脑游戏和抽认卡对孩子的学习促进效果最差。

8. A和B可能；C不可能

9. 无品行不端

10. A和C可能，B和D不可能

11. 不行，太小

12. 不应如此期盼

13. 6岁还没有这个能力

14. 6个月太小不会惯坏孩子

15. B是溺爱

16. 从不合适

17. 完全正确

18. 18个月以上

19. 完全错误

20. 完全正确

21. 完全正确

# 注　释

## 第一章

1. J.P.麦克海尔(J.P.McHale) (2007) .《绘制合作育子的崎岖路途：认识家庭生活的挑战》
(*Charting the Bumpy Road of Coparenthood: Understanding the Challenges of Family Life*).
Washington, DC: Zero to Three Press.

2. 麦克海尔

3. J.戈特曼(J.Gottman)& J.戈特曼 (2007) .《加上宝贝三个人》(And Baby Makes Three).
.New York: Crown Publishers.

4. 麦克海尔

5. 麦克海尔

6. 麦克海尔

7. 麦克海尔

8. 戈特曼&戈特曼

9. J.A.莱文(J.A.Levine)(1998).《在职父亲：平衡工作和家庭的新策略》(*Working Fathers:
New Strategies for Balancing Work andFamily*).New York: Harcourt Brace & Company.

## 第二章

1. J.斯温(J.Swain), E.塔思克金(E.Taskgin) , L.梅斯(L.Mayes) , R. 费尔德曼(R.
Feldman), R.康斯特布尔(R.Constable), and J.莱克曼(J.Leckman )(2008). "母亲对亲生孩子
哭泣的脑反应"("Maternal brain response to own baby cry.")《儿童心理学及精神病学杂志 》
(Journal of Child Psychology and Psychiatry), 49, 1042－1052.

2. M. W.约曼(M. W.Yogman), D. 金德伦D.Kindlon, and F. 厄尔斯F. Earls (1995)."父亲
的参与和早产儿的认知/行为效果"("Father involvement and cognitive/behavioral outcomes of
preterm infants.")《美国儿童与青少年精神病学学会期刊》(*Journal of the American Academy*

*of Child and Adolescent Psychiatry*), 34, 58－66.

3. P.A. 考恩P.A.Cowan, C.P.考恩C.P.Cowan, J.C.阿布罗J.C.Ablow, and V.K.约翰逊V.K. Johnson, (April 2005).《在孩子适应小学期间育子的家庭背景》(*The Family Context of Parenting in Children's Adaptation to Elementary School*). New York: Lawrence Erlbaum.

4. K.D. 普鲁特(K.D.Pruett), (1987).《育子中的父亲》(*The Nurturing Father.*) New York: Warner.

5. K.D. 普鲁特(2001).《父亲需求》(*Fatherneed*). New York: Broadway.

6. W.法雷尔(W.Farrell) (2001).《父亲与孩子的重聚》(*Father and Child Reunion*). New York: Tarcher/Putnam.

7. M.N.克里斯托夫森(M.N.Christofferson )(1995). "与爸爸一起成长：比较与母亲生活和与父亲生活的3-5岁儿童"("Growing Up With Dad: A Comparison of Children 3－5 years old living with their mothers or fathers." )童年*Childhood*, 5, 41－54.

8. A .萨卡迪(A .Sakardi), R.克里斯蒂安森(R.Kristiansson), F.欧伯克雷(F.Oberklaid), 和 S. 布兰姆博克(S. Bremberg)(2007) "父亲的参与与孩子的成长效果：对纵向研究的系统评述 "("Fathers'involvement and children's developmental outcomes: A systematic review of longitudinal studies.") 《儿科学报》(*Acta Paediatrica*)97, no. 2. 153－158. 在线浏览请登录 http://www3.interscience.wiley.com/journal/119405387, 2009.04.12

9. 麦克海尔

10. J.P. 修恩柯夫(J.P.Shonkoff), and D.A. 菲力普(D.A.Phillips) (2000).《由脑细胞到邻舍-儿童早期发展的科学》(*From Neurons to Neighborhoods; The Science of Early Childhood Development.*) Washington, DC: National Academy Press.

11. 麦克海尔, 189.

12. C.斯卡利(C.Scull), 及D.阿隆吉(D. Alongi), N.布鲁斯吉特 (N.Bruzgyte), and J. 麦克海尔 (2006.03). "三十个月内ADHA症状的婴儿与家庭进程预测"("Infant and family process predictors of ADHD symptoms at 30 months.")心理科学协会会议上口头报告的论文, 纽约

13. 戈特曼&戈特曼

14. 普鲁特,《父亲需求》

15. 玛格丽特·米德 (Margaret Mead )(1949, 1967). 《男性与女性》(*Male and Female*).

New York: Harper Collins.

## 第三章

1. 麦克海尔, 320.

2. F.L.J.博尔(F.L.J. Ball) (1984). "婚姻问题解决过程中的理解与满意：从阐释学角度调查"("Understanding and satisfaction in marital problem solving:A hermeneutic inquiry.") 未发表的博士论文,加州大学伯克利分校

3. S.孔茨(S.Coontz) (2005).《婚姻史》(Marriage, A History). New York: Penguin Books, 282.

4. 莱文

## 第四章

1. M.桑德(M.Sand), W. 费希尔(W.Fisher), R.罗森(R.Rosen), J. 海曼(J.Heiman), I. 厄德雷(I. Eardley) (2008). "男性对生活事件和性态度的研究中勃起功能障碍及关于男性特征与生活质量的构想"("Erectile dysfunction and constructs of masculinity and quality of life in the multinational men's attitudes to life events and sexuality (MALES) study.") 性医学杂志 *Journal of Sexual Medicine*,5.583‑594.

2. 从20世纪八十年代末到九十年代，戈特曼和李文森写了一系列关于这一主题的文章。其中一篇开创性的学术论文便是J.M.戈特曼R.W. 李文森(1992)的"预示离婚的婚姻过程：行为，心理和健康"("Marital processes predictive of later dissolution:Behavior, physiology, and health.") 人格与社会心理学杂志 Journal of Personality and Social Psychology,63 (2), 221–223.

3. 他们的著作在戈特曼&戈特曼的《加上宝贝三个人》( Gottman and Gottman's *And Baby Makes Three*)76‑81中有更根本的概括。

4. J.M.戈特曼 (1994).《预见离婚的是什么？》(*What Predicts Divorce?*) Hillsdale, N.J: Lawrence Erlbaum.

5. 戈特曼,《离婚》(Divorce), 129.

## 第五章

1. M.拉姆(M.Lamb)."婴儿出生第二年中的母婴情感依赖发展"("The development of mother−infant attachments in the second year of life.")《发展心理学》*Developmental Psychology*, 13, 637‑648.

2. 麦克海尔

3. 查看 M.K. 普鲁特，L.亚瑟，(L.Arthur)，以及 R. 爱布林(R.Ebling) (2007)."摇摇篮的那只手：离婚之后的母亲守门"("The hand that rocks the cradle: Maternal gatekeeping after divorce.") 佩斯大学法律评论Pace *University Law Review*,27(4), 709‑739.

4. 改编自凯尔·普鲁特和玛莎·普鲁特(Kyle and Marsha Pruett)为玛莎的合作离婚项目而设计的守门问卷。

5. 选段节选自"母亲作为出入口"的课程(Mom as Gateway curriculum)，该课程由玛莎·普鲁特，劳伦·亚瑟(Lauren Arthur )，莱恩·巴克(Ryan Barker )同来自于国家父亲研究所(National Fatherhood Institute) (NFI)的克里斯·布朗(Chris Brown)埃里克·韦切雷(Erik Vecere)共同研究发展。母亲作为出入口已经成为了NFI24/7父亲项目的一个模块。查询课程请登录www.fatherhood.org。

## 第六章

1. 零到三岁(Zero To Three)，斯维塔斯(Civitas)及布里奥(Brio)公司(2000)."成年人对儿童成长的理解：全国基准调查."Washington,DC: Zero to Three Press.

2. M.恩内莫泽(M.Ennemoser)，W. 施奈德(W.Schneider)(2007)."看电视与阅读的关系：4年纵向研究的发现"( "Relations of television viewing and reading:findings from a 4−year longitudinal study." )《教育心理学杂志》*Journal of Educational Psychology*, 99, 349‑368; 以及 N. 佩科拉(N.Pecora)，J. 莫雷(J.Murray)，及E. 沃特那(E. Wartella)，(编). (2007).《儿童与电视：50年的研究》(*Children and Television: Fifty Years of Research*). New York, Routledge.

3. F.J. 齐默尔曼 (F.J. Zimmerman )(2007). "父母对青少年观看电视的影响"("Parental influences on youth television viewing.")《儿科杂志》*Journal of Pediatrics*, 151(4), 334‑336.

4. U.A. 亨泽尔(U.A.Hunziker) and R.A.巴尔(R.A. Barr)(1986). 增加抱婴儿的次数可减

少婴儿的哭泣：随机对照试验（"Increased carrying reduces infant crying; a randomized controlled trial."）儿科*Pediatrics*, 77(5), 641 - 648.

5. T. 菲尔德（T. Field）(1982). "婴儿早期的社会感知和反应能力"（"Social perception and responsivity in early infancy"），收录于 T.菲尔德 et al.《人类发展评论》(*Review of Human Development. New York: Wiley*), 20 - 31.

6. L.A.斯罗夫（L.A.Sroufe）(1985). "从婴儿与照顾者关系及婴儿气质角度来看情感依赖的分类"（"Attachment classification from the perspective of infant/caregiver relationships and infant temperament."）《儿童成长》*Child Development*, 56, 1 - 14.

7. 麦克海尔, 235.

8. R.N.爱默德（R.N. Emde）及J.K.休伊特（J.K.Hewitt）（编）(2001).《从婴儿到幼儿：基因及环境对成长变化的影响》(*Infancy to Early Childhood: Genetic and Environmental Influences on Developmental Change.*)New York: Oxford University Press.

## 第七章

1. E.E. 麦考比（E.E. Maccoby）(1999).《两性：独自成长却最终走到一起》(*The Two Sexes: Growing Up Apart, Coming Together. Cambridge*), MA: Belknap Press of Harvard University Press, 16.

2. D. 鲍姆林德（D.Baumrind）(1971). "育子权威现有的模式"（"Current patterns of parental authority."）发展心理学*Developmental Psychology*,4(2), 1 - 103.

3. 鲍姆林德.

4. W. 波拉克（W.Pollack (1999).《真正的男孩：将我们的儿子从少年时代的神话中拯救出来》(Real Boys: Rescuing Our Sons From the Myths of Boyhood.) New York: Owl/Henry Holt.

5. 美国儿童与青少年精神病学学会（The American Academy of Child and Adolescent Psychiatry)(1998). 《你的孩子：关于从出生到前青春期的儿童发展，每位家长必知》(*Your Child: What Every Parent Needs to Know About Childhood Development from Birth to Preadolescence*). New York: HarperCollins.

6. M.莱普(M.Lepper), and D. 格林尼（D.Greene）(2003). "用外在奖励削弱儿童的内在兴趣：对'过度辩证假说'的检验"（"Undermining children's intrinsic interest with extrinsic re-

ward: A test of the 'overjustification' hypothesis."）《人格与社会心理学杂志》*Journal of Personality and Social Psychology,* 28(1), 129－137.

7. B. 克劳罗塞（B.Coloroso）（2002). 《脊梁式教育》(Kids Are Worth It). New York, HarperCollins

8. J.亨里奇(J. Heinrichs) (2006). 与我争辩（"Argue with me! "）美妙时光 Wondertime, Winter issue.

9. "美国的青少年市场：认识12－19岁青少年正在改变的生活方式和发展趋势"（"The U. S. teens market: Understanding the changing lifestyles and trends of 12－ to 19－year－olds."）(2002).www.packagedfacts.com.

## 第八章

1. B. 多西（B.Dorsey）"有意识地履行父职"（"Conscious Fathering."） (2000) http://www. parenttrust.org/for－families/education－support/expectant－new－parent－program/concious－fathering. 2009.03.05查询

2. T. 菲尔德

3. H. 卡普医学博士（H. Karp MD) (2003).《最快乐的孩子》(The Happiest Baby ) 查看 DVD 或是登陆 http://www.associatedcontent.com/article/203745/harvey_karp_knows_how.html. 2009.03.05查询

4. 麦考比, 135.

5. R. 菲伍什(R.Fivush) (1993). "关于过去的亲子对话中的情感内容"（"Emotional content of parent－child conversations about the past."）收录于C.A.尼尔森（C.A.Nelson）(编)，《成长过程中的记忆与影响》(*Memory and Effect in Development* )．明尼苏达儿童心理学研讨会 (Minnesota Symposium on Child Psychology)26, 39－78. Minneapolis, University of Minnesota.

6. J. 丹恩(J.Dunn), J.布朗（ J.Brown), and P.姆恩 (P. Munn)(1987)"关于母亲以及幼儿情感状态的对话"（"Conversations About Feeling States Between Mothers and Their Young Children."）《发展心理学》(*Developmental Psychology* ), 23, 132－139.

7. R. 巴克(R.Buck) (1975). "儿童情感的非言语交流"（ "Non－verbal communication of affect in children."）《人格与社会心理学杂志》(*Journal of Personality and Social Psychology*),

31, 644－653

8. K.D.普鲁特 (1999).《我，我自己，我本人》(*Me, Myself, and I*). New York: Goddard Press.

9. 麦考比

10. E.里斯 (E. Reese)& R.菲伍什 (1993). "父母谈论过去的风格" ("Parental styles of talking about the past.")《发展心理学》(*Developmental Psychology*), 29, 596－606.

11. 麦考比, 20.

## 第九章

1. R. 费尔德曼,J.斯温,J.梅斯(J.Mayes)(2005). "互动同步与神经回路作用于共同意向" ("Interaction Synchrony and Neural Circuits Contribute to Shared Intentionality.")《行为与大脑科学》(*Behavior and Brain Sciences*), 28(5), 697－698.

2. T.布拉泽顿(T.Brazelton),与凯尔·普鲁特的个人交流.《也见接触点:必备参考》(*See also Touchpoints: The Essential Reference*)(1992). New York: Addison-Wesley, 422－427.

3. 美国儿科协会(American Academy of Pediatrics). (1998).《照顾婴儿与幼儿的完全指南》(*The Complete Guide to Caring for Your Baby and Young Child*). New York: Bantam.

4. R.菲柏(R.Ferber)(1985).《解决孩子的睡眠问题》(*Solve Your Child's Sleep Problems*). New York: Fireside, 160.

## 第十章

1. 麦考比, 282.

2. W.格罗尼克(W.Grolnick), R.科尔(R.Cole), 及P. 施瓦兹曼(P.Schwartzman)(1990). "玩火:儿童对火的理解以及与火相关经历的发展评估" ("Playing with Fire: A Developmental Assessment of Children's Fire Understanding and Experience.")《临床儿童心理学杂志》(*Clinical Journal of Child Psychology*), 19(2), 128－135.

3. A. 沃尔夫(A.Wolff) (2005). "赶快" ("Get on the Stick.")《体育画报》(*Sports Illustrated*), 2005.04.25

4. T.B.布拉泽顿及S. I.格林斯潘(S. I.Greenspan) (2000).《儿童不可缺的需求:每个儿童必须成长、学习、茁壮成长》(*The Irreducible Needs of Children: What Every Child Must Have*

*to Grow, Learn, and Flourish*). Cambridge, MA: Perseus, 49.

5. 布拉泽顿及格林斯潘,128.

6. D.希夫林(D. Shifrin), "三年的研究记录电视暴力的特点"(Three-Year study documents nature of TV violence),《美国儿科研究院新闻》(*American Academy of Pediatrics News*), 1998.08; 以及2000.07.26: "关于娱乐暴力对儿童影响的联合声明"(Joint statement on the Impact of Entertainment Violence on Children), 国会公共健康问题峰会 (Congressional Public Health Summit).

7. J. 史密斯(J. Smith), and B.B.施奈德 (2004). "全校反霸凌方案的作用:评估研究综述"("The Effectiveness of Whole-School Antibullying programs: Synthesis of Evaluation Research.")《校园心理学评论》(*School Psychology Review*), 33, 548–561.

8. I. 卡尔曼(I. Kalman)(2005).《从霸凌者到好伙伴:如何将敌人变成朋友》(*Bullies to Buddies: How to Turn Your Enemies into Friends*). Staten Island, NY: Wisdom Pages Publisher.

## 第十一章

1. PTA/洛普(PTA/Roper) (2007). "电脑/高科技作为教育技术"("Computers/high regard as educational technology"). 洛普民意中心档案馆 (Roper Center Public Opinion Archives), center.uconn.edu/data/access/ipoll/poll.html.

2. S.约翰逊(S. Johnson) (2005).《所有坏事都有益处:现今的流行文化如何真正让你变聪明》(*Everything Bad is Good for You: How Today's Popular Culture Is Actually Making You Smarter*). New York: Riverhead Books.

3. E.特罗尼克(E.Tronick)(2007).《婴儿和儿童的神经生物及社会情感发展》(*The Neurobiological and Social-Emotional Development of Infants and Children*). New York: Norton.

4. M.格里安(M.Gurian)及 K.史蒂文斯(K.Stevens) (2005).《男孩的心灵:防止我们的儿子在学校和生活中落后》(*The Mind of Boys: Saving Our Sons From Falling Behind in School and Life*). San Francisco: Jossey-Bass, 146.

5. M.科尔曼(M.Coleman), L.甘农(L.Ganong), J.M.克拉克(J.M.Clark) 以及R. 马德森(R. Madsen)(1989). "农村家庭与城市家庭的育子观念: 有区别吗？"("Parenting perceptions in

rural and urban families: Is there a difference?"）《婚姻与家庭杂志》（*Journal of Marriage and the Family*），51, 329－335.

6. 柯林斯（Collins）与罗素（Russell）(1991)对父母与孩子成就导向型互动没有明显区别的研究的总结。

## 第十二章

1. C.P. 考恩（C.P. Cowan）以及 P.A. P.A.Cowan (2000).《当伴侣变成父母》（*When Partners Become Parents*）. New York: Lawrence Erlbaum.

2. D.吉尔伯特（D. Gilbert)(2005).《遭遇幸福》（*Stumbling On Happiness*）. New York: Vintage Press.

3. M.费恩博格（M.Feinberg）以及M.康（M. Kan) (2008)."确立家庭基础：干预对共同育子，父母与孩子的幸福，以及亲子关系的作用"（"Establishing family foundations: Intervention effects on coparenting, parent/infant well－being, and parent－child relations."）《家庭心理学杂志》（*Journal of Family Psychology*），22(2), 253－263.

4. 考恩及考恩.

# 译后记

　　《育子对弈：从父母到伙伴》一书非常特别，在国内的此类书籍中实属"罕物"：其视角在"男性视角"和"女性视角"之间穿梭。本书由普鲁特夫妇共同著述，二人是儿童研究领域的专家，同时也是两个儿子和两个女儿的父母。此书会唤起读者的很多共鸣，提供诸多珍贵的点拨、实际的帮助。

　　这本书会触动女性读者敏感的心灵，同时又鼓励男性读者积极协助妻子养育孩子，带给男性读者和女性读者很多省悟和智慧。

　　本书来源于现实生活中普通家庭所经历的"育子"过程，同时又具有相当的科学性、客观性，以及理论的高度。书中所提及和引用的多为专家的著作，如沃伦·法雷尔（Warren Farrell）等的著作——我多年前在写博士论文时，仔细研读过这些在男性研究领域中里程碑式的作品。本书的质朴、细腻、深度、广度、理论性和实用性都带给人耳目一新的感觉，令人惊讶。

—

　　本书的翻译和修改过程触及了我心中最柔软的角落，唤起了最温柔、最难忘的记忆和情感。对有些句子的翻译和修改，几乎令我流泪："刚出生不久的新生儿被放在妈妈的腹部。虽然脐带被剪掉，婴儿靠在母亲的胸口，听着母亲的声音，似乎能够辨认出她。"（第二章）孕育过孩子的女人，永远不会忘记和自己的孩子见"第一面"时的感觉：母子同处一体长达九个月，在经过一生中从未遭受的剧痛之后，母亲几乎已经精疲力竭、气息微弱，抱着由护士递到自己怀里的幼弱生命，心里对孩子说的第一句话是："宝贝，妈妈多么爱你!"这句话是母亲对孩子许下的终生诺言，亦是她终生责任和付出的开始。

本书让我回忆起在孩子年幼的那几年，那种没有尽头的疲惫。我觉得自己已经永远告别了充足的睡眠，白天总是很漫长，而夜晚总是很短暂。一位文化程度很低的女性曾经以最朴实的话语告诉我："带孩子太苦了。他小的时候，有一次我就站在家门口，可眨眼之间，我突然昏睡过去，就像灵魂出窍一样，然后又突然醒来。"有年暑假，我和几个妈妈在北京邮电大学的校园里看护着各自三、四岁的孩子骑自行车：我们多数时间都跟在孩子的小自行车后面奔跑。气喘吁吁之余，其中一位母亲告诉我，她天天都觉得疲惫。有一次，她骑着自行车过红绿灯时，居然在一瞬间昏睡过去，然后又很快醒来。我也清楚地记得自己在那段体力透支的日子，每晚还在为即将入睡的孩子讲故事。可往往是故事才讲了一分钟，我却已昏昏入睡。年幼的儿子总会抗议："妈妈，妈妈，你怎么又开始说西班牙语了?"年幼的儿子把我睡梦状态下讲的外星语言，统称为西班牙语。

最辛劳的年轻妈妈们，也最深情和多情。年轻的妈妈，会趴在入睡的孩子身边，注视和欣赏着孩子那熟睡的脸庞。

这本书在触及我柔软的记忆之时，也带给我很多原本没有的意识：那些最辛苦的日子，那些在夜深人静的晚上孤独地为孩子哺乳的时刻，也是女性最powerful（最强大、最伟大）的时刻。女人孕育生命和抚育生命的特殊能力在那段最辛苦的日子里充分地展现了出来。耶鲁大学的知名文学批评家哈罗德·布鲁姆曾在他的莎士比亚课堂上说："女人们孕育了生命，她们知道生命诞生的秘密，因此她们也肯定能更多地感知死亡的秘密。"布鲁姆发表此番言论的目的是为了回击一些女性主义者对他的攻击，表明自己对女性的尊重。但当时坐在离布鲁姆最近的一个座位上的我，并没有想到，我多年以后的一本译著会验证他的这句话。此书会令女性读者感慨自己作为母亲的辛苦，但更会为自己因此而具有的能量和伟大而自豪。

尽管本书原文中的语言非常朴实，但在翻译某些段落时，我常常因为感动而落泪。"父母很清楚晚上可能是最孤独的时间。新手妈妈要经常喂奶：在她们起床喂奶而丈夫却仍在入睡时，她们会感到孤独。我们当中的很多人一定都记得对夜晚的恐惧之情。对夜晚的这种本能的情绪使我们身体上靠得更近，联系更为紧密。现在，你需要去安慰你的孩子，但不要想当然地认为黑暗中的孩子和你一样感到恐惧，感到你必须要去做点什么。"（第九章）在深夜的黑暗、孤独和疲惫中，为孩子喂奶的记忆会让女性读者——甚至是所有的读者——重新体会我们母语里"母子连心"四个字的涵义。我在翻译上述文字时，将那一段英文原文抄送给了我的老师——耶鲁大学的一位知名电影学教授。他显然被这段话深深打动，立即订购了两本原文书籍，作为2009年12月24日送给他两个女儿的圣诞礼物，她们俩都刚刚当妈妈、也都正在母乳喂养着孩子。

二

在提供上述纤细、敏感的女性体验和女性视角的同时，《育子对弈：从父母到伙伴》也为读者提供了男性的体验和男性视角。性别研究中的两个对立面——男性研究和女性研究，男性视角和女性视角——在本书中得到了最有机的结合、最完美的交错。

玛莎·普鲁特的父亲当年不能进入产房看望生产中的妻子。而几十年之后，当女儿玛莎生孩子时，时代已发生了巨大变化，他能够获得医院的允许进入产房，和女婿一起见证了女儿生育外孙女的生产过程。

书中有很多令人动情的关于男人们初为人父的描述。"当我把婴儿抱到胸前与其交谈，听到我的声音，他们通常就会扭头转向我。如果孩子的父亲也在旁边，80%的婴儿会扭头追随父亲的声音。如果孩子们没有这样做，我就会斜抱着他们朝向父亲。然后，父亲往往从我手中接过孩子，兴奋地高呼，'你已经知道我是谁了！'"（序）其对男性抱孩子的方式的分析直指人心，并令人眼前一亮："妈妈会把孩子脸庞朝内抱起，孩子就更多地接触到妈妈的脸庞和身体而不是外面的世界。父亲搂抱孩子的姿势有时被称为'侧抱'（Football position），他们手心朝上托着孩子臀部，让孩子的身体处在自己的上臂和胸部之间，提供给孩子看世界的不同视角——和父亲视角相同。他们共同注视着这个世界。一位初次做父亲的男性告诉我们，'我可以照顾好我的儿子，而且对他产生重大的影响，我不必变成女人就能照顾好孩子。'"（第二章）

因为这对夫妻作者中的丈夫凯尔·普鲁特是一位医学博士和临床大夫，本书具备了大量科学的实证性数据，以及很多中国读者感到颇为新鲜的概念，如"关系荷尔蒙"（the relationship hormone），也就是现在研究人员所说的泌乳激素。作者指出"泌乳激素的上升是初为人父者整个生理变化中最有趣的变化之一……除了荷尔蒙的浮动，男性在伴侣怀孕期间增长的平均体重与孩子出生时的体重相差无几。所有这些身体和化学变化似乎把男女以一种婚姻关系中没有的方式联系在一起，共同准备、期待、庆祝孩子的降生。"（第二章）

由于本书不仅具有女性视角，而且具有男性视角，女性读者在读完此书后非常清晰地意识到，在与丈夫共同育子的过程中，母亲实际上处于一种更"强势"的地位。第八章的"漫画"图，幽默地勾勒了夫妻的育子关系。

三

普鲁特夫妻在共同撰写此书时，穿梭在男性视角和女性视角之间。这种奇妙的"双重视角"使得本书客观且更接近真实，在感情上深深地吸引读者的同时，也提供了很多非常实用的建议，使我们走出了诸多盲点。

作为传统的中国女性，我们会认为生儿育女是为丈夫的家族添加人丁、延续香火，婚姻会因此而更加稳定。但本书为我们提供了另一个视角和可能：婚姻的幸福指数和稳定性往往随着孩子的出生而降低。本书的第一章就使我们直面孩子的出生给夫妻二人世界带来的必然的挑战："我们所感兴趣的不是这些怨言本身的特性，而是这样一个事实：大多数烦恼着的母亲都'很少向丈夫倾诉她们遭遇的挫折'，而丈夫'也很少向妻子透露自己的担忧'。夫妻们称自己没有时间、精力或机会来谈论这样的事情。工作、家庭负担、睡眠缺乏和对孩子倾尽所有的关注，让他们交流的时间不经意地溜走，他们之间关系的基础也被微小的争执一点点破坏。夫妻们想要保持家庭和睦，就需要双方不斤斤计较，因此他们通常都选择忽略这些细小的伤害和误会，但这样善良的本意可能会产生事与愿违的后果，当细小的伤害不断累积，不满和愤怒便会随之到来。"（第一章）

本书的宗旨是如何应对和解决这些挑战。文中最后一章有着一个令人意想不到的开头："预防离婚"。这一巧妙的题目指出了共同育子的重要性：夫妻二人如果不一起建立一个协调合作的二人团队来共同育子，那么可怕的后果之一则会是离婚。

对于那些还没有生育孩子的读者来说，本书是对你今后如何养育孩子方面最好的培训；对孩子已经长大的读者来说，本书有助于成为孩子最好的朋友；而对于孩子正处年幼的读者，本书是你的必读课本。

译完全书后我才发现，它其实应该是我献给我丈夫的一个礼物。大多数的中国读者，都只有一次育子体验。我记得自己在耶鲁大学的求学即将结束之时，赶在回国之前在图书馆日日熬夜读完了图书馆的几十本育子书籍。因为我清楚地知道，国内真正具有启迪作用的此类书籍非常匮乏。我们都是新手妈妈和新手爸爸，我们大都只有一个孩子，所以我们都是在没有经验的情况下当了父母。因此，《育子对弈：从父母到伙伴》一书应是您的案头书，而且它绝不会是一次性读物。

育子永远是一门未完的功课。

徐怀静

2010/01/18